高等教育应用型本科人才培养系列教材

U0869116

国际经济学

主　编　丁　华　范　明
副主编　杜　宇　白家瀛
　　　　杨　铭

哈爾濱工程大學出版社
Harbin Engineering University Press

内容简介

本书内容较为基础，学习者容易了解和掌握，具体包括绪论、国际贸易的传统理论、国际贸易的现代与当代理论、对外贸易政策与对外贸易战略、关税措施、非关税措施、国际收支分析、汇率理论、要素的国际流动、宏观经济的内外均衡、国际经济一体化与国际秩序等内容。

本书可选作经济管理专业应用型本科教材或成人教育考试教材。

图书在版编目(CIP)数据

国际经济学/丁华，范明主编. —哈尔滨：哈尔滨工程大学出版社，2021.12
ISBN 978-7-5661-3348-9

Ⅰ.①国… Ⅱ.①丁… ②范… Ⅲ.①国际经济学 Ⅳ.①F11-0

中国版本图书馆 CIP 数据核字(2021)第 278870 号

国际经济学
GUOJI JINGJIXUE

选题策划 夏飞洋
责任编辑 夏飞洋
封面设计 刘长友

出版发行 哈尔滨工程大学出版社
社　　址 哈尔滨市南岗区南通大街 145 号
邮政编码 150001
发行电话 0451-82519328
传　　真 0451-82519699
经　　销 新华书店
印　　刷 哈尔滨市石桥印务有限公司
开　　本 787 mm×1 092 mm　1/16
印　　张 13
字　　数 350 千字
版　　次 2021 年 12 月第 1 版
印　　次 2021 年 12 月第 1 次印刷
定　　价 48.00 元
http://www.hrbeupress.com
E-mail:heupress@hrbeu.edu.cn

前　　言

目前，世界经济的发展呈现出生产国际化、经济一体化、贸易全球化的趋势。经济的发展、科学技术的进步、信息技术的迅猛发展，将世界带入了前所未有的全球化时代，并迅速改变着人类经济社会的发展进程。世界各国都可能突破自身市场规模和资源禀赋等方面的限制，在全球范围内实现资源的优化配置，从而带来更大的效益。中国经济已经成为世界经济的重要组成部分，其要走向全球化，必须对国际经济运行的理论、政策和实践进行系统学习，研究国际经济的运行规律，全面、深刻地了解世界贸易组织（WTO）及国际通行的规则和惯例，调整和优化产业结构，提升产业的国际竞争力，实现“一带一路”倡议的构想。

本书系统地介绍了国际贸易的传统理论、国际贸易的现代与当代理论、对外贸易政策与对外贸易战略、关税措施、非关税措施、国际收支分析、汇率理论、要素的国际流动、宏观经济的内外均衡、国际经济一体化与国际经济秩序等内容。本书广泛借鉴了国内外有关国际经济理论的研究成果，密切结合我国国民经济发展实际，在注重对基本理论进行系统阐述的同时，努力同我国的实际情况相结合，突出对国际经济学理论发展前沿的介绍。

本书由东北林业大学丁华、西安交通大学范明任主编，哈尔滨市林业基金管理站、哈尔滨市林业和草原局的杜宁，东北林业大学的白家瀛、杨铭任副主编共同编写的。丁华为本书进行了统筹工作，并编写了第六章至第九章，约 8 万字；范明编写了第一章至第四章，约 10 万字；杜宇编写了第五章及附录，约 6 万字；白家瀛编写了第十章，约 3 万字；杨铭编写了第十一章，约 3 万字。

本书在编写过程中参阅了大量的国内外的有关著作和文章，借鉴了现有的研究成果，在此表示感谢！由于作者水平有限，书中尚有不足之处，恳请读者批评指正。

编　者

2021 年 10 月

目　　录

第一章　绪　　论

坚定践行多边主义,推动经济全球化健康发展。随着国家之间的经济往来日益频繁,彼此经济关系日益紧密,国家成为国际经济往来和活动的主体。国际经济学是以经济学的一般理论为基础,研究国际经济活动与国际经济关系的经济学分支学科,是整个经济学体系的有机组成部分。本章重点分析国际经济学与经济学其他学科之间的关系、国际经济学的对象与结构、国际经济学研究的内容和国际经济学的分析方法。

第一节　国际经济学的产生与发展

一、经济增长和国际贸易发展

(一)经济增长与经济发展

经济增长意味着具有更多的产出,即一个国家的产品、服务数量的增加,或按人口平均的实际产出的增加,通常由国民生产总值(gross national product,GNP)、国内生产总值(gross domestic product,GDP)、国民收入(national income,NI)或它们的人均数值来衡量。经济发展则是伴随着经济结构、社会和政治体制变革的经济增长。经济发展在开放条件下才可能出现。

(二)微观经济学、宏观经济学的发展主线

经济学的史前阶段为家政学。家政学中,家庭被认为是经济行为的基本单位,家庭经济行为所追求的目标,是以有限的收入追求家庭最大经济福利。微观经济学以企业为经济活动中心,针对企业行为的内部条件和外部环境进行研究,以资源有限为出发点,追求利润的最大化,同时以收入有限为出发点,追求效用的最大化。宏观经济学则针对一个国家的经济总量(如经济增长、就业等)进行分析,它的目标是经济增长、充分就业、稳定则针物价和国际收支平衡。国际经济学是在微观经济学和宏观经济学的基础上发展起来的。

(三)国际经济的产生

随着生产力的发展,国家之间的经济往来日益频繁,彼此经济关系日益紧密,国家便成为国际经济往来和活动的主体,出现了各种国际经济往来的形式(如国际贸易、国际金融等),从而产生了国际经济。

二、国际经济学是微观经济学与宏观经济学发展的结果

(一)经济目标与福利

宏观经济目标有经济增长、充分就业、稳定物价和国际收支平衡;微观经济单位追求的是经济福利和资源既定条件下获得最大的利润;个人追求的是收入既定条件下获得最大的效用。处于国际经济背景下的国家,其经济运行的目的则是多重的,但最终还是围绕福利展开的。

(二)封闭经济与开放经济

经济学认定的封闭是指一个经济社会与其外部世界没有任何的经济往来关系,开放则意味着一个经济社会与其外部世界存在着经济往来关系,如对外贸易、资金流动、劳动力流动等。

(三)国际经济学的产生

当把国家作为经济活动的主体时,便产生了国际经济活动与国际经济关系。当国家的经济活动以国际舞台为背景时,为了探讨国际经济关系的内在联系,就有必要产生独立的经济学分支学科,即国际经济学。国际经济学是经济学的一般理论在国际经济范围中的延伸和应用,是以经济学的一般理论为基础来研究国际经济活动与国际经济关系的经济学分支学科,是整个经济学体系的有机组成部分。

三、国际经济学的特点

国际经济学作为一门独立的经济学分支学科,有自己的特点,这主要体现在以下六个方面。

(一)国际经济学研究以独立的国家或行政区域为单位的跨国界的资源分配

在经济学的基本原理中,企业、个人被作为基本的经济单位,所有的经济行为都产生于厂商、个人的经济利益,产生于"看不见的手"的调节,以及在必要的情况下"看得见的手"——政府的调节,以实现资源最优配置的目标。

国际经济学在研究资源配置时,以国家作为基本的经济单位来划分界限。然而,对以国际范围内的有效经营为目标的大公司来说,国家的界限在某种程度上被部分克服,如果照此发展,小岛清理论所做的考虑可能消失,世界就可能是一个国家。但是我们还不能以此作为国际经济学研究的基本出发点,而只能将这一前景作为我们努力的目标。现实是资源的流动性有赖于各国经济的开放度,或各国政府和国民对经济资源流出和流入所持的态度。因而在这个研究领域内,需要考虑国界的存在。

(二)国际经济学不同于区域经济学

区域经济学是研究一国范围内不同地区的资源配置,以及生产力在各地区的合理布局,并在此基础上提出区域经济发展政策的学科。区域经济学对一个国土面积比较大的国家是十分重要的,因为各地区资源分布差异较大,政府的基本目标之一是各地区经济的协

调发展，所以依据区域经济学理论，制定区域经济发展的政策可以保证区域经济适度发展。

国际经济学所研究的是跨国界的资源分配和生产力合理布局的问题。尽管从地理的维度看，二者差异不大。但是，在国际经济学领域，除非有利可得，否则你不能想象为了某个落后国家的经济发展，经济发展水平较高的国家会通过某种政策，将资源引向落后国家。这种区域发展和各国经济发展的一致性，有赖于各国整体利益的完全一致。但是，这种一致性仅在建立了经济联合体的欧洲同盟才部分地实现了。因此，尽管商品的流动逐渐为人们所接受，但是，生产要素的流动却不那么容易，特别是对非熟练的劳动力或未成年人从一个国家移民到另一个国家，接受国和输出国所持的态度也不同。在输出国居民看来，我们输出资本，在某种意义上就是输出了劳动力就业的机会，因而要求政府限制生产要素的流出。在输入国居民看来，外国企业到此自然是好事，可以提供良好的就业机会，但是在国内企业看来，稳定的市场可能被挤占，因而，各集团向政府施加支持力的方向有所不同。因此，在国际经济学领域，生产力的合理布局从抽象的经济学意义上考虑与实际中的政策制定还有距离，其中存在许多制约的因素。

（三）国际经济学理论的选择具有显著的民族性

国际经济学的主流理论是从客观的、经济学的一般规律来分析国际经济现象和经济关系，进而概括出国际经济运行的规律，并在此基础上，提出有利于各国提高本国及世界福利水平的经济政策。但是，一个国家选择哪一种具体的国际经济理论作为自己制定政策的依据，完全是从自身的经济利益出发的。在这里，各个国家或地区几乎不会对外国人的利益像对本国人的利益那样重视。因此，不同国家的政府和居民总是对不同的国际经济学理论和政策感兴趣。实际上，各国开放经济的根本目的还是要有利于本国、本民族的利益。

（四）国际经济交易存在着汇率变动带来的风险

对许多人而言，国际经济与国内经济的区别在于，前者涉及使用不同的货币。在封闭经济条件下，货币管理机构仅考虑本国范围内的货币需求。在开放经济条件下，各国还必须同时考虑本国货币的外部需求。一般而言，这种需求的变动和供给的变动会影响到本国货币与外国货币的交换率。作为个人和企业，在从事国际经济活动时，必须考虑同一商品用不同货币所标的价格，以及由于货币之间兑换率的变动对企业或个人可能带来的损益。因此，国际经济与国内经济的直观差别之一，就是国际经济交易存在着汇率变动带来的风险。

（五）国际经济学的基础是经济学

国际经济学作为经济学的一个分支，其理论和政策都是建立在经济学基础之上的。它是经济学扩展到开放经济下的理论与政策。例如，各国厂商资源配置的基本原则仍然是边际成本 = 边际收益 = 价格，在不完全竞争条件下，则是边际成本 = 边际收益 < 价格。在宏观经济层次上，总供给与总需求相等仍然是宏观经济分析的重要前提。但是国际经济学仍然具有自身的理论体系，这一理论体系概括了国际经济领域的经济法则。

（六）国际经济学是在西方经济学理论基础之上的世界经济概论

建立在马克思主义理论基础上的世界经济概论，试图从生产力与生产关系的相互作用中研究世界经济发展的规律性。这一工作一直在进行着，至今，学者们还在探索之中。国际经济学从西方经济学的理论出发，概括并比较系统地阐述国际经济的各个领域的经济规律。

四、国际经济学与一般经济学的异同

国际经济学是一门建立在经济学基本理论基础之上的经济学的分支学科。它是研究经济资源或稀缺资源在世界范围内的最优分配，以及在此过程中发生的经济活动和经济关系的学科。国际经济学有自己的特点，同时与经济学的其他分支学科有着密切的联系。

（一）经济运行主体的异同

个人、企业、国家之间和国家、集体之间不同层次的经济活动，集中于商品、服务、劳动力、信息等产出的交流上，产生了商品、服务、劳动、信息的国内和国际市场。个人、企业、国家和国家集团是这些市场中的经济活动主体。

（二）经济运行目的的异同

追求个人、企业、国家和国家集团经济福利的增长，以最小资源的耗费，获取最大经济福利；以有限的收入，获得最大的经济效用。

（三）经济运行范围的异同

国际经济是国内经济的延伸。一般经济学研究的是国内经济的运行，国际经济学研究的是国家与国家之间的经济活动和国际经济关系。

（四）经济运行机制的异同

国内与国际相比较，生产要素与产出流动的自由程度不同（如国际流动总会受到限制），经济运行的条件不同，经济交往的媒介（如货币单位）不同，经济调节手段起作用的程度与范围不同（国际间很难有强制机制）。

（五）经济交流方式的异同

国内与国际的经济交流方式基本是个人、企业、国家、国家集团内部以及国家之间、国家集团之间的贸易、投资、资金流动、劳务提供、信息交流等，具有基本相同的内容。

第二节　国际经济学研究的内容与方法

一、国际经济学的基本概念

（一）资源的国际配置

在一国经济中，资源配置得是否合理决定着经济增长与发展的效率；在国际经济的范畴中，资源配置是通过各种经济交往方式，如贸易、投资、劳动力流动、信息交流进行的，资源的替代、转换同样决定、影响着一国经济或世界的经济效率。国际经济的发展、稳定、均

衡都与资源的国际配置密不可分。

（二）福利的国际最大化分析

在一国经济中，收入的分配、再分配过程直接决定、影响着各个地区之间、各个阶层之间的福利水平和平等程度；在国际经济的范围中，各种经济交流方式，如贸易、投资、劳动力流动、信息交流等同样影响、决定着一国经济或整个世界经济的福利水平与平等的程度。国际资源配置、国际经济福利分配研究是国际经济学重要的出发点和归宿点。

（三）国际经济活动往来的内在联系

一方面，国内经济与国际经济密不可分，后者是前者在时间，尤其是空间上的延伸；另一方面，国际经济作为整体，有着其内在的联系与规律，其内在规律产生于生产要素在国内的自由流动以及在国际间的不完全自由流动，因而产生了一般（国内）经济规律的特殊表现，形成了国际经济运动的特有经济规律，如国际贸易、国际金融、国际投资等方面的特有理论。

二、国际经济学研究的主要内容

国际经济学研究国家之间的相互依存性，分析一国与世界其他国家间商品、劳务和资金的流向，分析直接约束这个流向的政策，以及这些政策对国家的福利所产生的效应。这种国家间的经济依存关系，一方面受国家间政治、社会、文化及军事关系的影响；另一方面又反过来影响这些因素。

（一）国际贸易纯理论研究

它是以国际间生产要素不能流动为前提的，在排除政府和其他人为干预以及货币因素的情况下，研究国际贸易产生的原因、贸易利益的分配、贸易模式等问题，其基本内容是纯理论探讨，是围绕着静态比较利益和动态比较利益以及它们的发展而展开的。

（二）国际贸易政策研究

贸易政策在多数情况下是以各种垄断因素对自由贸易实行的某种限制，当然也有政府为鼓励自由贸易而制定的政策，这些政府对贸易施加影响，从而对经济产生相应的影响。贸易政策比纯理论更符合贸易的实际，更适合于案例分析。

（三）国际收支研究

研究国际收支即研究国际收支各个构成部分之间的关系，同时要着重研究国际收支的失衡以及为恢复均衡而进行调整的理论、机制和措施，包括财政方法、货币方法以及其他具体的方法、措施，还要考虑国际收支体现的经济意义。

（四）外汇理论研究

外汇定义、汇率的确定是国际经济关系的重要方面。贸易要通过货币进行表示与计量，各个经济货币制度的区别产生货币兑换与比价问题。资金在不同国家间的流动，劳务出口获得的工资报酬，也存在着将不同货币的资金转化为统一货币单位的需要，即使是进行不同经济间的比较,也需要采用相同的货币单位。因此,汇率不仅是重要的理论问题,也是重要的实际运作问题。这里仅探讨汇率在一定情况下的决定因素,不涉及外汇交易及外汇市场研究。

(五)生产要素的国际流动研究

生产要素的跨国流动是今天国际经济学重要的范畴,它包含了生产要素的各个方面,如资本、劳动力、服务、信息等。生产要素的跨国流动与国际商品流动可以互相替代,但二者也有互补性。从国际经济学的角度看,人们常常将生产要素的国际流动看成国际贸易的延伸,应该说这种观念不利于理解和把握生产要素国际流动的经济效应、福利变化等情况,因此,在这里它是作为独立研究课题出现的。

(六)跨国公司研究

跨国公司研究是国际经济中使国际贸易顺利开展、生产要素国际流动得以积极进行的重要经济主体。有关跨国公司的研究主要集中在跨国公司产生的原因、跨国公司运作的理论与案例、跨国公司的经济影响、各个国家针对跨国公司制定的政策等方面。

(七)经济发展研究

经济发展是第二次世界大战以后出现的课题,至今已经发展成为一门独立的经济学分支——发展经济学。作为国际经济学研究的经济发展问题,主要集中在与发展有关的国际经济关系方面,如对传统国际贸易模式的探讨,对比较利益学说的质疑,对国际贸易直接投资效应的看法,以及国际经济关系对于经济发展的影响与作用等。

(八)经济一体化研究

经济一体化是国际经济领域中的一个重要现象,通过对关税同盟进行较为详细的分析,尤其是经济分析、福利分析,对经济一体化的原因、条件、经济效应进行研究。在当前的世界经济中,重要的经济一体化组织有欧洲联盟(EU)、北美自由贸易区(NAFTA)和亚太经济合作组织(APEC)。

(九)开放经济的宏观调节研究

这部分内容在多数宏观经济学的研究中也有所涉及。国际经济学在研究这一问题时,主要强调的是宏观经济的内外均衡,即在开放经济条件下,一国必须考虑在有外部影响的前提下,如何实现保持充分就业、经济稳定增长、低失业率、低通货膨胀率的目标的问题;研究宏观经济失衡以及失衡的传导机制等概念;利用 IS－LM－FE 曲线进行宏观经济调节;如何按照曼德尔的主张进行政策搭配,使经济回归到均衡点。

(十)国际经济秩序研究

国际经济秩序是一个充满争议的话题,在概念、定义、理解上多有不同的观点,发达国家与发展中国家在这方面的矛盾体现得十分充分。在这一部分内容中南北关系是分析的重点,南北关系调节得顺利,世界经济秩序调控就比较容易取得进展。

三、国际经济学一般的分析方法

(一)宏观与微观相结合

国际经济学的微观方面,主要涉及分析国际市场中的交易、价格、资源配置、收入分配、经济效率以及福利等内容。国际经济学的宏观方面主要涉及分析国际收支与国民收入的关系、国际收支的各部分之间的关系、国际收支的调节、国际收支的均衡过程等各种与宏观经济有关的内容。

在国际经济学这门课程里,宏观层次的经济分析占有主导性的地位。在多数场合,有关国际经济问题的分析是以国家作为基本单位的,即采用的是典型的总量分析方法。例如,关于国际贸易所进行的讨论,主要是在国家层次上进行的,即不同的国家之间如何进行劳动分工。因为只有在对国际贸易的模式有了基本的理解之后,才能对企业和个人如何进行决策做出合理的回答。国际经济学中许多问题都需要从全球的角度进行思考。当然,国际经济问题也需要从企业或个人的层次上进行分析。比如,从企业决策角度考虑国际投资,从个人消费的角度讨论贸易的模式等。有时需要将宏观和微观分析结合在一起。现实生活往往要求从不同的角度来考虑问题。

(二)静态与动态相结合

国际经济学的静态分析主要涉及的是比较静态分析。纯静态分析强调在其他条件不变的情况下,某一因素对过程的影响结果;比较静态分析强调的是对变化的不同阶段的一些既定结果加以比较分析。动态分析则主要强调对事物变化过程以及变化中各个变量对过程的影响进行分析。

当今的国际经济处在非常迅速变化的过程之中,然而有关的理论研究在很多场合还是要使用静态的分析方法,即抓住某个点上的状态作为深入剖析的对象,力图揭示出事物的内在规律性。本书关于国家贸易与分工的基础、贸易政策的经济效应、汇率的决定与国际收支调节以及国际投资问题等,都是在静态分析的基础上进行的。应当说,任何一种事物本身的性质都有相对的稳定性,这是静态分析被实践证明是有效的分析方法的原因。当然,在许多场合对国际经济的分析也能够采用动态分析的方法,即着眼于对事物的过程进行分析研究,比如关于贸易与经济发展,主要是从动态的角度来考虑的。我们可以这样说,在绝大多数情况下需要把静态分析和动态分析结合起来。

(三)定性与定量相结合

国际经济学的定性分析主要强调的是结构性的联系,与政治经济学中提到的定性分析内容不同,如比较利益分为得自贸易的利益和得自分工的利益,关税同盟造成贸易创造与贸易转移等。国际经济学中定量的部分主要是对事物数量关系的变换进行分析,如某一关税水平对于国内市场的有效保护率是多少。与政治经济学和计量经济学不同,国际经济学更加强调二者的结合。

目前,国际经济问题的分析绝大部分是定性的研究,即主要是对事物发展的内在规律进行探讨,以求能很好地解释现实的生活,预测未来的变化趋势。当然,国际经济学有许多方面已经可以用数量的方法来进行研究和表达,预计将来这方面还会不断取得新的进展,使有关的研究分析更为准确、更有价值。

（四）局部均衡与一般均衡相结合

国际经济学中的局部均衡分析是指只进行单个市场、单一商品、单一要素的价格与供求的考察，如进口关税的局部均衡分析。国际经济学中的一般均衡分析强调的是考察全部市场，以及全部商品的价格与供求变化，如进口关税的一般均衡分析。

（五）理论与政策相结合

国际经济学理论与政策在分析中相结合表现得最为明显，如国际贸易理论分析总是要结合贸易政策进行，购买力平价法的理论分析也总是与它的实际应用相结合，国际经济学的各种理论本身，大多具有很强的政策含义，是许多国际经济政策的理论基础。

（六）吸收与评价相结合

国际经济学是西方经济学的一门分支学科，具有西方经济学的特点，如对于生产关系不愿意进行研究，未从根本上揭示出国际经济关系中的不平等现象，引发了激进经济学派的批判。国际经济学中有许多值得借鉴的地方，如调节国际经济关系的政策手段、国际经济运行机制等。故学习国际经济学一定要将评价与吸收相结合。国际经济学的学习应该将政治经济学，尤其是西方经济学作为先修课，否则在学习中会感到一定的困难。

（七）实证分析和规范分析相结合

经济学从本质上讲是一门实证学科，即其最重要的功能和价值在于阐明经济运行过程本身是什么，然后才能合理地回答应该怎么办的问题。国际经济学当然首先要对现实生活做出解释，比如回答贸易是怎么产生的、资本是怎样流动的、政策会怎样影响国际间的资金和商品流动等。

思考题

1. 阐述国际经济学的特点。
2. 阐述国际经济学与一般经济学的异同。
3. 阐述国际经济学研究的主要内容。
4. 阐述国际经济学的分析方法。

第二章 国际贸易的传统理论

国际贸易的传统理论始于英国经济学家亚当·斯密(Adam Smith,1723—1790)关于国际贸易的绝对利益学说(又译为绝对优势理论),是与市场经济学说紧密联系在一起的。国际贸易的基本理论阐述了国际贸易产生的动因、通过国际贸易获得的利益、国际贸易利益在国内外的分配、国际贸易政策建议等基本问题。国际贸易的传统理论围绕着国际分工的原则来展开,一般包括亚当·斯密的绝对利益学说(absolute advantage)、大卫·李嘉图的比较利益学说(comparative advantage theory)、国际贸易价格的确定等内容。

第一节 亚当·斯密的绝对利益学说

亚当·斯密的贸易思想是与其整体的经济思想保持一致的,其关于国际分工的观点也受到了更早时期经济思想的影响,其中最主要的是“重商主义”和“重农主义”理论。

一、重商主义和重农主义的贸易观点

重商主义出现于15世纪,此时正值资本主义的原始积累时期,国际贸易和海外掠夺成为西欧国家资本原始积累的重要手段。重商主义的发展可分为两个阶段:早期的重商主义,也被称为“货币平衡论”;晚期的重商主义则被称为“贸易平衡论”。

早期的重商主义将货币视为唯一的财富,强调国际贸易中绝对的贸易顺差,即要求出口值超过进口值,主张尽可能多地通过出口聚敛财富,通过少买乃至不买实现顺差,防止金银外流,甚至不惜运用行政手段控制商品进口、禁止货币输出积累货币财富,因此,又被称为“拜金主义”。

晚期的重商主义者意识到,闲置的货币不会产生增值,只有将货币投入到流通领域中,才会产生更多的货币。他们认为,从长远来看,一定时期内的外贸逆差是允许的,因此反对禁止金银出口的禁令,允许输出金银以扩大对外贸易;同时他们认为,只要最终的贸易结果能保持顺差,保证货币最终流回国内就可以,因此并不在意对每一个国家都保持贸易顺差,认为只要从长期和整体角度来看,实现贸易顺差即可。晚期的重商主义又被称为“重工主义”。

无论是早期的重商主义还是晚期的重商主义,都将货币视为财富的唯一形态,在国际贸易中都奉行“多卖少买”的原则。一方面重商主义的贸易思想过分强调了国际贸易中各国利益的冲突与矛盾,过分重视国际间交换中货币的价值而忽视了商品的价值,简单地将国际贸易的等价交换理解为“一方得到,一方失去”,这就将国际贸易曲解为“零和博弈”,没有考虑到国际间合作的“双赢”结果。另一方面,重商主义的一些积极思想对国际贸易的一般理论的产生起到了推动作用(由此发展形成的“国际贸易收支平衡”观念等),因此又具有重要的理论价值。

17世纪后期,法国的一部分学者反对重商主义对贸易进行干预的政策,由此产生了重

农主义。其核心思想是主张自由经济和自由贸易,重农主义认为自由贸易是保证市场均衡和物价稳定的重要机制。重农主义认为重商主义实行的限制谷物出口(针对法国而言)的做法是可笑的,因为一旦国内谷物丰收,就会出现可怕的跌价,其结果必然造成谷物过剩和下一轮生产的削减,从而在第二年导致谷物价格暴涨,因此"谷物的自由输出是平衡生产者和消费者利益或维持社会安定和公正的唯一办法"。

重农主义本身并不重视商业的价值,认为商业只是起到使商品流通的作用,并不能够创造社会的财富。亚当·斯密早期接触过很多持重农主义观点的学者,重农主义者自由经济的思想对亚当·斯密的贸易理论形成有很大的影响。

二、绝对利益学说的基本内容

亚当·斯密在其代表作《国民财富的性质和原因的研究》(即《国富论》,1776 年出版)中创立了系统的古典经济学理论体系,提出了后人称为绝对利益学说的国际分工和国际贸易理论。亚当·斯密以国民财富为研究对象,提出财富就是一国的商品总量,劳动则是财富的源泉。亚当·斯密研究国民财富是从研究分工开始的,他认为,国际贸易发生的基础是地域分工,即根据各国自然资源最有利的条件,形成各国都只生产本国最有利的产品的"自然分工"。

亚当·斯密以制钉业为例说明发展分工的重要性。一个从没有做过钉子的铁匠制钉,一天做不出两三百枚,"而且是很坏的钉子",但一个除了制钉外没有做过其他任何事情的制钉工人日产量可以达到 2 300 枚,几乎相当于没做过钉子的铁匠的产量的十倍。他认为分工后工人各司其职,各展所长,劳动熟练程度提高,产量得以增加。亚当·斯密认为分工的原因是交换,他说:"就像我们经过契约、交易、购买获得我们所需要的绝大部分的帮助那样,劳动分工最初也是从这种交换偶尔产生的。"

亚当·斯密提出,"每一个精明的消费者都会遵循以下准则:从不在家里生产那些比购买的还贵的产品。裁缝不会试图自己做鞋,而是从鞋匠那里买鞋……这在每一个私人家庭的行为中是精明的行为,在一个大国的行为中不大会是荒唐的。如果外国能以比我们自己制造还便宜的商品供应我们,那么我们最好就用我们具有某些优势的行业生产出来的部分产品来向他们购买。"

亚当·斯密的这一思想表明了两国之间的贸易是建立在成本差异基础之上的,一个国家在生产特定商品时,具有特定的自然优势,生产成本绝对水平低于其贸易伙伴,那么它就具有竞争的绝对优势。如果在国际贸易中,各国都遵循这样的原则:生产、出口自己最具竞争力的商品,那么参加国际贸易的每一个国家都可从中获利,整个世界的福利水平也会随之提高。

(一)绝对利益学说的基本概念与内容

亚当·斯密的绝对利益学说的基本含义为:两国之间的贸易是建立在绝对利益基础之上的。如果一个国家在一种商品的生产上比另一个国家更有效率(或具有绝对优势),而在另一种商品的生产上比其他国家效率低(或具有绝对劣势),那么每一个国家都能通过专业化生产其具有绝对优势的产品,并通过与其他国家交换其具有绝对劣势的部分产品而获得利益。在这个过程中,资源得到了有效利用,两国的产品产量都会提高,因而总体福利水平得以提高。两国产品产量的增加显示了生产专业化的利益,通过贸易能使这种利益在两国之间分割。

亚当·斯密特别强调贸易自由的原则,也就是主张自由输出输入商品。他认为在经济活动中消费者才是关键的环节,"消费是一切生产的目的和宗旨,因此,生产者应该关注的是,如何去促使消费者满意……如果对本国产品构成竞争的外国商品受到限制,那么本国的消费者就成了生产者的牺牲品。只是为了生产者的利益,消费者才被迫用高价购买商品,其原因就是出现了这样的垄断。"

(二)绝对利益学说的简单数学说明

按照绝对利益原则进行商品交换,从事贸易的好处是非常明显的,这可以用简单的数字举例说明。按照亚当·斯密的劳动价值论的观点,如果国家间没有贸易,那么两种商品的相对价格将由每一国家的生产条件来确定(把世界上其他地方看作一个国家)。假定只有一种要素即劳动参与生产,国内交换遵循等价交换原则。设有两个国家 A 和 B,每个国家均生产两种产品 X 和 Y,在两个国家的生产进行专业化分工之前,劳动耗费(成本)情况如表 2－1 所示。

表 2－1 绝对利益分工前劳动耗费情况

	X 产品	Y 产品
A 国	1 单位劳动	2 单位劳动
B 国	2 单位劳动	1 单位劳动

表 2－1 的含义为 A 国生产 1 单位 X 产品需要 1 单位劳动,生产 1 单位 Y 产品需要 2 单位劳动,B 国生产 1 单位 X 产品需要 2 单位劳动,生产 1 单位 Y 产品需要 1 单位劳动。可以很清楚地看出,A、B 两国的劳动耗费(各 3 单位劳动)、两国的产品消费(各消费 1 单位 X 产品和 1 单位 Y 产品)和全世界(即为 A、B 两国之和,$A+B=W$)在生产中的劳动耗费总和(6 单位),以及全世界 X、Y 两种商品的消费数量(2 单位 X 产品和 2 单位 Y 产品)。

按照绝对利益理论分工的原则,A 国在生产 X 产品上具有绝对低的生产劳动耗费,少于 B 国生产同样产品的劳动耗费,因此 A 国应专业分工生产具有较高劳动生产率的 X 产品;B 国在生产 Y 产品上具有绝对低的生产劳动耗费,则应该专业分工生产 Y 产品。国际分工后两国劳动耗费情况如表 2－2 所示。

表 2－2 国际分工后两国劳动耗费情况

	X 产品	Y 产品
A 国	3 单位劳动	0 单位劳动
B 国	0 单位劳动	3 单位劳动

表 2－2 的含义是 A 国将能够用于商品生产的 3 单位劳动全都用于生产 X 产品,共生产出 3 单位 X 产品,但因为没有劳动投向 Y 产品生产,故没有 Y 产品被生产出来;B 国专门生产(用 3 单位劳动)Y 产品,共生产出 3 单位 Y 产品,但因为没有劳动用于生产 X 产品,故 X 产品产量为 0 单位。在全部劳动耗费不变的情况下,与分工前相比较,世界的总产量增加了

2 单位（由原来的 2 单位 X 产品和 2 单位 Y 产品，合计 4 单位，增加到 3 单位 X 产品和 3 单位 Y 产品，合计 6 单位）。A 国经过分工，比分工前多生产了 2 单位的 X 产品，但少生产了 1 单位的 Y 产品；B 国经过分工，比分工前多生产了 2 单位的 Y 产品，但少生产了 1 单位的 X 产品。如果 A 国的消费保持在 1 单位 X 产品，B 国的消费保持在 1 单位 Y 产品（也就是说，A 国维持分工前的 X 产品消费水平，而 B 国维持分工前的 Y 产品消费水平），然后按照 $1X:1Y$ 的比率将剩余产品进行国际交换，那么 A、B 两国的消费均会有所增加，即 A 国可以比分工前多消费 1 单位 Y 产品，B 国可以比分工前多消费 1 单位的 X 产品，在劳动耗费不变的情况下，A、B 两国的消费水平均会得到提高。通过贸易前后对比知，两国都能从专业化生产和贸易中获得利益，这正是亚当·斯密力图揭示的真理：两个国家要自愿进行相互贸易，两个国家都必须获益。如果一个国家没有得到贸易利益，甚至在贸易中受损，那它就会拒绝参加贸易。在 A、B 两国消费均得到增加的情况下，世界的总消费水平也得到了提高（X、Y 产品各提高 1 单位）。

上面的分析也可以用表 2－3 加以说明。

表 2－3　分工前后两国产品生产、消费对比

		A 国		B 国	
		生产	消费	生产	消费
分工前	X 产品	1 单位	1 单位	1 单位	1 单位
	Y 产品	1 单位	1 单位	1 单位	1 单位
分工后	X 产品	3 单位	1 单位	0 单位	2 单位
	Y 产品	0 单位	2 单位	3 单位	1 单位

（三）绝对利益学说的图形解释

为了更为直观地分析按绝对利益实施的分工与贸易情况，我们运用经济学中的生产可能性曲线和无差异曲线来做进一步分析。我们的假设条件如前，仍然为两个国家 A、B，各自生产两个产品 X、Y，图 2－1（a）为 A 国的基本情况，图 2－1（b）为 B 国的基本情况。可以发现，两国之间进行分工并从事贸易后，两国的生产点与消费点出现了空间上的分离。

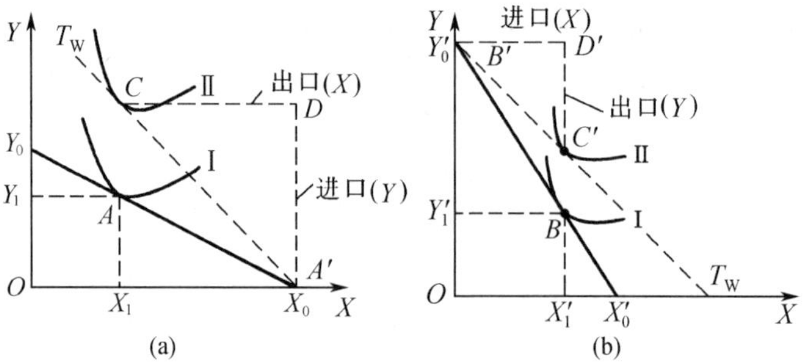

图 2－1　按绝对利益实施的分工与贸易情况

图2-1中OX_0、OY_0，OX'_0、OY'_0为A、B两国全部资源用于生产X、Y两种产品时的产量情况，通过对两国生产可能性曲线的观察，可以看出两国的绝对优势。在封闭状态下，A国的生产可能性边界曲线为X_0Y_0，B国为$X'_0Y'_0$。X_0Y_0接近X轴，表明A国的优势在于生产产品X。$X'_0Y'_0$线接近Y轴，说明B国优势在于生产产品Y。A、B两国分别生产并消费(X_1，Y_1)、(X'_1，Y'_1)的X与Y产品，两国的生产与消费的数量是一致的。用无差异曲线表示它们的福利水平，则生产可能性曲线与无差异曲线的切点代表在没有贸易的情况下所能够达到的最大福利程度。

假设两国间可以进行国际贸易，经过符合绝对利益要求的专业化分工，A国将全部资源(即劳动)只用于生产X产品，B国只生产Y产品，A国出口满足本国需要之余的X产品向B国交换Y产品，B国则相反，两国均可以从分工和贸易中受益，世界的福利也因此得到提高。

图2-1中A国在分工前，如果全部资源用于生产X产品，那么产量为OX_0；如果全部资源用于生产Y产品，那么产量为OY_0。B国的情况是，如果全部资源用于生产X产品，那么产量为OX'_0；如果全部资源用于生产Y产品，那么产量为OY'_0。我们以A国为例来说明情况。从图2-1(a)中可以直观地看出A国的产业优势在于生产X产品，因此A国使用全部资源(劳动)生产X产品(A国因此不生产Y产品)，并用X产品按照国际交换比率T_W(假设交换比率为1:1)交换Y产品进行消费。作为A国，出口CD数量的X产品，换回了DX_0数量的Y产品($CD=DX_0$)。按绝对利益实施的分工与贸易福利情况参看图2-2。

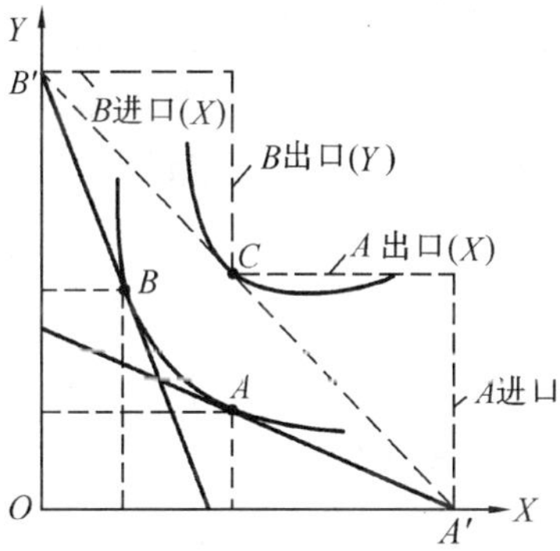

图2-2　按绝对利益实施的分工与贸易福利情况

在图2-2中A点、B点为分工前的生产、消费点，A'点、B'点为分工后的专业化生产点，C点为新的消费点。该图是将图2-1的A国与B国的两个坐标图叠放到一起合成的图。图中社会无差异曲线向外推移体现了福利水平的提高，它与国际交换此率T_W(即T'_W，因为分工前后商品交换的比率没有发生变化，均为$1X:1Y$)相切。分工前，两国的生产与消费是统一的，都处于较低的无差异曲线上，分工后，生产点与消费点出现分离，消费点处于较高的无差异曲线上，这也表明国际贸易所带来的好处。

(四)绝对利益学说的其他有关叙述

亚当·斯密的绝对利益学说批判了重商主义关于财富的定义。重商主义认为，金钱是唯一的社会财富象征，除了开采金、银矿之外，只有国际贸易是一国增加财富的重要来源。因为国内贸易只是现有财富在国内不同群体和人员之间的分配，得失相抵，国家总体没有获得好处，所以一个国家为了发展生产、发展贸易，就应该实行国家干预经济，鼓励贸易顺差的发生，特别是要采取关税措施限制产品进口。亚当·斯密认为社会财富主要以货物来衡量，货币一般只构成国民资本的一小部分，并且总是最无利可图的部分；政府应鼓励经济自由主义，减少对经济的干预，因为关税政策最终损害的是消费者的利益，并且从货币流调整机制出发，认为贸易的顺差和逆差都存在着自动调节机制，一方不可能长期保持顺差进而以此积累财富。

重商主义者相信，一个国家只能通过损害另一个国家而获得贸易利益。他们提倡对贸易和所有经济活动实行严格的政府控制。而绝对利益学说坚信所有国家都能从自由贸易中获得利益，因而竭力提倡"自由放任"政策，尽量减少经济体制中政府的干预，主张自由贸易将会导致世界资源最有效率的利用和世界福利的最大化。绝对利益学说认为贸易的利益应该是双方的，也只有是双方的利益才可能使得贸易得到正常发展。亚当·斯密认为国际贸易也是一国解决生产剩余、消除过剩的办法之一，各国可以用对本国用处不大的商品换回对于自己更为有用的商品。

三、对亚当·斯密绝对利益学说的评价

首先亚当·斯密的绝对利益学说是对重商主义观点的突破。亚当·斯密指出，只要外国产品比国内生产的便宜，"与其自造，不如向外国购买更为有利"。亚当·斯密举例说明，在苏格兰利用温室也能栽培葡萄并酿制出葡萄酒，但成本要高出进口葡萄酒 30 倍，这显然是不合算的，因此指出重商主义片面强调通过贸易差额获利是错误的。

亚当·斯密的理论也阐述了国际贸易分工与交换的基本原则，即按照"地域分工"的原则，各依所长，从事各自最擅长的产品的生产。可以说亚当·斯密的绝对优势理论开创了西方自由经济研究的先河。

但另一方面，亚当·斯密的绝对优势理论也存在缺陷，主要体现在其理论是建立在苛刻的假设前提和对劳动价值论的理解上。

（一）从国际贸易实际出发的评价

亚当·斯密的绝对利益学说在实践中的运用存在一个必要的假设前提：一国要参加国际贸易，就必然要有至少一种产品与交易伙伴相比处于劳动生产率绝对高或生产耗费劳动绝对低的地位上，可以凭借劳动生产率的绝对差异进入国际市场。这就要求一国至少在一种产品上有绝对优势。这一点在理论上过于绝对，在实践中也不符合实际情况（经济发展水平落后、技术落后的发展中国家的劳动生产率很可能在所有产品生产上都不如发达国家，但仍然可以从事国际贸易并从中获利），因此陷入了理论与实践的两难境地：如果没有高劳动生产率的部门，该国便被排除在国际贸易的大门之外，即使勉强从事国际贸易，也会因国外产品的大量涌入导致本国的经济部门受冲击而垮掉。显然，这不是现实的国际贸易的情况。

（二）从劳动价值论出发的评价

亚当·斯密认为，所有经济上的"价值"额是由劳动的时效决定和测度的，生产 1 单位某种商品所花费的劳动是该单位商品的价值或价格。在这方面他的观点被大卫·李嘉图和卡尔·马克思仿效，他们也相信，劳动是所有价值的基础。亚当·斯密的学说仅是从劳

动价值论的角度分析的,无法说明 X、Y 两种产品进行国际交换的内在等价要求是什么。

(三)从社会内部利益分配出发的评价

亚当·斯密的理论是为工厂主的利益服务的,在当时的历史背景下,进口国外更为廉价的食物,使工厂主能支付更低的工资,同时自由贸易政策会使英国的土地所有者的利益受损。这也从一个侧面验证了国际贸易理论总是代表了社会中某一群体的经济利益,而国际贸易的政策实施也会影响到一国国内的利益分配。

第二节　大卫·李嘉图的比较利益学说

一、大卫·李嘉图的比较利益学说的基本内容

比较利益学说,又称为比较成本学说,是由英国古典经济学家大卫·李嘉图(David Ricardo,1772—1823)提出的。大卫·李嘉图出生于荷兰的一个犹太人家庭,后来移居英国,他的父亲是阿姆斯特丹交易所的经纪人,他本人后来也从事投机交易并获利甚丰。

(一)大卫·李嘉图比较利益学说的假设前提

比较利益学说实际是英国另一位经济学家托伦斯提出来的,英国古典经济学集大成者大卫·李嘉图发展了该学说。大卫·李嘉图在《政治经济学及赋税原理》一书中对此进行了阐述。比较利益学说主要是为了解决亚当·斯密绝对利益学说中存在的矛盾,将国际贸易的基础从绝对利益发展成为比较利益。比较利益学说从生产成本的相对差别出发,认为即使一个国家在两种商品的生产上比另一个国家的效率都低(与他国相比都处于绝对劣势),仍然存在互利贸易的基础。第一个国家应当专业化生产和出口绝对劣势比较小的商品(这是具有比较优势的产品),进口绝对劣势比较大的商品(这是处于相对劣势的产品)。这一理论突破了一国在不具备绝对利益时将无法参加国际贸易的绝对利益假设的限制,并在理论上进一步为资本主义的发展排除障碍。为了能够更好地进行分析,该学说做了如下假设。

(1)两个国家、两种产品的模型,即世界由两个国家构成,每个国家都生产两种产品;

(2)两国均实行自由贸易政策,相互间没有贸易限制;

(3)要素(这里主要是劳动)在一国内自由流动,在两国之间不能流动;

(4)以劳动价值论为基础,即投入在产品中的劳动时间决定了产品的价值,劳动时间越长价值越高;

(5)交易双方生产成本不变,不存在规模收益,不考虑运输、保险等贸易成本因素;

(6)一国国内收入分配不受贸易的影响。

这些假设也构成了古典经济学家分析国际贸易问题的理论框架。在此假定前提下,大卫·李嘉图证明:决定国际贸易的基础是比较利益,而并非绝对利益。

(二)大卫·李嘉图比较利益学说的基本内容

大卫·李嘉图的比较利益学说的核心思想认为,人们在国际贸易中遵循的原理是“两利相权取其重,两弊相衡取其轻”。从理论上讲,比较利益就是相对优势,从个人角度来说,

人们在对自身各种优势进行比较后，选择从事其中优势更明显的工作会取得更大的成绩，而应放弃劣势更为突出的工作才能避免更大的损失。

大卫·李嘉图举例说，“如果两个人都能制造鞋和帽，其中一个人在两种工种上都比另一个人强一些，不过制帽方面只强1/5，而制鞋方面则强1/3，那么这个较强的人专门制鞋，而那个较差的人专门制帽，岂不是对于双方都有利吗?”在国际分工中，上述道理是一样的，若两个国家生产力水平不相同，甲国在生产任何产品时成本均低于乙国，处于绝对优势，而乙国则相反，其劳动生产率在任何产品上均低于甲国，处于绝对劣势。这时，只要乙国处于绝对优势的两种产品的成本比率与另一国相应的成本比率不同，两个国家间就存在进行贸易的可能。处于绝对优势的国家不必生产全部产品，而应该集中生产本国具有最大优势的产品，处于绝对劣势的国家也不必停产所有的产品，而只应该停产本国处于最大劣势的产品，通过自由交换，参与交换的国家可以节约社会劳动，增加产品的消费，世界也因为自由交换而增加产量，提高劳动生产率。

大卫·李嘉图以葡萄牙和英国的葡萄酒和呢绒生产为例，来解释比较利益学说。如果葡萄牙生产1单位葡萄酒需要80个劳动日，生产1单位呢绒需要90个劳动日；英国酿造1单位葡萄酒需要投入120个劳动日，生产1单位呢绒需要100个劳动日。在这两种商品的生产上葡萄牙都处于绝对有利的地位，同样生产1单位葡萄酒和1单位呢绒的劳动成本都比英国低，但两种优势中有最优和次优的区别，相对来说最优为优，次优为劣。葡萄牙以葡萄酒输往英国，换取呢绒也能获得利益。因为在葡萄牙1单位葡萄酒只能换得0.89单位呢绒，把葡萄酒输往英国能换得1.2单位呢绒，比在本国多得0.31单位。英国可用呢绒换取葡萄牙的葡萄酒，因在英国1单位呢绒只能换得0.83单位葡萄酒，而输往葡萄牙则可换得1.125单位葡萄酒，即多换得0.295单位。葡萄牙应在两优中取其重，尽可能多地生产葡萄酒，而将生产呢绒的工作交给英国。

（三）大卫·李嘉图比较利益学说的简单数学说明

设世界由A、B两国组成，每个国家都在生产X、Y两种产品，在实行分工之前，其情况如表2－4所示。

表2－4　比较分工前劳动耗费情况

	X产品	Y产品
A国	6单位劳动	4单位劳动
B国	1单位劳动	2单位劳动

分工前A国生产1单位X产品需要6单位劳动，生产1单位Y产品需要4单位劳动；相应地，B国同样生产1单位的X和Y产品，则需要1单位劳动和2单位劳动。B国劳动生产率明显高于A国。世界范围内，X产品和Y产品全部产出为4单位，每一国家消费X、Y产品各1单位。世界的全部劳动支出为13单位，A国为10单位，B国为3单位，世界的总消费为4单位产品。分工的原则是各国选择自己的优势产品进行生产，如果以X产品为Y产品的价值衡量标准，则A国的$4/6 < B$国的$2/1$，而以Y产品为X产品的价值衡量标准，则A国的$6/4 > B$国的$1/2$，这就决定了交换的基础，劳动价值相对高的产品具有优势，即A国的优

势在于 Y 产品，而 B 国的优势在于 X 产品。进行分工后 A 国集中生产 Y 而放弃 X 产品的生产，B 国集中生产 X 而放弃 Y 产品的生产，情况如表 2－5 所示。

表 2－5 比较利益分工后劳动耗费情况

	X 产品	Y 产品
A 国	0 单位劳动	10 单位劳动
B 国	3 单位劳动	0 单位劳动

A 国此时生产 10/4，即 2.5 单位的 Y 产品，B 国此时生产 3/1，即 3 单位的 X 产品。A 国在保持分工前 1 单位 Y 产品消费的同时，可以用 1.5 单位的 Y 产品来换取 X 产品进行消费。B 国则在保持分工前 1 单位 X 产品消费的同时，可以用 2 单位的 X 产品来换取 Y 产品进行消费。假设交换的比率为 1X∶1Y，则双方通过交换均可以得到利益，而世界的消费水平也得到提高，劳动时间得到节约。

（四）大卫·李嘉图比较利益学说的图形解释

运用微观经济学中的相关概念，如生产可能性边界、机会成本、社会无差异曲线、成本线等，绘制出两个国家、两种产品、不完全分工的国际贸易模型，可以使分析更加接近国际贸易实际。因为在国际经济中很少有国家进行完全的国际分工，即放弃生产一些产品而集中全部资源去生产另一些产品。因此，在图 2－3 中，A、B 两国在进行国际分工后仍然各自生产 X 和 Y 产品，与分工前相比较，只是 X 和 Y 产品生产的数量比率发生了变化，A 国将沿着生产更多的 Y 产品，较少地生产 X 产品的方向组织生产；B 国将沿着生产更多的 X 产品，较少地生产 Y 产品的方向组织生产，其情况如图 2－3 所示。

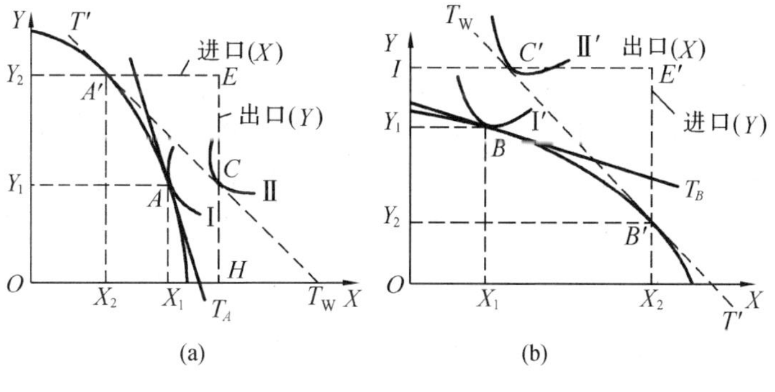

图 2－3 按比较利益进行国际分工的福利分析

图 2－3(a) 为 A 国的基本情况，图 2－3(b) 为 B 国的基本情况。从图 2－3 中生产可能性曲线可以看出，A 国的优势在于生产 Y 产品，B 国的优势在于生产 X 产品，两国国内交换比率分别为 T_A、T_B（通过生产点 A、生产点 B，画出生产可能性曲线的切线），分工前国内生产组合点、消费组合点分别为 A、B。按照比较优势进行专业化分工，图 2－3(a) 中 A 国从 A 点沿生产可能性曲线上移至 A′点，放弃部分 X 产品生产而增加 Y 产品的生产；图 2－3(b) 中 B 国表现为从 B 点下移至 B′点，放弃部分 Y 产品的生产而增加 X 产品的生产。在 A′、B′

点，两国的国内均衡价格（d_X/d_Y）是相等的。A、B 两国按照1:1 交换线 T_W进行国际贸易（与两国国内交换线 T'相等），A 国分工后生产组合点为 A'，即生产 $OX_2=Y_2A'$数量的 X 产品和 $OY_2=A'X_2$数量的 Y 产品，A 国用 CE 数量的 Y 产品换 EA'数量的 X 产品（其中 $CE=EA'$），共消费 CH 数量的 Y 产品和 $Y_2A'+A'E=OH$ 数量的 X 产品，消费点为 C。B 国分工后的生产组合点为 B'，即生产 $OX_2=Y_2B'$数量的 X 产品和 $OY_2=X_2B'$数量的 Y 产品，用 $C'E'$数量的 X 产品换 $E'B'$数量的 Y 产品，共消费 $C'I$ 数量的 X 产品和 $E'B'+B'X_2=OI$ 数量的 Y 产品，消费点为 C'。

A 国在国际分工后的生产点 A'、消费点 C 之间的差别就是国际贸易量，$\triangle A'EC$ 被称为是 A 国的"贸易三角"；同理，$\triangle B'E'C'$是 B 国的"贸易三角"，由于两国间进口、出口方向相反，数量相等，因此$\triangle A'EC$ 和$\triangle B'E'C'$是全等三角形。

A 国 X 产品的消费中，Y_2A'为本国生产，$A'E$ 为进口；Y 产品中，HC 在本国生产并消费，CE 为出口。B 国的 Y 产品消费中，X_2B'为本国生产，$E'B'$为进口；X 产品中，IC'在本国生产并消费，$C'E'$为出口。在 X 产品与 Y 产品间 1:1 交换的条件下，有 $E'C'=B'E'$。可以看到 A、B 两国的无差异曲线都有提高，即Ⅱ高于Ⅰ，Ⅱ′高于Ⅰ′，表示两国的总体福利水平都得到了提高。

（五）大卫·李嘉图比较利益学说的其他有关叙述（多国与多种产品模型）

以两个国家、两种商品为基础的模型，也适用于多个国家、多种商品的情况。在经济发展过程中，各国的各个产业劳动生产率变化不一样，需求和供给的条件共同决定每个国家应该生产哪一组产品，与其他国家的贸易格局如何。

例如，在两种产品多个国家生产的情况下，一国的比较优势由该国产品生产的相对成本（a_{LX}/a_{LY}）与国际产品市场的相对价格（P_X/P_Y）相比来确定。如果 $a_{LX}/a_{LY}<P_X/P_Y$，则该国具有生产产品 X 的比较优势，应该生产和出口产品 X，进口产品 Y；如果 $a_{LX}/a_{LY}>P_X/P_Y$，则该国有生产产品 Y 的比较优势，应该生产和出口产品 Y，进口产品 X；如果 $a_{LX}/a_{LY}=P_X/P_Y$，则该国在任何产品上都既没有比较优势，也没有比较劣势，对任何一种产品可以进口，也可以出口，或不进口也不出口，生产与贸易模式不确定。

针对两个国家、多种产品比较优势和贸易模式来说，基本的贸易原则是：若一国在某种产品（j）上的相对劳动生产率（a_j^*/a_j）高于相对工资（W/W^*），则该国具有生产这种产品的比较优势，应该生产并出口这种产品。反之，若该国不具有生产这种产品的比较优势，则应该放弃生产这种产品而从另一国进口。

二、对于大卫·李嘉图比较利益学说的评价

（一）从国际贸易实际出发的评价

比较利益学说揭示出国际贸易的动因是比较利益，证明了各国通过出口相对成本较低的产品、进口相对成本较高的产品就可以实现贸易互利，这比绝对利益学说更符合实际情况，将国际贸易理论向前推进了一大步。

但是该学说的假设前提过于苛刻，大卫·李嘉图设定的多个方面的假设条件，并不符合国际贸易的实际情况，如忽略了技术进步对国际贸易的影响，认为要素在国际间完全不能流动，假设经济中不存在规模收益等，与现实国际贸易情况相距过远。这使得比较利益

学说的适用程度受到了限制。

此外,按照比较利益学说,贸易的产生原因是国家间的比较利益差异,因此应该是比较利益差异越大,贸易发生的可能性就越大。按照这一说法,比较利益相近的国家间进行对外贸易的可能性并不大,而当前现实的贸易主要发生在发达国家之间,比较利益不同的发达国家与发展中国家间国际贸易的数量反而较小。

按照该学说,在自由贸易条件下,参加贸易的双方都可获利,为获得贸易的利益,所有贸易参加国都应该积极实行自由贸易而非保护主义,但在实际中,各国在不同程度上都实行了保护主义贸易政策,事实与理论结论存在较大差异。

(二)从劳动价值论出发的评价

在该理论中,出现了同一商品国内价值和国际价值的差异与交换比率的不同,这违背了大卫·李嘉图自己所坚持的劳动价值论。当他看到这一情况时,无法进行理论解释,认为国内商品交换的基本原理(即等价交换原则)在国际贸易中并不适用,"支配一个国家中商品相对价值的规则不能支配在两个或更多国家间互相交换的商品的相对价值",认为在国际贸易中,可以不遵循等价交换的原则。比较成本学说虽在理论上能说明双方进行贸易都能获得好处,但它并未从根本上揭示出贸易发生的原因。

比较利益学说暗含一层意思,即越落后的国家按照比较利益参加国际贸易越会受益。这里,实际上没有看到国际贸易具有的不等价交换和价值的流向。

对于以上问题,马克思从坚持劳动价值论的立场出发,运用劳动价值论的基本论点,给予了科学的回答。马克思指出:"投在对外贸易上的资本能提供较高的利润率。首先因为这里是和生产条件较为不利的其他国家所生产的商品进行竞争,所以比较发达的国家以高于商品的价值出售自己的商品,虽然比它的竞争国卖得便宜,但只要比较发达的国家的劳动在这里作为比重较高的劳动来实现,利润就会提高,因为这种劳动没有被作为质量较高的劳动来支付报酬,却被作为质量较高的劳动来出售。对有商品输入和输出的国家来说,同样的情况也都可能发生,就是说,这种国家所付出的实物形式的物化劳动多于它所得到的,但是它由此得到的商品比它自己所能生产的更便宜。"马克思进一步指出:"不同国家的工作日相互间的比例,可能像一个国家内熟练的、复杂的劳动同不熟练的、简单的劳动比例一样。"因此,"即使从大卫·李嘉图理论的角度来看……一个国家的三个工作日也可能同另一个国家的一个工作日相交换"。这就是说,后一个国家的一个工作日作为熟练的复杂的劳动,等于是倍加的简单劳动,与前一个国家三个工作日的不熟练的简单的劳动所创造的商品价值相等。因此,它们之间的交换仍然符合等价交换的原则,马克思通过这样的论证,解决了大卫·李嘉图在国际交换中所遇到的矛盾和困难。

三、比较利益的分解

比较利益可以被分解为得自贸易的利益和得自分工的利益,前者是产品在消费领域的重新配置所得,后者是资源在生产领域的更有效配置所得。比较利益的图解如图 2 – 4 所示。

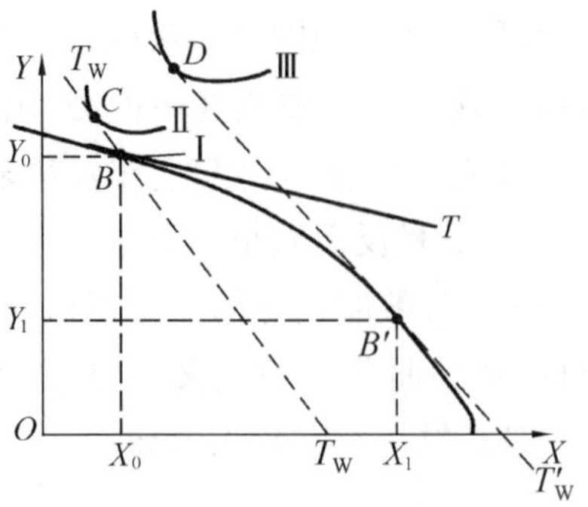

图 2-4　比较利益的图解

(一)得自贸易的利益

得自贸易的利益来源于在资源配置不变、产出不变的情况下,一部分产品以国际价格(T_W)而非国内价格(T)进行贸易,这时生产点 B 不变,但通过 B 点作新的社会无差异曲线与国际价格线 T_W 相切,这样,无差异曲线Ⅱ与无差异曲线Ⅰ相比,离原点的距离更远些,表明社会福利水平得到提高。

(二)得自分工的利益

除了贸易交换的利益之外,在国际贸易中还存在得自分工的利益。这一利益主要来源于资源按照比较利益进行的重新配置,这时,生产点沿着生产可能性曲线变动,由 B 点移动到了 B' 点,消费点 D 在社会无差异曲线Ⅲ与国际价格线 T'_W 相切处,无差异曲线Ⅲ与Ⅱ相比进一步向外推移,福利水平得到更大提高。

(三)利益的合成分析与评价

完全的比较利益的图解,是由得自贸易的利益与得自分工的利益复合而成的,其中无差异曲线Ⅰ到无差异曲线Ⅱ为得自贸易的利益,无差异曲线Ⅱ到无差异曲线Ⅲ则为得自分工的利益,无差异曲线Ⅰ到无差异曲线Ⅲ是总的利益。

由此可见,通过国际贸易,一国的福利水平提高,所得来自产品的生产和消费两方面的有效配置;通过国际贸易,一国可以消费超出其生产能力的产品。

第三节　国际贸易价格的确定

绝对利益学说和比较利益学说都没有说明分工后国际交换过程中的比价问题,这就构成了国际贸易中的价格确定问题,国际贸易中价格的高低最终决定了贸易是盈余或亏损的状态。此外,研究国际贸易价格的确定不仅是理论问题,同时也是非常重要的政策问题。在国际贸易中,人们常说的贸易条件,是指单位出口所能够换回的进口的数量,也就是指国际贸易价格。人们总是希望本国商品在国际市场中进行交换时,贸易条件能够得到改善,出口价格较为适宜。

一、相互需求方程式

(一)相互需求方程式的提出及其基本内容

相互需求理论是对比较成本理论的进一步解释,由英国经济学家约翰·穆勒(John Stuart Mill,1806—1877)首创。约翰·穆勒认为两国进行商品交换时,交换比例取决于双方对参与贸易的各种商品需求的大小,并将交换比例稳定在出口商品恰好等于进口商品的水平上。我们可以用两个国家、两种产品的模型(表 2-6)来说明。

表 2-6 国际分工前两国单位劳动生产产品量

	X 产品	Y 产品
A 国	10 单位	15 单位
B 国	10 单位	20 单位

在表 2-6 中,我们用单位劳动可以生产的 X 产品和 Y 产品的数量,代替过去单位产品使用的劳动量。从表格中可以看出,A 国的优势在于生产 X 产品,而 B 国的优势在于生产 Y 产品。因为以同样的工作量,A 国与 B 国生产的 X 商品数量相同,但 A 国生产的 Y 商品数量少于 B 国。在此情况下,A 国可专门从事 X 商品的生产,B 国可专门从事 Y 产品的生产,然后通过贸易实现相互交换,这样对双方都有利。

A 国在贸易中用 X 产品换取 Y 产品,B 国在贸易中用 Y 产品换取 X 产品。在 A 国,由投入劳动量所决定,等价交换的国内交换比率为 10X: 15Y。B 国国内交换比率为 20Y: 10X。若 A 国在国际市场上能够用 10 单位的 X 产品换取多于 15 单位的 Y 产品,A 国产品进入国际市场就会有利可图;反之,B 国若能以少于 20 单位的 Y 产品,换取 10 单位的 X 产品,则 B 国愿意进入国际市场。两国国内的交换比率便是 A、B 两国进入国际市场的上、下限。

10: 15 和 10: 20 是 A 国和 B 国的国内交换比率,也是两国进入国际市场的"门槛"。在图 2-5 中以上、下两条射线为界,可以将坐标图中的第一象限分为三个区域。

Ⅰ区:交换比率 $R < 10:20$,此时,10 单位 X 产品交换的 Y 产品数量超过 20 单位,交换比率低于 B 国国内的交换比率,B 国无利可图,退出交换,是双方的不可交换区。

Ⅱ区:交换比率 $10:20 < R < 10:15$,交换比率恰好介于 A 国国内、B 国国内的交换比率之间,双方均能从交换中获益,这是双方可能的交换区。

Ⅲ区:交换比率 $R > 10:15$,此时,10 单位 X 产品交换的 Y 产品数量少于 15 单位,交换比率低于 A 国国内的交换比率,A 国无利可图,退出交换,同样是双方的不可交换区。

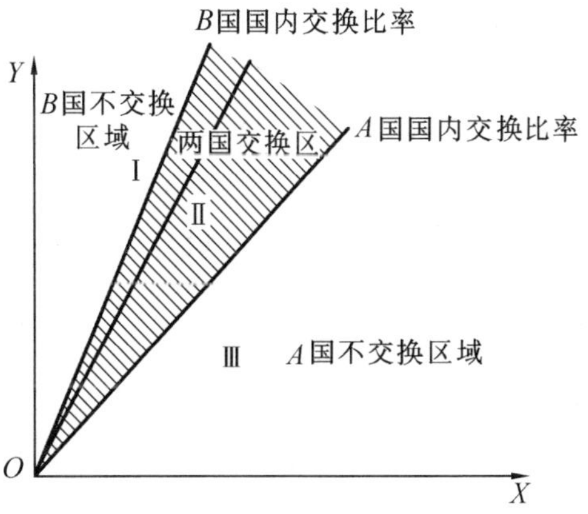

图 2-5 两国间产品交换区

国际贸易中，产品实际交换比率将处于由两国国内交换比率界定的两国交换区内，然而具体的交换比率究竟应在哪条射线上，仅从供给方面是无法说明的，只有运用相互需求方程式才能说明国际价格是如何确定的。

（二）相互需求方程式的解释

在由比较利益决定的两国交换比率的上、下限内，实际而且唯一的均衡贸易条件是由两国对于交易对方的相对需求强度决定的，最终的交换比率将恰好使贸易达到平衡。如果对方对于本国商品的需求强度大于本国对于对方商品的需求强度，则国际贸易的交换比率越接近于外国国内的交换比率；反之，则越接近本国国内的交换比率。交换比率越贴近哪一个国家的国内交换比率，则该国获得的贸易利益就越少。

（三）相互需求方程式均衡的条件及对其评价

相互需求强度在全球范围内从长期来看是均衡的，在短期内则相互需求强度可能是不平衡的，会出现贸易的失衡。国际贸易价格是双方供求正好相等时形成的价格，其情况如图 2－6 所示。

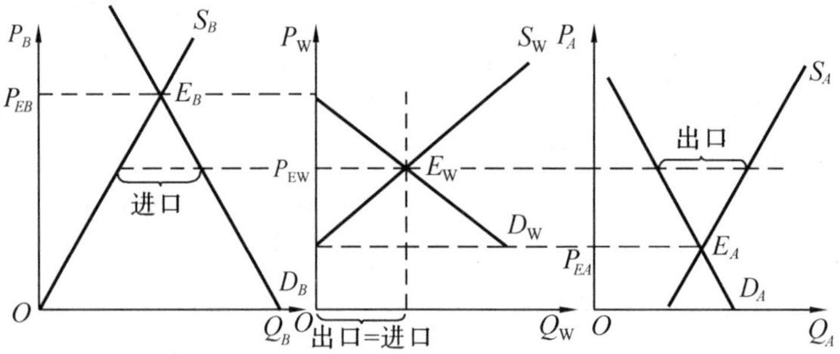

图 2－6　国际贸易价格的长期均衡

首先以 D_A、S_A、D_B、S_B 分别表示 A、B 两国 X 产品的需求和供给曲线。

在没有贸易的情况下，A 国在 E_A 点生产和消费，B 国在 E_B 点生产和消费，P_{EA}、P_{EB} 分别代表 X 商品在贸易前的均衡价格水平。

两国进行贸易后，A 国出口 X 产品，B 国进口 X 产品，在 X 产品相对价格高于均衡价格水平时（即在 P_{EA} 价格之上），A 国的 X 产品出口将超过 B 国 X 产品进口需求量，X 产品的相对价格将下降，直到降到均衡价格水平为止。另一方面，如果 X 产品相对价格低于 B 国国内均衡水平 P_{EB}，则 X 的贸易量将小于 B 国 X 产品进口需求量，价格上升，直到升至均衡水平为止。世界需求曲线 D_W 和世界供给曲线 S_W 的交点是 X 商品贸易的均衡点，P_{EW} 是 X 商品贸易的均衡价格。

相互需求论从供求角度说明了价格的变化，指出国际市场中的均衡条件是供给与需求相等，实际上解释了价格是怎样围绕价值波动的。

二、提供曲线及其分析

相互需求方程式是初步地确定国际贸易价格的方法，而较为复杂的国际贸易价格确定方法是使用提供曲线图。提供曲线，有时也称为相互需求曲线，是由英国经济学家马歇尔(Alfred Marshall,1842—1924)和埃奇沃思(Edgeworth)提出的。阿尔弗雷德·马歇尔是英国新古典学派经济学的创始人，他用几何图解法对约翰·穆勒的"国际价值决定原理"进行了系统的说明。

提供曲线表明一个国家对某一进口商品需求量愿意提供的商品出口数量的轨迹。提供曲线包含了需求和供给两个方面，或者可以说，一国的提供曲线表示在各种商品相对价格上该国所愿意的进口和出口的数量。两个国家提供曲线的交汇点所决定的价格就是国际商品的均衡交换价格(交换比率)。提供曲线理论的基础是供求说，是以商品供求的相等来决定价格的理论。

(一)贸易无差异曲线

提供曲线的目的在于比较准确地找出国际商品交换的比率，是从生产可能性曲线和社会无差异曲线得出的贸易无差异曲线入手的。贸易无差异曲线的经济含义是，在福利水平保持不变的情况下，不同数量的进出口组合的情况。同一条贸易无差异曲线上的点，代表了不同的贸易状况，但使一国达到的福利水平是相同的。

贸易无差异曲线的具体画法是，首先绘制一国的生产可能性曲线与无差异曲线，将生产可能性曲线与无差异曲线从第一象限反转到第二象限，把代表社会福利水平的无差异曲线固定，将生产可能性曲线沿无差异曲线平滑移动，保持两条曲线相切，并与横轴保持平行，此时原点移动留下的轨迹便是贸易无差异曲线，具体如图 2－7 所示。

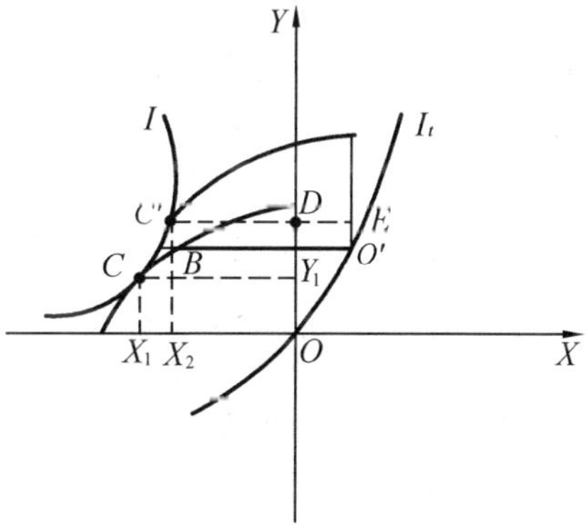

图 2－7 贸易无差异曲线的得出

图 2－7 中，贸易无差异曲线是该国在福利水平不变的情况下，不同的进出口组合点构成的轨迹。将生产可能性曲线与社会无差异曲线相切，使得生产可能性曲线沿着无差异曲线切线平行上移，切点从 C 移动到 C'，此时出现了国际贸易。其中 X 产品的生产 $C'E$ 大于消费 $C'D$，剩余部分 DE 为出口；Y 产品则为生产 $C'B$ 少于消费 $C'X_2$，差额部分 BX_2 为进口。可以看出，保持该国福利水平不变，不是依赖生产的变动而是靠进出口调节的。原点的移动能够反映出这一过程，其变化轨迹为贸易无差异曲线，即图中的 I_t。贸易无差异曲线表示一国各种不同的贸易情况提供了相等的福利。由贸易无差异曲线表明的福利水平是由导出贸易无差异曲线的社会无差异曲线表示出来的。还需注意的是，贸易无差异曲线上任何点的斜率，与导出贸易无差异曲线的社会无差异曲线上的相应点的斜率是相等的。

(二)提供曲线的作图及说明

对每条社会无差异曲线来说，都存在一条与之对应的贸易无差异曲线。位置更高的社会无差异曲线(反映更高的国民福利水平)给出位置更高的贸易无差异曲线。因此，一国的贸易无差异曲线图能由该国的社会无差异曲线图推导出来。

其基本情况如图 2－8 所示：图中社会无差异曲线为 I_1、I_2 等，按照图 2－7 中的方法，通过画图得出贸易无差异曲线 I_{t1}、I_{t2} 等。对应每一条社会无差异曲线代表的社会福利水平，找到了与之一一对应的贸易无差异曲线。按此作图方法，人们可以在第一和第四象限同样画出一族贸易无差异曲线，两族贸易无差异曲线的方向正好相反。

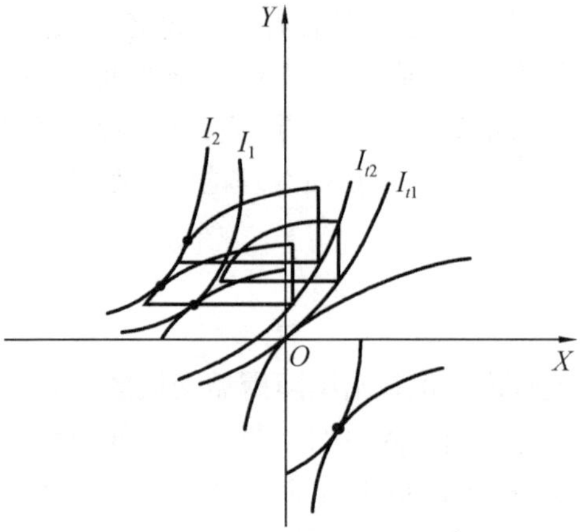

图 2－8　贸易无差异曲线族

根据不同的社会福利水平画出的 I_{t1}、I_{t2} 等，可以得出相互平行的一族贸易无差异曲线。以坐标原点为起点，画出射线 OW、OW_1、OW_2 等，使得每条射线同一条贸易无差异曲线相切，然后将这些切点以及原点连接起来，得出的曲线就是该国的提供曲线，如图 2－9 所示。

这表明，一国的提供曲线是两条曲线的切点构成的轨迹：一条是能够保证贸易进行的商品相对价格线，另一条是该国的贸易无差异曲线。提供曲线代表的是该国愿意以一定的出口商品换回的进口商品的数量，也就是国际贸易中进出口商品的交换比率。在不同的提供曲线下，反映的贸易条件是不同的。对图 2－9 而言，一国的贸易条件线从 I_t、I_{t1} 移动到斜率较高的 I_{t2} 就意味着该国贸易条件的改善。

（三）国际贸易的均衡价格

图 2－10 代表了确定国际均衡价格的一般均衡模式：坐标系的横轴与纵轴分别代表 X 产品和 Y 产品，两个生产可能性曲线分别代表 A、B 两国的生产可能性曲线，且分别与和世界价格线 T 平行的 A 国价格线 T_a 和 B 国价格线 T_b 相切，切点分别为点 A 和点 B。

实际的国际贸易中，一般均衡的条件为：国际交换比率为 OT；两国的国内价格，A 国为 T_a，B 国为 T_b，都等于世界市场价格 OT。A 国 X 产品产量为 AD 数量，消费为 AF 数量，剩余 FD（$FD = AD - AF$）数量构成了出口，A 国 Y 产品生产为 AC 数量，消费为 AJ 数量，两者的差额 CJ（$CJ = AJ - AC$）数量需要进口。B 国 X 产品生产为 HB 数量，消费为 LB 数量，进口为 LH（$LH = LB - HB$）数量，B 国 Y 产品生产 GB 数量，消费为 BM 数量，出口为 MG（$MG = GB - BM$）数量。X 产品的世界贸易量：A 国出口 $FD = B$ 国进口 LH；Y 产品的世界贸易量：B 国出口 $GM = A$ 国进口 CJ。国际交换比率 $LH/GM = FD/CJ$。

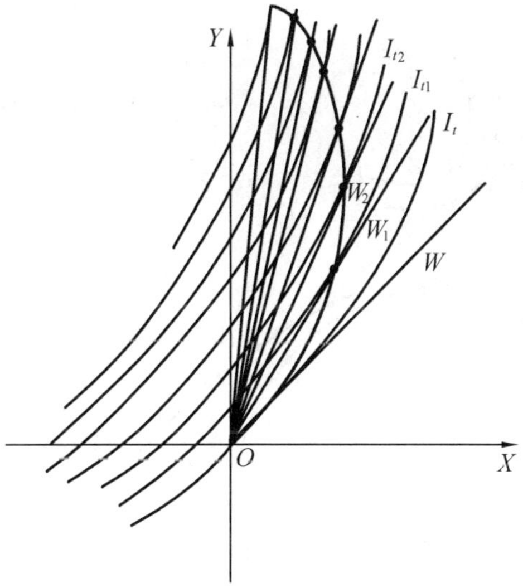

图 2－9　提供曲线的得出

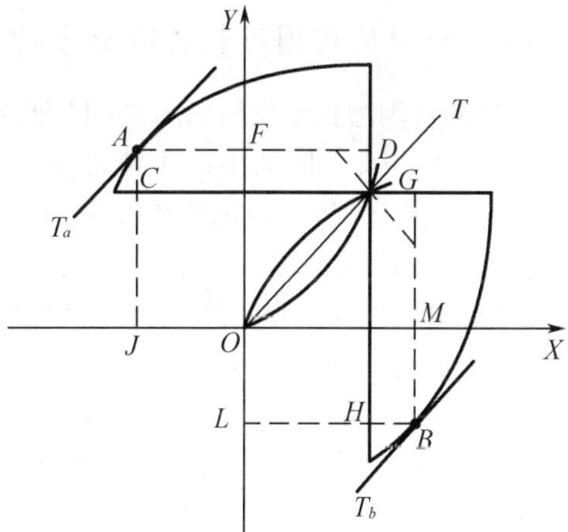

图 2－10　确定国际均衡价格的一般均衡模式

（四）对提供曲线的评价

国际贸易价格总是在提供曲线的交点上，而该点达成了两国的生产、消费和贸易的一般均衡：首先，需要满足国际收支平衡，即参与贸易国家的进出口价值相等；同时要求各国商品需求平衡，即一国生产的商品恰恰是另一国需要的，相互需求的数量应该正好相等；生产点必须在生产可能性曲线上（即达到了一国的最大生产量），还要保证一国满足最大的福利水平。

如果不能同时满足上述三个条件，国际收支处于不平衡的状态，则通过价格与供求的关系会有自动调节机制使之恢复均衡。当一国的供给（出口）大于另一国的需求时，出口国的出口商品价格会下降，而另一国的出口商品价格便会相对上升，进出口再次平衡，最终会恢复均衡；当一国的供给（出口）小于另一国的需求时，出口国的出口商品价格会上升，使得出口商品数量增加，而另一国的出口商品价格则相对下降，最终再次恢复平衡。一国提供曲线的形状也反映了相互需求的影响，对其他国家的出口商品需求不太强烈的国家，提供曲线的弯曲程度较大（即弹性较小），因而能够从对进口商品具有强烈需求的国家那里获得更多的贸易利益，这一点也被归结为“相互需求法则”。

上述的分析证明，提供曲线的理论基础是一般均衡理论，核心观点是由进出口商品供求的变化决定商品价格以及价格变化，对提供曲线理论的批评者认为，提供曲线的分析已经偏离了斯密－李嘉图的劳动价值论观点，蜕变为从需求角度进行的分析，分析的仅仅是价格而并非国际贸易中的价值变化量。

三、出口的贫困增长

出口的贫困增长问题是由美国经济学家约翰·威廉逊首先提出的，这一经济现象主要发生在发展中国家，主要是指随着一国出口供应能力扩大，生产可能性曲线会向外推移，但该国原有的贸易比较优势不变，贸易出口的扩大不仅没有使该国的福利水平有所提高，反而因为出口增加而有所下降，人们普遍认为这一现象的根源在于该国的贸易条件的极度恶化。

（一）出口的贫困增长的图形分析

出口的贫困增长示意图如图 2－11 所示。

图 2－11 中，一国的生产可能性曲线从 PPC_1 向外扩张为 PPC_2，意味着生产能力的扩大，生产点 A 向外移动到点 A'，在生产增加的同时，贸易出口也随之得到增长，但是贸易结构没有发生变化。世界价格线在该国生产扩大、出口增加后发生变化，从 T_W 移到 T'_W，世界价格线斜率发生变化，即国际贸易价格下降，贸易条件恶化，单位出口换得的进口量下降，该国的总体福利水平下降，消费点由 C 降到 C'。

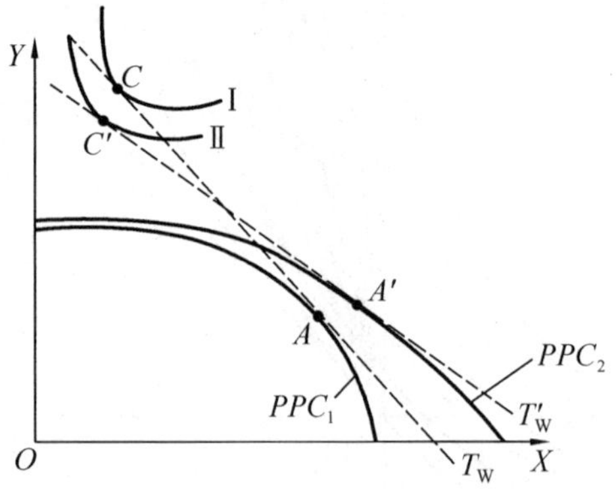

图 2－11　出口的贫困增长示意图

（二）出口贫困增长的条件与案例

出口的贫困增长的出现要符合以下几方面的条件。

首先，出口国大多是处于一定发展阶段的发展中国家，经济结构是典型的单一经济，离开单一产品的生产与出口，该国经济便会陷入困境；其次，该国生产的主导产品为初级产品或劳动密集型产品，并且其出口量占据世界销售的很大份额，国外对该产品的需求价格弹性很低，出口的扩大将造成价格的大幅度下降；最后，该国国民经济的发展高度依赖出口，尽管参与国际贸易导致国民福利水平下降，但该国仍然无法对生产和出口结构进行有效调整，导致国际价格的下降只能依靠更大的出口量弥补损失（而后果是价格的再次下跌），从而陷入了国民经济发展的“陷阱”。

在发展中国家的对外贸易中，这种出口贫困增长的案例时有发生，例如热带产品出口和大量的矿产品出口的国家，在初级产品价格下降中饱受其苦。近年来，中国某些产品在国外低价倾销，占据了一定的市场份额，但也出现数量增长、效益不佳，甚至是恶性竞争的情况，与出口贫困增长的情形有一些类似。其原因在于中国上述产品的出口已经占世界该产品市场相当大的份额，同时又面临发展水平相近的其他发展中国家同类产品出口的竞争。

发展中国家的贸易条件为什么长期呈下降趋势呢？就初级产品贸易条件下降而言，归纳起来主要有以下原因。

第一，农产品与工业品的需求收入弹性差别很大。发展经济学家普雷维什和辛格认为，发展中国家出口的初级产品的需求收入弹性一般小于 1，即对初级产品的需求增长低于收入的增长。随着发达国家收入的提高，这些国家的消费者对发展中国家初级产品的相对需求就会越来越少。与此同时，发达国家出口的制成品的需求收入弹性总的来说高于初级产品的需求收入弹性，而且一般大于 1。这样，随着收入水平的提高，对制成品的需求会越来越大。两个方面的结合将会导致初级产品对制成品的贸易条件的下降。

第二，由于技术进步，代替初级产品作为原料的合成品、替代品大量涌现。这些新产品的出现降低了对非食品类初级产品的世界性需求。例如,化纤纺织品与棉纺织品竞争,合成橡胶与天然橡胶竞争,合成洗涤剂取代了由植物油脂制成的肥皂,人造皮革在很大程度上代替了动物皮革,塑料和金属制品代替了很大一部分木制品,等等。

第三,技术进步还降低了工业生产中原料的消耗系数,因而对初级产品原料的进口需求并不随进口国工业生产的规模扩大而同比例增加。例如,金属容器减少了含锡量,现代化织布机减少了棉纱浪费并使用更多的合成纤维,锯木机将木刨花加工成木板,汽车使用较少的钢,等等。

第四,发展中国家在历史上大多是西方国家的殖民地或附属国,被殖民者作为原料的供应地。在政治上独立之后,它们仍然还保留着原来的出口格局——以初级产品出口为主,出口收入占国内生产总值比重较高,有些国家甚至主要依靠一两种农产品出口来换取外汇。这样的贸易格局决定了发展中国家在国际贸易中缺乏供给弹性。即使世界市场上农产品价格大幅度下跌,它们也不能调整出口结构,即不容易削减价格下降的初级产品出口,甚至为了使出口收入不减少,它们还将出口得更多。

第五,发达国家的要素收入比发展中国家高得多。在工业化国家中,由于工会的强大压力和大厂商垄断势力的存在,由技术进步引起的生产率的提高,带来的不是价格的下降,而是工资和利润的不断上涨:当收入增加得比生产率多时,价格就是上升的,而不是下降的。发展中国家则是另一种情形:一方面,工会势力弱小,要求增加工资的压力较小,而且由于劳动力丰富,工资被压到很低的水平;另一方面,由于农产品市场是竞争性市场,垄断性很差,农业技术进步所引起的生产率的提高不会给生产者带来更高的利润,而只会造成农产品价格的下跌。简而言之,"工业化国家作为初级产品的消费者和工业品的生产者而拥有世界最好的东西,而欠发达国家作为工业品的消费者和原材料的生产者却拥有世界最坏的东西"。

发展中国家制成品出口的贸易条件下降主要由它们的制成品出口构成来解释。发展中国家出口的制成品档次较低、附加值低,在世界市场上需求收入弹性也比较低,因此,即使从初级产品出口转变到制成品出口,它们的贸易条件相对于发达国家而言仍然趋于下降。例如,发展中国家出口纺织品,而发达国家出口电脑和通信器材。前者附加值和需求收入弹性较后者要低得多,这就不可避免地导致前者对后者的价格比率的下降。

发展中国家贸易条件的恶化造成的后果是严重的。首先,它把相当一部分财富和收入从处于外围的发展中国家无偿地转移到处于中心的发达国家,从而减少了发展中国家的收入和财富,使其不可能通过外贸来促进发展。其次,贸易条件的恶化使得发展中国家国际收支状况趋于恶化,赤字不断增加,不得不减少国内工业发展所需的进口设备和材料,从而阻碍了工业的发展。为了维持一定的进口水平,发展中国家被迫向国外借款,这样就使得外债负担加重,一旦外债负担过重,造成债务危机,则发展中国家的经济增长将受到极大影响。

(三)出口贫困增长的政策含义及评价

解决出口贫困增长最根本的方法是使发展中国家摆脱出口产品结构单一、以初级产品和简单制成品为主的贸易结构。许多发展中国家严重依赖出口收入,国内经济结构单一,特别是形成了经济发展水平越低越依赖于出口产业,而出口产业一旦发展受挫会进一步恶化国内经济环境、无力改善经济结构的恶性经济循环。发展中国家的产业结构从长远看应该予以调整，尽早完成从初级产品的加工出口向制成品出口的转化。

发展中国家的出口产品质量较低、相似性大也是造成出口贫困增长的根源之一。因此对发展中国家来说，要尽力发展产品的个性化、品牌化，尽力增加产品的增值度，在国际市场中体现出产品的特色和差异，加大对本国商品的需求弹性，提高产品整体的竞争实力。

近年来，中国大量出口劳动密集型产品，这类商品的共同特点是，技术含量较低，需求价格弹性小，供给的价格弹性大，国际市场竞争激烈。一部分产品国际市场份额过大，也形成了中国生产厂商内部的竞争，例如北京青年报报道，全球约有 70% 的玩具产自中国，中国已成为名副其实的玩具大国。但上万家企业同时生产，其中相当多的企业只是用几台缝纫机、废旧填充物来生产毛绒玩具。为了出口市场的健康发展，必须防止国内企业间的鱼龙混杂、恶性压价的竞争方式。

思 考 题

1. 比较绝对利益学说与比较利益学说的异同。
2. 试分析比较利益学说的假设条件与现实经济状况的差别。
3. 联系中国经济发展现状谈谈对“出口的贫困增长”的原因和应对策略的理解。

第三章　国际贸易的现代与当代理论

H－O 模型（赫克谢尔－俄林模型）是新古典国际贸易理论的代表，以此为界，区分了国际贸易的古典理论与现代理论。国际贸易的现代理论主要是对比较利益学说进行补充，并针对该理论的缺陷进行新的论述。第二次世界大战后的里昂惕夫反论引发了对于国际贸易理论框架的深层次思考，国际贸易的当代理论以不完全竞争为出发点，考虑到科技进步对于国际贸易的影响与作用，从新要素、需求以及规模收益等方面对国际贸易发生的原因和国际贸易利益的分配进行了探讨，同时也研究了国际贸易对于整个国民经济的作用与影响。

第一节　H－O 模型及其分析

H－O 模型是由瑞典经济学家赫克谢尔（E. Heckscher，1879—1952）和他的学生俄林（B. G. Ohlin，1899—1979）共同提出来的。赫克谢尔是斯德哥尔摩大学的经济学教授，俄林曾先后任斯德哥尔摩大学教授、美国加利福尼亚大学经济学客座教授、瑞典贸易部长和瑞典自由党主席等职，两者皆是瑞典学派经济学思想的代表人物。

1919 年赫克谢尔发表《对外贸易对收入分配的影响》一文，在该文中提出了如何解释大卫·李嘉图比较利益学说中两个国家两种商品之间的成本差异问题，指出如果两个国家的生产要素（土地、资本、劳动）拥有量和分布量相同，各生产部门的技术水平一样，当不考虑运输成本的时候，国际贸易给其中一个国家带来利益的同时，不会给另一个国家造成损失。由此得出的结论是：比较成本差异存在的条件主要包括两方面：

（1）两个国家存在不同的生产要素拥有量和分布量；

（2）两个国家生产的不同商品所使用的生产要素比例不一样。

俄林师承赫克谢尔的观点，1933 年在他的著作《区际贸易和国际贸易》一书中较详细地提出了要素禀赋的国际贸易理论，从均衡分析法出发，将决定国际分工的因素由单纯的劳动成本扩展到资本和劳动两种生产要素，在解释比较优势来源问题上取得了进展，并因此而获得了 1977 年诺贝尔经济学奖。

一、H－O 模型的基本命题

（一）H－O 模型的提出与模型要解决的问题

两国之间商品价格的差异是比较利益的依据和形成互补型贸易的基础，大卫·李嘉图的比较利益说既没有解释是什么原因造成了国家间的劳动生产率的差异，从而导致商品相对价格的不同；也没有阐述国际贸易对参与贸易的国家生产要素收益的影响。

赫克谢尔和俄林建立了 H－O 模型，用各国劳动和资本要素丰裕程度不同来解释劳动成本的差别，从资源配置的角度揭示了国际分工的基础，认为国际分工和国际贸易产生的原因是生产要素禀赋丰裕程度的差别，由此创立了资源配置学说。

（二）H－O模型的假设前提

H－O模型认定国际贸易与国内贸易应该具有相同的特点，并没有根本性的区别。从这点出发，H－O模型假设国际贸易中的情况如下。

（1）两种生产要素：假定为劳动和资本。

（2）两种可贸易产品，都要使用劳动和资本，但使用的比例不同。其中一种是劳动密集型产品，另一种为资本密集型产品。

（3）两个国家：一个国家是劳动充裕的国家，另一国家是资本充裕的国家。

上述假设，在国际贸易环境中只涉及两个国家、两种要素、两种产品，即2×2×2的模型，这与大卫·李嘉图比较利益学说的假设前提有很大的区别。H－O模型认为商品至少要两种或两种以上的要素才能生产出来，而大卫·李嘉图认为劳动是生产商品中的唯一要素，H－O模型的这一假设前提实质上是以要素论代替了劳动价值论，而且也为资本－劳动比的存在与分析确定了前提。

（4）每个国家的生产要素都是给定的。劳动和资本可以在国内各部门自由流动，但不能在国际间流动。各国的资源禀赋和生产可能性曲线不变，但劳动和资本在国内可以自由地从低收益的地区和产业流向高收益的地区和产业，直到该国所有地区和所有产业的劳动收益相同，资本收益相同。另一方面，若没有国际贸易，则两国的两种要素之间将存在着收益上的差异。

（5）生产技术假定相同。为了集中分析要素禀赋差别的作用，各国的生产技术假定是相同的，即不存在某种产品在甲国是劳动密集型产品而在乙国是资本密集型产品的情况。

（6）生产规模报酬不变。这意味着如果在任何一种商品生产中的劳动量和资本量一同增加，则该商品的产出也以相同比例增加，从而排除了规模报酬递增或规模报酬递减的可能。

（7）两国的消费偏好相同。这意味着表现两国需求偏好的无差异曲线的形状和位置是完全相同的。当两国的商品相对价格相同时，两国以相同的比率消费劳动密集型产品和资本密集型产品。

（8）完全竞争的商品市场和要素市场。两国都有许许多多的生产者和消费者，没有任何单个的生产者和消费者能够左右商品的价格，也没有任何单个的厂商或要素的拥有者能够决定要素市场的价格。完全竞争也意味着商品价格等于其生产成本，没有经济利润。

（9）无运输成本，无关税或其他阻碍国际贸易自由的障碍。这一假设也是为了简化分析，以便于集中讨论贸易产生的原因及结果。

上述假设前提中，生产要素相对充裕是指一国的某种生产要素相对于其他要素而言的相对丰富，不是绝对量的丰富。要素密集度是指生产不同产品所需要投入的生产要素之间的比率。这在H－O理论中特指资本与劳动两种投入的比率。

（三）H－O模型的基本命题分析

俄林等认为，区际贸易或国际贸易存在的必要条件是商品和生产要素价格在不同区域或国家间存在差异。由于生产要素价格的差异，导致各个地区生产同种商品的成本各异，换句话说，"每一地区在生产某些产品上具有优势，即该产品含有该地区拥有丰盛且便宜的生产要素”。一个国家将出口的商品是那些需要密集使用该国相对丰饶和便宜要素的产品,而进口的商品是那些需要密集使用相对稀缺和昂贵要素的产品。具体来讲,一国将出口那些密集使用其丰富要素的产品,而进口那些密集使用其稀缺要素的产品。资本丰富的国家将出口资本密集型产品,而进口劳动密集型产品。反之,劳动力丰富的国家将出口劳动密集型产品,而进口资本密集型产品。

H－O 模型认为,国际贸易最重要的结果是各国能更有效地利用各种生产要素,实现合理的国际分工,即国际贸易和国际分工是实现资源有效配置的手段。俄林指出:“国际贸易的首要条件是有些商品在某一地区比在其他地区能够更便宜地生产出来。一个地区的出口商品含有大量相对的、比其他地区便宜的生产要素,而进口的是其他地区能够更便宜地生产的商品。总之,进口的是使用高昂生产要素比例大的商品;出口的是使用低廉生产要素比例大的商品。”也就是说,通过国际贸易可以减少国际间生产要素分布不均的缺陷。但要想按生产要素丰缺进行国际分工,使生产要素得到最有效的配置和使用,从而提高劳动生产率,必须实行自由贸易政策,分工的利益才能实现。

归纳起来,H－O 模型有四个基本理论点。

(1)每个国家以自己相对充裕的生产要素从事商品的专业化生产和国际交换,就会处于比较有利的地位。相反,如果以自己相对稀缺的生产要素从事专业化生产和国际交换,就会处于相对不利的地位。因此,在国际贸易体系中,各国遵循的原则应是,出口那些密集使用自己相对充裕的生产要素生产的产品,而进口那些需要密集使用本国相对稀缺的要素生产的产品。

(2)如果两个国家生产要素存量(如劳动与资本)的比例不同,那么即使两国生产要素的生产率完全一样,也会产生生产成本的差异,从而使两国发生贸易关系。

(3)国际间商品交换的结果,往往是使各个国家之间的要素报酬(利息、地租、工资等)原有的差异减少,出现要素价格均等化趋势。

(4)在这一理论中,还存在着雷布津斯基定理和斯托尔帕－萨缪尔森定理。

二、H－O 模型的基本内容

如果用最简单的话来表述 H－O 模型的核心思想,就是“靠山吃山,靠水吃水”,即在要素方面发挥优势的做法。

(一)H－O 模型的基本内在逻辑关系

H－O 模型认为,相同产品在不同国家间存在的价格绝对差异是国际贸易的直接基础,商品在交换时的价格绝对差异是由生产的成本绝对差异决定的,而成本的绝对差异是由生产时的成本比率差异决定的,成本比率又是由所使用要素的价格之间的差别决定的,要素价格绝对差异是由要素存量比率,即一国中不同要素相对存量不同决定的,要素存量比率差异是由要素供求关系决定的,要素的供给则是由要素禀赋决定的。其基本的思想逻辑过程如下。

要素的自然禀赋→要素供给→要素的相对丰裕程度→要素相对价格→生产成本差→价格差→国际贸易。

(二)H－O 模型的数学公式推导证明

H－O 模型可以用比较简单的数学过程来推导。

我们假设:国际贸易中涉及 A、B 两国,生产 X、Y 两种商品。A 国为资本相对丰富的国家;B 国为劳动相对丰富的国家;X 产品为劳动密集型产品;Y 产品为资本密集型产品;L 为劳动投入系数;C 为资本投入系数;W 为工资率;R 为利息率。假设 A 国利息率相对较低,而 B 国的工资率较低。

公式推导如下。

Y 产品在 A 国的价格为

$$P_{AY}=L_Y\cdot W_A+C_Y\cdot R_A \qquad (A\text{ 国的 }Y\text{ 产品的单位成本})$$

变换后为

$$P_{AY}=L_Y\cdot W_A\left(1+\frac{C_Y\cdot R_A}{L_Y\cdot W_A}\right) \tag{3-1}$$

令 $C_Y/L_Y=S_Y$ (即资本劳动比,也即要素密集度)

由 $W_A/R_A=Q_A$(A 国国内要素价格比),则式(3－1)可转换为

$$P_{AY}=L_Y\cdot W_A\left(1+\frac{C_Y\cdot R_A}{L_Y\cdot W_A}\right)=L_Y\cdot W_A\left(1+\frac{S_Y}{Q_A}\right)$$

同理可以得出:Y 产品在 B 国的价格 P_{BY}、X 产品在 A 国的价格 P_{AX}、X 产品在 B 国的价格 P_{BX} 分别为

$$P_{BY}=L_Y\cdot W_B+C_Y\cdot R_B=L_Y\cdot W_B\left(1+\frac{S_Y}{Q_B}\right)$$

$$P_{AX}=L_X\cdot W_A+C_X\cdot R_A=L_X\cdot W_A\left(1+\frac{S_X}{Q_A}\right)$$

$$P_{BX}=L_X\cdot W_B+C_X\cdot R_B=L_X\cdot W_B\left(1+\frac{S_X}{Q_B}\right)$$

如果国际贸易产生的原因在于价格差,以 Y 产品为价格标准,X 产品和 Y 产品的相对价格在 A、B 两国是不同的,则应该有

$$\frac{P_{AX}}{P_{AY}}-\frac{P_{BX}}{P_{BY}}=\frac{L_X\cdot W_A\left(1+\frac{S_X}{Q_A}\right)}{L_Y\cdot W_A\left(1+\frac{S_Y}{Q_A}\right)}-\frac{L_X\cdot W_B\left(1+\frac{S_X}{Q_B}\right)}{L_Y\cdot W_B\left(1+\frac{S_Y}{Q_B}\right)}\neq 0$$

等式右边上下同乘 Q_AQ_B,经变换有

$$\frac{L_X(S_Y-S_X)\left(\frac{1}{Q_B}-\frac{1}{Q_A}\right)\cdot Q_A\cdot Q_B}{L_Y\left(1+\frac{S_Y}{Q_A}\right)\left(1+\frac{S_Y}{Q_B}\right)\cdot Q_A\cdot Q_B}=\frac{L_X(S_Y-S_X)(Q_A-Q_B)}{L_Y(Q_A+S_Y)(Q_B+S_Y)} \tag{3-2}$$

A 国资本存量相对丰富,故利率 R_A 较低,W_A 相对较高;B 国则相反,W_B 较低而 R_B 较高。因此,有 $W_A/R_A>W_B/R_B$,即 $Q_A>Q_B$,有 $Q_A-Q_B>0$。又因 Y 为资本密集型产品,X 为劳动密集型产品,有 $C_Y/L_Y>C_X/L_X$,即 $S_Y>S_X$,有 $S_Y-S_X>0$,代入式(3－2),等式右边应为正值,大于 0,等式左边显然也要大于 0,这意味着

$$\frac{P_{AX}}{P_{AY}}-\frac{P_{BX}}{P_{BY}}>0$$

即
$$\frac{P_{AX}}{P_{AY}} > \frac{P_{BX}}{P_{BY}}$$

两国之间不同商品的比价不同，出现了价格差，贸易会因此而产生。

如果 $P_{AX}/P_{AY} - P_{BX}/P_{BY} = 0$，则两国间要素的价格趋于均衡，代入式(3－2)为

$$\frac{L_X(S_Y - S_X)(Q_A - Q_B)}{L_Y(Q_A + S_Y)(Q_B + S_Y)} = 0 \tag{3-3}$$

由于 A、B 两国生产函数相同，生产产品在不同国家投入系数相同。假设 A、B 两国对于 X、Y 两种商品的资本劳动比，即要素密集度分别为 S_{AX}、S_{BX} 和 S_{AY}、S_{BY}。则有 $S_{AX} = S_{BX}$，$S_{AY} = S_{BY}$，$S_X \neq S_Y$，$S_X > S_Y$（两种商品的要素密集度不同），故式(3－3)只能有 $Q_A = Q_B$，即 A 国国内要素价格比等于 B 国国内要素价格比，也就是两国间要素价格趋同。

（三）要素价格均衡及其分析

我们假设资本存量相对丰富的美国与劳动存量相对丰富的中国之间存在着贸易关系，按照 H－O 模型的理论，二者间的贸易结构为美国向中国出口资本密集型产品，而中国向美国出口劳动密集型产品。为了扩大劳动密集型产品的出口，中国需要扩大劳动密集型产业的规模，如果此时国内劳动力供求平衡，则劳动密集型产业的扩大吸纳大量的劳动力，劳动力由其他产业转移过来，导致劳动力相对短缺，从而影响社会总体劳动力的供求关系，中国劳动力的工资率会因此上涨；相反，中国的资本密集型产品的生产行业，因为大量进口美国的同类资本密集型产品而破产、倒闭或缩小生产规模，从而使资本要素从这些行业"溢出"，社会上的资本供不应求的局面得到缓解，供求关系的改变造成了中国原来较高的资本报酬率（利率）下降，使之与美国利率水平的差距缩小。

俄林等人从资源配置理论的结论出发，得出了一个推论——要素价格均等化定理。这一推论包括两方面的含义：一是要素相对价格均等化，即原来要素价格比率不一致的两个国家，在发生自由贸易后，要素价格比率会逐渐趋于均等，最后达到完全相等（可表示为 $P_{AX}/P_{AY} = P_{BX}/P_{BY}$）；二是要素绝对价格均等化，即原来同一种要素的绝对价格在不同的国家不相等，经过自由贸易后，同一种要素的绝对价格会逐渐趋于均等，最后达到完全相等（即 $P_{AX} - P_{AY}$，$P_{BX} - P_{BY}$）。

俄林认为，在开放经济中，国际间因生产要素自然禀赋不同而引起的生产要素价格差异，将通过两条途径逐步缩小，第一条是生产要素的国际移动，第二条是商品的国际移动。前者称为直接均等，后者称为间接均等。这一推论成为传统国际资本流动的理论基础：国际贸易的根本原因在于不同国家间要素禀赋的差异，而自由贸易替代要素的流动，导致国际间要素价格趋于一致，包含了生产要素国际间可流动性假定。要素价格均等化定理说明，在一系列特定条件下，自由贸易将使要素价格基本上完全均等而不是局部均等。这些特定条件包括完全竞争、无交换成本、不完全专业化、相同的线性齐次生产函数、无外生经济、在所有要素价格上相对要素密集程度不变、要素质量相同、要素数量不大于商品数量。这种经典的"2×2×2"模型的阐述最后推广到了 n 个国家、n 种生产要素和 n 种产品。

萨缪尔森（P. A. Samuelson，1915—2009）是美国著名经济学家，新古典综合凯恩斯学派的代表人物，其思想代表了当今西方经济学主流思想。萨缪尔森分别于 1948 年、1949 年和 1953 年发表的三篇论文中用数学的方法证明了俄林的要素价格均等化定理，因此 H－O 模型也被称为 H－O－S 模型。另外，根据斯托尔泼和萨缪尔森的研究，自由贸易会使价格上

升的出口行业中密集使用的要素的价格上升，而使价格下降的进口替代部门中密集使用的要素的价格下降。

当然，在现实生活中，国际贸易并未使各国同质的生产要素价格相等，尽管使得生产要素价格的差距缩小了。究其原因，主要是由于 H－O 模型的假设条件在国际贸易中是不可能实现的。

三、关于 H－O 模型的评价

（一）H－O 模型与比较利益学说的异同点

从基本层面看，H－O 模型是建立在比较利益分析基础上的，要素流动假设也与比较利益学说基本一致。但 H－O 模型不同于大卫・李嘉图的单一生产要素理论，在现实中一种要素无法进行商品生产，其他要素，如资本、土地，在商品生产中是不可或缺的。H－O 模型认为国内、国际贸易均为不同区域间的商品贸易，其本质是相同的，交换中的规律应该也是相同的。因此，大卫・李嘉图得出的国内通行的等量劳动交换原则不能应用于国际贸易的结论是错误的。另外，大卫・李嘉图提出的劳动生产率差异是国际贸易发生的原因，H－O 模型则将各国之间劳动生产率一致作为分析的出发点，从根本上否定了劳动生产率差异在产生国际贸易过程中的必要作用，而将国际贸易发生的原因归结到了生产中使用的要素的比率差异上。

（二）H－O 模型的政策含义与案例分析

H－O 模型的最基本的政策含义是所谓的“靠山吃山，靠水吃水”的思想，发挥一个国家要素禀赋方面的优势，从固有的要素优势出发进行国际贸易，将生产成本最为低廉的产品推向国际市场，是今天世界各国都在遵循的原则。如沙特阿拉伯出口石油是因为其有丰富的石油资源，中国出口劳动密集型的服装、轻工产品是因为中国的劳动力资源具有极大的优势。遵循 H－O 模型制定一国的对外贸易战略，是今天发展中国家对外开放的出发点。

（三）对 H－O 模型的评价

资源禀赋说将生产要素价格、供给和需求联系起来，使国际分工和贸易理论成为一般生产布局理论的一部分；同时，该理论将生产要素价格差异、生产中要素的密集程度和国际贸易量联系起来，从而更直接地反映出以资源禀赋差异为标志的比较优势来源，因而使理论更接近于现实国际分工和国际贸易活动，得到了经济学界的广泛认同。

自然禀赋只是影响国际贸易的重要因素之一，而并非是贸易发生的充分条件，社会经济因素在确定一国对外开放的战略中具有极其重要的地位。事实上影响一国在国际分工和国际贸易体系中的决定性因素，逐渐从自然禀赋向社会经济条件过渡，一国的经济实力、科技实力在很大程度上构成了新的要素禀赋。H－O 模型强调静态分析，在假设条件上排除了技术进步的因素以及资本的积累等情况，尤其是使得发展中国家在发挥劳动成本低廉的优势的同时，无法转换生产结构，事实上今天自然资源丰富的国家未必就一定是资源密集型产品的出口国，这影响了该理论的广泛适用。另外，这一理论对于需求因素并未给予充分重视。

第二节 里昂惕夫反论及新要素理论

一、里昂惕夫反论

里昂惕夫(W. W. Leontief,1906—1999)是美国著名经济学家,因为参与创造了投入-产出模型而获得了1973年诺贝尔经济学奖。里昂惕夫反论又译为里昂惕夫之谜,是指里昂惕夫运用投入-产出模型检验美国的对外贸易,其验证的结果正好与H-O模型理论推断之间存在矛盾。

(一)里昂惕夫反论的提出

H-O模型自提出后,逐渐为人们所接受,成了国际贸易的主流理论,人们普遍认为各国资源禀赋不同是产生国际贸易的主要原因。第二次世界大战后,一些西方学者开始利用国际贸易的数据,尤其是发达国家的贸易数据对该模型予以检验,以考察它是否能够反映国际贸易的实际情况,里昂惕夫反论就是在这种情况下出现的。

(二)里昂惕夫反论的基本内容

H-O模型的核心观点是,一个国家将生产、出口使用自己拥有的相对丰富的生产要素进行生产的产品,而进口使用自己相对稀缺的生产要素进行生产的产品,这样贸易参与国才能获益。在人们的认识中,美国显然是一个资本相对丰富、利息率相对较低,而劳动力相对稀缺,工资率相对较高的国家。因此,如果H-O模型是正确的,则美国应该在大量使用资金投入的机器设备的生产与出口方面具有相应的优势,出口的应该是资本密集型产品,而进口的应该是劳动密集型产品。里昂惕夫基于以上观点,用投入-产出模型对美国近两百个产业的对外贸易情况进行了分析。

里昂惕夫通过对美国的进出口贸易统计资料进行分析,用资本和劳动投入、出口值和进口值的向量去乘美国经济的投入-产出矩阵,研究了美国近两百个产业的情况,分别考察了美国的出口商品与进口替代商品中的资本存量和工人人数的含量,结果是在1947年,美国向世界其他国家出口劳动密集型产品而进口资本密集型产品,这与用H-O模型得出的结论是相悖的。

(三)围绕里昂惕夫反论展开的争论

里昂惕夫反论的发表在学术界引起了极大的反响。许多人用同样的方法对美国和其他国家的贸易进行了检验,他们的检验结果有的符合H-O模型,有的符合里昂惕夫反论。例如,印度的巴拉德瓦加(Bharadwaj)在验证印美贸易时,发现印度的对美贸易的出口是资本密集型产品,进口是劳动密集型产品;日本的建元正弘(M. Tatemoto)和市村真一(S. Lchimula)则发现日本的对美贸易出口是劳动密集型产品,进口是资本密集型产品;加拿大的瓦尔(D. F. Wahl)证明加拿大的对美贸易出口是资本密集型产品,进口是劳动密集型产品。里昂惕夫本人也反复核对了这一研究结果,他在1956年又对美国1947年至1951年的数据进行了检验,结果与1953年的研究一样。尽管这些研究并没有直接推翻H-O模型,但是却反映出了H-O模型对国际贸易的简单解释已经难于说明复杂的国际贸易现象了。

1. 里昂惕夫对于反论的解释

里昂惕夫本人认为,美国对外贸易结构出现出口劳动密集型产品而进口资本密集型产品的原因,在于美国的就业者具有比其他国家工人更高的劳动生产率。按照他的解释,美国工人的劳动生产率大约是具有相似机器设备的其他国家工人的3倍,如果按其他国家工人的劳动生产率来衡量,美国工人的劳动是倍加的劳动,因此应该用工人数乘以3来得到劳动的投入数量,所以美国显然是劳动相对丰富而资本相对稀缺的国家,对外贸易的格局必然是用劳动密集型产品换取资本密集型产品。在这一个解释中,人们可以发现,里昂惕夫实际上提出了国民劳动非同质性的问题,即劳动应该分为简单劳动与复杂劳动,复杂劳动是简单劳动的倍加,从而指出了H-O模型前提中关于劳动同质假设的缺陷。但是,里昂惕夫本人后来撤回了这种解释。因为如果考虑了人力资本的因素,那么培训、维护合格的劳动力仍需要大量的资本,相应地对资本也应进行倍加,所以这对于解释反论是没有意义的。

2. 要素密集度逆转观点的解释

持这种观点的人认为,H-O模型假设各国的生产技术相同是不正确的,某种商品在资本相对丰富的国家属于资本密集型产品,而在劳动力相对丰富的国家则属于劳动密集型产品(如同样生产小麦,在非洲主要依靠人力,是劳动密集型产品;而在美国则是资本密集型产品,是大机器和高效化肥生产的产物)。在这样的情况下,同一种产品是劳动密集型或资本密集型并没有绝对的标准界限,如在美国以外属于劳动密集型产品,在美国可能就会是资本密集型生产的产物。这种理论在说法上比较简单,但应该指出的是在国际经济实际中,这种逆转现象并不普遍,它只有在特定的条件下才可以用来解释里昂惕夫反论。

3. 对美国进出口商品中自然资源因素的考虑

里昂惕夫之谜中只计算了贸易中的资本和劳动的比率而没有包括自然资源。不充分注意到各国自然资源的不同以及它们与资本和劳动力的关系,就不能完全解开资本劳动比率计算结果中出现的大部分奥秘。里昂惕夫发现,美国进口产品之所以是资本密集型的,一个原因就是美国是大量矿产的进口国。煤矿采掘、钢铁生产和土地耕作等生产活动既使用大量的自然资源,也使用大量的非人力资本。在出口方面,美国出口的农产品相对来说主要使用的是土地和大量的劳动力。从这个意义上来说,里昂惕夫之谜看来是一种幻景:美国进口的自然资源产品碰巧是资本劳动比率较高的,而出口的自然资源产品碰巧是资本劳动比率较低的,从而形成了美国进口资本密集型产品,而出口劳动密集型产品的现象。当自然资源行业被排除之后,美国各年的出口行业的资本密集型产品比重都增加,用同样的数据(美国1947年至1951年的数据)检验,里昂惕夫之谜不复存在。美国出口行业在1947年至1951年的资本劳动比率高于进口竞争行业的资本劳动比率。

另外,解释里昂惕夫反论的观点,还有资本密集型产品需求偏好论、关税结构说等理论。尽管人们提出了若干观点来说明H-O模型具有的合理性,但里昂惕夫反论仍然是对传统的H-O模型的巨大挑战。H-O模型本身的推导是严谨的,但它的假设条件过于严格和简化,与现实相脱节。里昂惕夫反论提出的意义还在于,通过试图解释里昂惕夫之谜,许多关于国际贸易的新学说得以诞生,开创了人们对于国际贸易理论的新研究阶段。

二、国际贸易新要素理论

第二次世界大战后出现的第三次科技革命,推动世界的生产力获得了突飞猛进的发展,同时也对国际贸易格局产生了革命性的影响。新的科技革命改变了国际贸易的产品和地理结构,各个国家在国际贸易中的地位也发生了根本性的变化,国际贸易的形态发生了根本性的变革。科技革命不仅使可见要素(如新材料、新能源等)不断涌现,也改变了人们对科技、教育、管理等的认识,强化了对新的生产要素发展规律的探索。垄断和规模经济对国际贸易的影响、各国之间比较利益的动态转移和竞争态势的变化以及各国之间行业内贸易的增加这些新的国际贸易现象,要求人们对于战后国际贸易的新现象给予理论上的说明,新要素学说便是在这样的背景下应运而生的。

国际贸易新要素学说扩大了要素的范围,赋予要素新的含义,将原有的国际贸易模型排斥在外的影响因素,如智力投资、科技进步以及知识和信息都加入国际贸易理论的分析框架中,考虑到新要素的获取和增长可以形成国际贸易的比较利益,从而使新要素获得者出现新的国际贸易的相对优势。

(一)人力资本说的基本内容与评价

人力资本是由对人或人力资源进行开发性投资所形成的,以一定人力存量存在于人体之中的,可以带来财富增值的资本形式,即人们以一定代价获得的,并能在劳动力市场上具有价格(或价值)的素质、能力或技能。所谓“开发性投资”或“一定代价”是指人们在教育、医疗、保健、迁移、劳动技能提高等方面的资源投入或费用支出。

人力资本学说开创者舒尔茨认为,人力资本体现在人的身上,表现为人的知识、技能、资历、经验和技术熟练程度等,总之表现为人的素质和能力。人的素质和能力是通过人力投资获得的,因此,人力资本可以理解为是对人力投资而形成的资本。从货币形态来看,它表现为提高人力的各项开支,主要有保健支出、学校教育和在职教育支出、劳动力迁移支出等。舒尔茨指出,既然人力是一种资本,那么无论个人还是社会对其投资必然会有所收益。从此意义上讲,人力资本是劳动者的时间价值——收入提高的主要源泉。因此,人力资本的大小或高低也可以表现在人力所有者,即劳动者的收入上。

在这方面进行过论述的经济学家主要有美国的舒尔茨(诺贝尔经济学奖获得者)、基兴、鲍德温和坎农等。他们或者考察美国工人高生产率的来源,认为工人的高生产率来自美国对于工人的投资;或者考察美国进出口部门中各类人员,如非熟练工人、技术人员、工程师在雇员中所占的比例;或者考察美国进出口行业就业人员的受教育年限,以计算不同部门的教育成本;或考察美国进出口部门中不同雇员的工资收入的差异,从而将美国的高生产率归结为教育、卫生、培训等方面的高投入,而这部分用于提高生产者素质的投入理应算入资本投入,因此,美国仍然应该是资本相对丰富的国家。

该学说认为新时代人力资本的结构与物质资本同样重要,一个国家应该重视人力投资。只有人力投资取得好的投资效益,才可能产生新的比较优势。这一理论引入了一种新的生产要素,即在人身上的投资,从这点出发也否定了 H－O 模型的劳动同质性假说。同时,它还告诉人们,一个国家如果想要在新的比较优势方面有所作为,就应该重视教育、培训、卫生、保健等领域的投资,提高人的综合素质,通过长期积累最终形成新优势,在国际贸易中获得更好的效益。

(二)R & D 学说的基本内容与评价

联合国教科文组织对 R & D 的定义是:为了增加知识总量(包括人类文化和社会知识),以及运用这些知识去创造性地应用而进行的系统的创造性的工作。

R & D 通常分为三个阶段:基础研究、应用研究和试验开发。基础研究主要是取得关于现象和事实的根本原理的新知识,不考虑特定应用目的,是依科学内在规律发展的。应用研究主要是为特定的实际应用而从事的试验和研究。试验开发是利用基础研究和应用研究的成果或经验而进行的新材料、新产品、新装置的开发和建立新的工艺或系统的工作。不同类型国家在研究开发领域投入资金不同,获得的成果也存在极大差距。国家占有研究与开发成果的多寡,可以改变一个国家在国际分工中的比较优势。R & D 活动离不开资金、市场和人的因素,资金是进行研发活动的必要条件,市场中对新产品的需求是研究、开发产业化的基础,而掌握先进的科学技术和具备创新意识的人才是从事研究开发活动的最灵活的因素。从长期来看,研究开发活动可以从根本上改变一国的要素配置和要素存量,因而可以改变一国已有的要素禀赋。

经济学家格罗斯曼和赫尔普曼是这一学说的新的代表人物,他们在 20 世纪 80 年代至 90 年代把研究与开发和国际贸易、经济增长理论结合起来,提出许多有关国际贸易问题的新命题。他们分析了两国贸易和增长的动态模型,认为长期生产力的提高来源于企业家的利润最大化行为。他们研究了 R & D 的决定因素,认为研究产生以设计新的中间品为形式的成果,并且降低进一步研究的成本,新的中间品使得制造消费品的工艺过程具有更高的专业化程度,因而提高最终生产过程的生产力。他们研究了在中间品生产方面产生的比较优势,认为其对于长期专业化方式和长期经济结构及经济政策具有重大的影响;强调通过形成研究与开发的比较优势,贸易政策和结构可能会影响一国经济的长期增长。

这一学说强调了科技发展在国际贸易优势形成中的作用,符合社会经济中科学技术日益发挥重要作用的历史趋势,符合人们对企业间竞争和国际贸易发展的直观了解,因此在经济研究领域和国际贸易政策制定方面发挥了重要的作用。

(三)信息贸易理论的基本内容与评价

信息本质的含义是“经过解释能够成为一种含义丰富的数据”,同时又是可以清楚地表达并通过文本、计算机输出、口头及书面文字和其他形式与人交流的知识,后者实际表达的是显性知识的内涵。在现代经济中,信息是具有价值的,这不仅是因为信息在传递的过程中需要投入人、财、物,而且是因为现代社会更加重视知识的积累。信息是重要的无形资源,是现代生产要素的组成部分。

当代的国际贸易离不开对信息的发掘、收集、整理、传递和总结,信息本身又是可以交换的商品,是财富的构成要素。事实上国际贸易实践当中早已认可了信息是一种商品。近年来,无形产品(包括技术专利、技术诀窍、商标、品牌等)的贸易日趋活跃,这也预示着无形产品是国际贸易的一个重要发展方向。

一般认为国际贸易新要素学说的诞生,一方面得益于里昂惕夫反论的刺激,另一方面得益于英国经济学家哈罗德在 20 世纪 40 年代对于国际贸易中特殊要素的研究。特定要素学说将生产要素区分成两类,一类是可以在不同产业间流动的,称之为公共要素或流动要素;另一类是不能在各产业间流动的,只能适用于特定的产业的要素,称之为特定要素。这一区分,将国际贸易对不同生产要素和国民经济各个部门的影响进一步细化。新要素学说实际上是在此基础之上考虑了更多的供给方影响因素,也进一步朝着将传统的两个国家、两种生产要素、两种产品的“$2\times2\times2$”模型扩展为一般意义上的“$J\times M\times N$”模型方向努力。

今天国际贸易理论中考察的生产要素的范围不仅从有形的物质资本扩大到无形的资

金，更进一步扩大到了无形的技术、工艺和信息，拓宽了国际贸易的研究领域，促进了国际贸易理论的新发展。

三、国际贸易的产品生命周期理论

产品生命周期理论是第二次世界大战后最有影响的国际贸易理论之一。产品生命周期理论来源于技术差距论，侧重从技术创新、技术进步和技术扩散的角度来分析国际贸易产生的基础。这一学说不仅对国际贸易，而且对国际经济其他领域（如国际投资、国际市场营销等领域）也有着巨大的影响。

（一）国际贸易技术差距论的基本内容与评价

技术差距论是产品生命周期理论的基础理论，由美国经济学家波斯纳提出。他认为贸易国之间因创新、模仿而存在的技术方面的差异是解释某类国际贸易发生的原因。技术差距论认为，由于科研、市场、资金等方面的差距，新产品一般总是在发达国家诞生，其他国家由于技术上存在的差距，大多要等一段时间后才能进行模仿性生产，在这一段时间内便存在着贸易的机会与可能。

按照波斯纳的理解，一种新产品从诞生到由创新国之外的国家进行模仿生产，至少经历一段被称为“时滞”的时间，具体来说，“时滞”由三部分构成。模仿时滞的构成如图 3－1 所示。

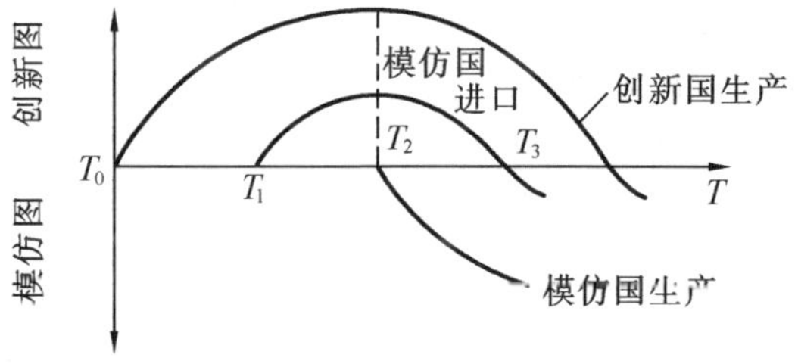

图 3－1　模仿时滞的构成

图 3－1 中 T_0T_1 为需求时滞，即创新国创造出一种新产品之后，模仿国要经过一段时间才会产生需求，从而进口该产品用于消费，需求时滞的长短取决于两国间收入水平接近程度、模仿国消费者对新产品的认识以及模仿国消费者接受新事物的程度等各种因素。一般来说，模仿国与创新国收入水平越接近、模仿国消费者越乐于接受新事物、模仿国了解新产品越透彻，需求时滞的时间越短。近年来，随着网络等传播手段的现代化，国际间商品需求时滞时间整体在缩短，许多国家的年轻人在享受相同的时尚产品和时尚服务。图 3－1 中 T_1T_2 为反应时滞，指模仿国在本国已经有了一段时间的进口消费后，模仿国的厂商才会开始投资生产该种产品。反应时滞取决于模仿国厂商的企业家精神、冒险精神、研究开发实力，以及规模经济、价格、市场、关税等因素。通常，一国对本国市场的保护程度越高，越会激发本国企业对国外产品的模仿兴趣，也会提高模仿成功的利润收入。图 3－1 中 T_2T_3 为掌握时滞，意为模仿国在经过一段生产后，最终可以掌握该种产品的所有生产技术，产品已经可以实现自给自足。掌握时滞取决于模仿国取得技术的渠道、消化技术的能力等，当然也与创新产品本身的技术含量、创新程度有很大的关联。在图 3－1 中可以看到，整个 T_0T_3 为模

仿时滞，在 T_3 之后，模仿国便会以低成本、大规模进行生产和出口。

从技术差距周期的全过程看，两国之间的贸易区在 T_1T_3 的区域内。这一区域贸易活动的存在一方面是因为两国之间存在技术的差距，另一方面则由于进口国国内已经形成市场需求，但国内的厂商尚无法满足需求。

这一理论的特殊之处在于，两国间国际贸易产生的原因并非由于两国间要素禀赋不同，而是由两国间的技术差距所致。因此，在技术差距论中已经蕴含着从原有的静态解释贸易发生的原因向动态解释的方向过渡，这是该理论做出的一种大胆的尝试。

（二）国际贸易产品生命周期理论的提出和假定前提

产品生命周期是将一种产品在市场中的存续理解成与有生命的事物一样，要经历在市场中的出生、成长、成熟和衰退等时期，最终归于消亡（也就是产品要退出市场）。美国经济学家弗农（R. Vernon）和威尔士提出的国际贸易产品生命周期理论，是将周期理论与国际贸易结合起来，使国际贸易中对比较利益的研究从静态过程发展成为动态过程。

（三）国际贸易产品生命周期理论的基本内容

1965 年，美国经济学家弗农根据对美国出口产业的总结分析，提出了国际贸易产品生命周期理论（product life cycle theory）。该理论首次阐述了在技术创新（新产品、新工艺）作用下，厂商在不同时期做出的生产、贸易或投资选择。这一理论出现后受到相当程度的关注。

该理论将美国视为产品的创新国，产品生命周期的第一阶段总是在美国发生，因为美国具有强大的科研力量、充足的科研经费、高水平的生产厂商、规模巨大的市场以及大量喜好新产品的消费者等特点，对新产品的需求旺盛，产品开发生产实力强。这一阶段，新产品率先在美国出现，并只在美国生产和消费。第二阶段，外国开始模仿生产该种产品，对美国商品实行进口替代，因为模仿国的劳动成本方面的优势，美国产品竞争力下降，在模仿国的市场份额下降，美国出口下降。第三阶段，产品进入标准化生产时期，外国模仿者以低成本为基础开始向第三国出口，美国对于该种产品的垄断地位逐渐丧失，出口大幅度下降，模仿国的产品在第三国市场上取代了美国产品的地位。第四阶段，外国产品进入美国市场，美国开始从出口国转变为进口国。

上述四个阶段结束之后，该商品在美国完成了自己的周期，而在模仿国由于具有“后发优势”，模仿国开始并延续新的产品周期，产品在国家间转移的过程如同接力棒传递过程一样，直至该产品彻底退出世界市场为止。

（四）国际贸易产品生命周期理论的图形说明

美国的经济学家威尔士曾经以发展中国家的纺织工业为案例，说明纺织工业在不同国家之间的传导，具有产品生命周期的典型特点，其过程如图 3－2 所示。

图 3－2 中，在 T_0 点创新国开始生产并消费某种新产品，当生产超过消费，即在 T_1 时，创新国开始出口该种新产品，创新国在 T_2 时达到出口高峰，之后出口下降，而到 T_3 时出口减少为 0，之后开始进口；模仿国在 T_1' 时开始进口、消费该种产品，到 T_2' 时模仿国开始生产这种产品，在 T_3' 时该种产品的生产、消费达到自给，模仿国停止进口该种产品，之后模仿国开始以低成本出口。在实践中，T_1 与 T_1' 之间的水平距离取决于创新国、模仿国之间的收入差距，

而 T_3 与 T'_3 之间的水平距离表明模仿国会先向其他国家出口，然后再向创新国出口。

（五）国际贸易产品生命周期理论的动态意义

产品生命周期理论考察了当周期发生变化时，比较利益是怎样从一个国家转移到另一个国家的，这样使得比较利益学说和 H－O 模型动态化。同时这一理论也隐含着一种产品在产品生命周期的不同阶段，产品的要素密集类型、决定成本的主要因素、主要的生产地和出口地等特征都在不断地发生变化。这对于相对落后国家在国际分工中确定自己的地位和参与格局具有指导性意义，强调发展中国家应该注重在发展过程中如何进行生产结构的升级、改造，同时要不断关注本国要素优势的变化以应对新的挑战。

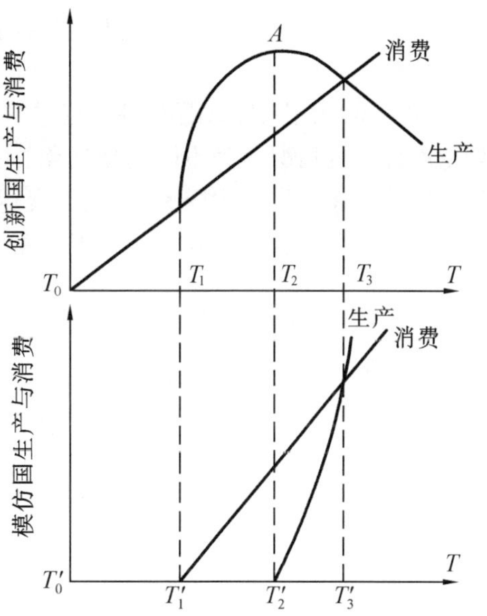

图 3－2 国际贸易产品生命周期

（六）对国际贸易产品生命周期理论的评价

产品生命周期理论确实反映出美国某些行业的对外直接投资特点，该理论的观点被视作解释国际贸易、国际市场营销和国际投资行为的强有力的理论工具，产品周期理论反映了不同国家之间的经济联系，将比较利益的假设进行了动态的推展。

但是，后来学者的实证研究表明，产品生命周期理论只是一个脱离实际的理想模型，在实际生活中的解释能力十分有限。弗农的产品生命周期理论是在实证研究美国跨国公司对外贸易行为的基础上得到的，如针对美国家用洗衣机、收音机等产品市场的分析，使得弗农的产品生命周期理论贴近当时发达国家，特别是美国经济的现实。随着发达国家和发展中国家经济形势的动态变化，弗农的产品生命周期理论距离现实越来越远。弗农的产品生命周期理论实际上是一个完整的、理想的理论模型，包括了从新产品出现到产品进入成熟期再过渡到标准化时期。这显然也与实际情况不符，因为随着更新产品的出现，原有产品随时有可能被市场淘汰，产品周期也就随时可能中断；对于高技术产品来说，拥有创新产品的企业也不会顺应产品周期的缓慢推进而错失占领国外市场的良机，通常会提早在成熟期之前进行投资，这就是所谓“投资点前移”问题。

以上缺陷制约了产品生命周期理论的全面性和适用性，1995 年美国学者哥斯隆和罗斯的研究表明，产品生命周期理论只对占美国生产总值 6% 的产业有效。

第三节 国际贸易的当代理论

20 世纪 60 年代以来，随着科学技术的不断发展，国际贸易的实践出现了一种与传统贸易理论所描述的情况大为不同的新现象，主要表现为：国际贸易主要发生在发达国家之间，而不是发达国家与发展中国家之间，而发达国家之间又出现了对于同类产品既进口又出口的现象。该现象引起了国际经济学界的重视，新的理论因此诞生。

一、产业内贸易理论

第二章和本章提到的国际贸易理论，主要针对的是国与国间不同产业之间的贸易，尤其是资本密集型产业与劳动密集型产业产品之间的交换，或是初级产品与制成品之间的交换，这也被称为产业间贸易。产业内贸易理论的研究对象则是另外一类国际贸易现象，即一国的某种产业既出口又进口该产业产品的现象。这种国际贸易现象与贸易商品、贸易国家的经济发展水平，以及商品生产的区域特点有着密切的关系。

（一）产业内贸易理论的提出与假设前提

今天，传统贸易理论已经不能很好地解释当代国际贸易的实际，因为大多数贸易活动是在禀赋相似的国家之间进行的（如发达国家之间），相当部分的贸易又是在这些国家相同或相似的产业内进行的（如美国既向欧盟出口汽车，又从欧盟进口汽车），而这些贸易的出口和进口在经常项目中记录在同一项目中。

了解产业内贸易，先要明确产业的内涵。由于传统产业的定义面太广泛，美国经济学家迈克尔·波特改变了传统产业的定义方法，他把产业定义为生产直接相互竞争产品或服务的企业集合。这样定义的产业所包括的产品，其相对竞争优势的来源都相似，例如小汽车、传真机、洗衣粉等都可以被视为一个独立产业，如此定义产业就可以把企业、产业和国家结合起来分析。在实践中常按照国际贸易标准分类（SITC）中至少前 3 位数字相同的产品来定义产业。

产业内贸易是指这类产品既出现在一个国家的进口项下，又出现在该国的出口项下。传统国际贸易理论对这种现象已经无法予以解释，需要有新的理论进行说明，产业内贸易理论便应运而生了。产业内贸易理论有很多的模型，其中格林纳威、格鲁贝尔、劳埃德、迪克西特和克鲁格曼等人提出的理论模型是具有代表性的。

产业内贸易理论的假设前提为：理论分析基本是从静态出发进行分析的；分析以产业组织理论为基础，以不完全竞争（垄断竞争）市场，而非完全竞争市场为前提（过去的贸易理论的前提大都为完全竞争市场）；经济中具有规模收益，也就是随着生产规模扩大，成本降低、利润增加的现象；在分析中要考虑需求不相同与相同的情况。从这些假设前提可以看出，产业内贸易的出发点与其他贸易理论是相当不同的。

（二）产品的同、异质性

波特不仅对产业做出了上述的界定，还从国际贸易竞争的角度对产业进行了区分。他指出，产业分为“可贸易品产业”和“非贸易品产业”。可贸易品产业指的是一国产业与其他国家的同一产业有很强的竞争关系，这种产业的产品经常在国际市场上进行贸易，贸易量也很大。有些产业,尽管国内外都存在,但该产业的产品只在本国市场上销售和消费,很少或根本没有在国际市场上进行交易,这样的产业就是“非贸易品产业”。产业内贸易就是“可贸易品产业”的产品在国与国之间的双向贸易。

在产业内贸易理论中,符合产业内贸易的商品被分为两类:同质产品与异质产品,或称相同产品与差异产品。

同质产品或相同产品是指完全可替代的商品,即这类商品具有很高的需求交叉弹性(gross elasticity of demand),消费者对这些商品的偏好完全相同。这类商品在一般情况下大多属于产业间贸易的对象。

所谓差异商品是指相似但不完全相同,也不能完全相互替代的商品,它的需求交叉弹性小于前一类商品。

(三)同质产品的产业内贸易的主要形式

(1)相邻国家间大宗产品的交叉型产业内贸易,如水泥、木材、玻璃和石油的贸易,如果运输成本在总成本中占的比重很大,那么使用国便会从距离最近的国外生产地购入,而不会从国内远距离地运输。例如,我国在东北出口水泥而在华南进口水泥便属于这种情况,甚至我国国内电力供应的领域也有这种趋向。

(2)针对服务贸易领域,如一国的居民到国外去旅游,同时又从国外吸引大量的旅游者,又如各国银行业、保险业走出去引进来的情况。

(3)大量的转口贸易领域,这是将进口的商品再出口到其他国家。同类产品将同时反映在转口国的进口项目与出口项目中,便会形成统计上的产业内贸易。严格来讲,这并不是真正意义上的产业内贸易,但难以从统计数据中将其剔除。

(4)政府干预产生的价格扭曲,尤其是补贴与倾销,这会使一国在进口的同时,为了占领其他国家的市场而出口同种产品,从而形成产业内贸易。另外,当存在出口退税、进口优惠时,国内企业为了与进口货物竞争,就不得不出口以得到退税,再进口以享受进口优惠,造成了产业内贸易。

(5)季节性产品贸易,为了调剂市场而在不同时间进出口,如蔬菜、水果在不同气候的国家间的进出口。

(6)跨国公司的内部贸易(intra-firm trade,也称公司内贸易)也会形成产业内贸易,因为同种商品的成品与中间产品和零部件大都归入同组产品,因而形成产业内贸易。

(四)异质产品或差异的产业内贸易的主要形式

国际产品异质性是产业内贸易的基础,这体现在产品的水平差异、技术差异和垂直差异三方面。

水平差异是指同一类商品具有一些相同的属性,但这些属性的不同组合会使商品产生差异。这一类差异在烟草、化妆品、服装和制鞋等行业比较普遍。这种差异的产生是由消费和生产两方面的因素引起的。从消费方面来看,随着人均收入的增加,人们对商品的需求越来越多样化。从生产方面来看,厂家为了在竞争中开拓或者扩大其销售市场,常常生产出有别于其竞争对手的产品以赢得自己的顾客;同时,企业为了防止新的企业进入本行业,也要努力增加其产品的花色品种。

技术差异是指由技术水平提高带来的差异,也就是新产品的出现带来的差异。产品的革新在一些行业中十分普遍,例如制药业和电器行业,产品的更新换代极为迅速。

垂直差异是指产品质量上的差异,为了占领市场,人们需要不断提高产品质量,而一个国家的消费者,往往未必能够永远追求昂贵的高质量产品,因此在出口高质量产品的同时往往也会从其他国家进口一些中低质量的同类产品。在手表、乐器、计算机、汽车等消费品行业都存在这种差异。

商品差异的类型不同,引起产业内贸易的动因也就不同。从水平差异商品看,产业内贸易产生的原因之一是消费偏好的不同,即消费者的需求是多种多样的,这使得同类产品有着多种不同品种,当不同国家消费者对彼此的产品品种产生相互需求时,就可能出现产业内贸易。由此可以解释为什么产业内贸易较多地出现在经济发展水平和文化背景较为相似的国家。原因之二是由于这类商品广告销售成本较高。商品不需要太多的产品功能更新,而主要是通过改变外形、包装和式样等手段来迎合消费者甚至是劝说消费者购买,从而扩大其市场。为了弥补高额的广告推销费用,需要尽量扩大生产,使其达到一定的规模。而生产规模的扩大,会促进产业内的专业化,从而导致产业内贸易。

从技术差异商品来看,产业内贸易产生的原因之一是产品存在着生命周期。先进的工业国技术水平较高,不断推出新产品;而其他国家则主要生产已标准化了的、技术含量不高的产品,因而处于不同生命周期阶段的同类产品会出现产业内贸易。原因之二是这类商品的研究与开发(R & D)费用很高,是否能收回还得看将来产品的销售情况,即使是一个十分成功的新产品,它的生命周期也不会很长,例如制药业,一个新的专利产品的生命周期通常只有六到十年。因此,厂家必须以尽可能高的价格尽快销售这种新产品才能获利。研究与开发费用形成了产业中厂商进出的门槛,这促进了国际性产业内专业化,因而也促进了产业内贸易。

从垂直差异商品来看,产业内贸易产生的原因之一是消费者对商品档次的需求是有差异的,不仅国家之间存在这种差异,一个国家内也存在这种差异。这种差异主要取决于个人收入的差异,收入高的消费者偏好高档产品,而收入低的消费者偏好中低档产品。为了满足不同层次的需求,就有可能出现高收入国家进口中低档产品以满足其低收入层次的需求,而中低收入国家进口高档产品以满足其中高收入层次的需求。原因之二是这类产品也存在着提高生产和销售规模、降低研究与开发成本的问题,只不过这类产品的研究与开发费用不如前一类产品那么高。

从上面分析可以看出,三类商品有一个共同的特点,即在需求方面都存在着消费偏好的多样性,在供给方面都存在着生产的规模经济,在这两方面的共同作用下,使得三类商品都存在产业内贸易。

(五)需求偏好相似(重叠)论

需求偏好相似是产业内贸易发生的动因之一。1961 年,瑞典经济学家林德(S. B. Linder)发表了《论贸易与转变》一文,提出需求偏好相似论,用来解释要素禀赋理论难以解释的相同经济发展水平国家间贸易不断增长的现象。需求偏好相似论认为,要素禀赋理论适用于解释自然资源密集使用的初级产品的贸易,而不适用于工业品的贸易。

需要偏好相似论的观点如下。

(1)产品出口的可能性取决于其国内需求,因为国际贸易是国内贸易的延伸,厂商最先面临的总是国内市场,对于新产品的生产,最好是在自己熟悉的国内市场生产,然后逐步适应需求变化后，随着企业规模扩大再考虑出口。因此，一国将出口那些国内需求规模大的产品。

(2)两个国家的结构越相似，这两个国家之间的贸易量越大。因为有相互重复的需求是发生国际贸易的决定因素，所以两国的偏好越相似，需求结构越相似，两国需求结构重叠的部分越大，两国之间的贸易量也就越大。如果两个国家需求结构完全相同，一个国家所有的可供进出口的产品同样也是另一个国家的可供进出口的产品。

(3)平均收入水平是影响需求结构的最主要因素。影响一个国家的需求结构的决定性因素是平均收入水平。平均收入水平的相似可以用作衡量反映需求结构相似程度的指标。

(六)规模经济产生的贸易利益

要素禀赋理论的基本假设之一是“规模报酬不变”，但现实经济中恰恰与此相反，许多大型企业通过规模的扩张，生产成本得以降低，企业利润增加，因此，经济学家们逐渐关注规模经济的问题，并将规模经济作为解释产业内贸易的原因之一。

所谓“规模经济”(economics of scale)，又称为“规模报酬递增”，是指随着产量的增加，产品的平均成本不断降低。规模经济分为内部规模经济和外部规模经济两种类型。“内部”和“外部”是相对于行业内的企业来说的。

内部规模经济是由厂商所需特种生产要素的不可分割性和厂商内部进行专门化生产而产生的。从企业的长期平均成本曲线的形状中可以看出企业的内部规模报酬变化的特点。企业的长期平均成本曲线随着产量的增加先降后升，形成一个“U”字形。随着产量的不断增加，一开始企业的长期平均成本下降，这一阶段就是“规模报酬递增”，即“规模经济”；随后，再增加产量，企业的平均成本保持不变，这一阶段就是“规模报酬不变”阶段；再之后，如果继续增加产量，平均成本会随着规模过大和管理成本上升而上升，进入“规模报酬递减”阶段，又称为“规模不经济”阶段。因此，内部规模经济是与一定行业内的企业的生产规模相对应的。例如，国际范围内公认汽车生产行业的规模经济门槛很高，10 年前汽车厂商年产 30 万 ~50 万辆汽车就具有了“规模经济”，但现在只有年产超过 200 万辆的汽车制造企业才会在行业竞争中具备成本优势。

不是所有的规模经济都存在于单个厂商内部，单个企业可以从同行业内其他企业的扩大生产中获得劳动生产率的提高和平均生产成本的下降，这也会产生规模经济。外部规模经济又称为“外部经济”，它来源于行业内而不是单个厂商内部。厂商在行业规模大的环境中比在行业规模小的环境中更富有效率，也就是说，即使在厂商规模不大的情况下，行业规模越大，厂商的生产成本越低。该厂商所在的行业有一条向下倾斜的供给曲线：行业的产出越大，厂商愿意销售其产品的价格就越低。外部规模经济往往来自集聚效应，这是因为集中在一起的厂商更容易实现专门化生产和协作化生产，通过资金、技术、营销、原料、信息、人员等生产要素的协调配置和合理流动，厂商实现了与内部规模经济相同的效果。

规模经济对国际贸易的影响如图 3－3 所示。

图 3－3 中，A、B 两国在分工之前具有完全相同的凸向原点的生产可能性曲线，完全相同的社会无差异曲线 I，共同的生产点和消费点是 C 点，同样生产和消费 OX_1 数量的 X 产品和 OY_1 数量的 Y 产品。两国在最初形成国际分工时，生产 X 产品或 Y 产品是随意进行的。假定 A 国专门从事 Y 产品生产，B 国专门从事 X 产品生产，原来由两国分别生产的产品现在由一国来生产，随着生产规模的扩大，规模经济发挥作用，分工后两国生产的产品总和高

于分工前的水平。

A、B 两国在实现完全的国际分工之后，生产点由 C 点分别转移到 A、B 点，而共同的消费点却由于生产水平的提高，从 C 点移向了离原点更远的 C' 点，福利得到提高，原因在于扩大规模后得到的生产成本的降低形成了新的交换利益。

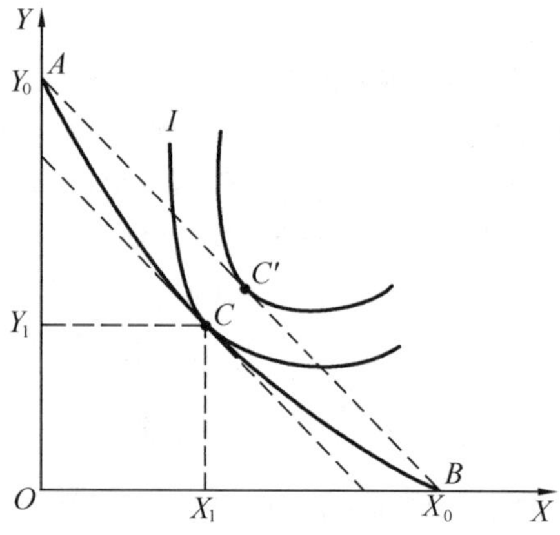

图 3－3　规模经济对国际贸易的影响

（七）产业内贸易的数学衡量

理论界经常用巴拉萨指数和格鲁贝尔－劳埃德指数（G－L 指数）来对产业的贸易水平进行量化的衡量。

巴拉萨指数

$$A_j = |(X_j - M_j)/(X_j + M_j)|, 0 \leqslant A_j \leqslant 1$$

巴拉萨指数是衡量净出口在多大程度上被进口所抵消的指标。其中 X_j 和 M_j 分别代表特定差异的产品的出口和进口，当 X_j或 M_j为 0 时，$A_j=1$，表明一国的特定产业只有进口或只有出口，也就是不存在产业内贸易；当 X_j或 M_j为 1 时，$A_j=0$，表明一国的特定产业进口与出口数量相等，产业内贸易水平达到最高。因此，巴拉萨指数与产业内贸易呈反比关系。在衡量同类产品的产业内贸易时巴拉萨指数在进行加权调整后也可以使用。

格鲁贝尔－劳埃德指数

$$B_j = 1 - |(X_j - M_j)/(X_j + M_j)|$$

即 1 减去巴拉萨指数。其中 X_j 和 M_j 含义同上。当 X_j或 M_j为 0 时，$B_j=0$，此时不存在产业内贸易；当 X_j或 M_j为 1 时，$B_j=1$，此时产业内贸易水平达到最高。因此，格鲁贝尔－劳埃德指数与产业内贸易呈正比关系。当 B_j接近 1 时，进出口更接近产业内贸易。

产业内贸易指数在衡量产业内贸易水平时有一个重要的缺陷，对产业界定范围的宽窄或者包含的商品种类的多少将影响指数的大小。一般来说，对产业定义得越宽泛，得出的产业内贸易水平越高，只有在保持产业界定一致的情况下，对不同国家或者一国不同经济发展阶段的对比使用产业内贸易指数衡量才是比较有效的。

（八）对产业内贸易理论的评价

产业内贸易是对传统贸易理论的批判，产业内贸易理论是建立在两个假设条件基础上的，一个是规模经济假设，另一个是不完全竞争市场假设。这两个假设条件又是联系在一起的，因为规模经济的存在，越是规模大的厂商越具有较低的生产成本，也就能在竞争中占据优势，从而进一步扩大规模，这就证明了产业内贸易的领域不符合完全竞争市场的情况，而符合不完全竞争市场情况。这一理论认为，规模经济是当代经济重要的内容，它是各国都在追求的利益，而且将规模经济的利益作为产业内贸易的利益来源。

另外，产业内贸易理论不仅从产品供给方面进行了论述，通过融入了需求相似理论，从需求角度进行了考察，明确了国际贸易中产业结构与需求结构之间的关系，也明确了参与国际贸易国家收入水平共同提高对于增加国际贸易总量的意义。

二、贸易政策理论

贸易政策从大的方面讲可以区分成自由贸易政策和保护主义的贸易政策。在贸易政策理论中，涉及的主要内容是在不完全竞争条件下如何运用国家干预，改变或缓和经济环境的扭曲，保证一国在国际经济中的利益。尽管这样难于获得最优的贸易结果，但却可追求次优的贸易结果。

（一）战略性贸易政策理论

战略性贸易政策理论的内容主要包括两方面：一是以内部规模经济为基础的利润转移理论；二是以外部规模经济为基础的外部经济理论。

1. 利润转移理论

与传统贸易理论主张自由贸易、实现“双赢”不同，战略性贸易政策理论提出了把垄断利润从国外转移到国内、“损人利己”的利润转移理论。战略性贸易政策理论揭示了利润转移的三种类型：

（1）用关税来抽取外国寡头厂商的垄断利润；

（2）用出口补贴为本国寡头厂商争夺市场份额；

（3）以进口保护作为促进出口的手段。

2. 外部经济理论

外部经济是指厂商（个人、社会）从某种社会经济活动中获得的有利影响，而受益者原则上不必为此付费。某些产业或厂商能产生巨大的外部经济，促进相关产业的发展和出口的扩张，但由于这些外部经济利益不能完全被产业或厂商所占有，这些产业或厂商可能不愿意投入资金用于研究和开发。如果政府能对这些产业或厂商给予适当的保护和扶持，则能促进这些产业和相关产业的发展，提高其国际竞争能力，获得长远的战略利益。

战略性贸易政策理论最重要的政策主张是实施战略性贸易政策，即一国政府在不完全竞争和规模经济条件下，通过关税、出口补贴和进口保护等奖励出口、限制进口的措施，对现在的或潜在的战略性产业（部门、企业）进行支持和资助，增强其竞争能力，谋取规模经济和外部经济等额外收益，并借机掠夺他国的市场份额和利润，最终实现增加本国福利的目的。该理论是各国在国际贸易中实行贸易干涉与干预的基础，一国可以通过各种政策的干预（如税收、补贴、经济合作等），再对本国至关重要的生产领域中创造出优势，这样的干预虽然破坏了完全竞争，但却可以增加一国的经济福利。因为垄断竞争可以使产品的价格高于产品的边际成本，故可以获得垄断利润。这些生产领域具有很强的前后向的产业关联，不仅可以带动经济发展，而且具有广泛的外部经济效益。在国际贸易实践中，贸易政策通过影响本国的厂商和贸易对手的决策行为，获取经济利益，获得了在国际竞争中的战略优势，人们常常将该理论的政策实践称为“侵略性出口”和“侵略性进口”。该理论常常与产业政策之间有着密切联系，是在不完全竞争市场中，通过贸易获取利益，促进经济的增长与发展。

（二）贸易扭曲理论

在完全竞争市场中，产品的边际成本不等于价格就构成了扭曲。国际贸易的扭曲反映在边际进出口替代率、产品边际转换率、消费的边际替代率、边际技术替代率四者之间的不相等上，在一般均衡分析中，这是对帕累托状态的背离。

国际贸易中引起扭曲的原因有两类：政府政策干预和市场不完全。政府可以采取补贴、退税、倾销等手段对出口企业给予补贴，使这部分企业的边际成本低于价格，从而扩大这些企业的生产规模，这是对自由贸易的破坏，尽管可以扩大一国某些产品的贸易数量，但损害了其他国家的产品生产者和国内消费者的利益。市场不完全导致企业的垄断行为，垄断企业提供的产品数量低于均衡产品数量、价格高于均衡市场价格，导致资源的浪费、效率的降低，这是市场整体的损失；垄断企业通过控制产品的生产、销售，获得了垄断利润，但其利润的增加不足以弥补扭曲造成的损失。

（三）对策论与国际贸易政策理论

对策论是分析战略性贸易政策理论的工具，在国际贸易的应用中，分析影响国际贸易结果变量的多个参与者的决策之间的关系。对策论常常作为一种分析工具被引进国际贸易政策的分析中，如在有关战略性贸易政策的分析中，将参与国际贸易的两国政府设定为博弈的双方，或将制定政策的一国政府和参与国际贸易的另一国企业（通常是跨国公司）设定为博弈的双方，通过分析双方可供选择的决策集和得益判断最终的选择及其结果。这一理论中常见的纳什均衡、动态博弈、重复博弈、不完全信息博弈等概念被引进对国际贸易现实，尤其是国际贸易政策的分析中，使得国际贸易的研究方法跟上了现代经济学的发展步伐。

（四）国家竞争优势理论及政策主张

美国哈佛大学经济学家迈克尔·波特提出的国家竞争优势理论被认为从一个新的角度揭示了国家间的竞争关系。

国家竞争优势理论与传统理论所描述的各国能按照比较优势参与国际分工并都能获益的模式与现实相距甚远。其认为一国兴衰的根本在于能否在国际市场上取得竞争优势，而竞争优势形成的关键又在于能否使主导产业具有优势，优势产业的建立要靠提高生产效率，提高生产效率的源泉在于企业是否具有创新机制和创新能力。

从宏观层面来说，国家竞争优势的获得还要受以下因素的影响。

（1）生产要素。生产要素包括自然资源、人力资源、基础设施、资本资源和知识资源。它又可以分为基本要素（自然资源、非熟练劳动力等）和高级要素（高科技、熟练劳动力等）。与基本要素相比，高级要素更有价值，如果一国基本要素不足，但高级要素在世界上具有优势，那么这个国家仍可能具有国际竞争优势。

（2）国内需求。国内需求大，有利于企业迅速达到规模经济。而且如果国内消费者过于挑剔，就会迫使企业不断努力，以提高产品质量、档次和服务水平，使之在世界市场上具有很强的竞争力。

（3）相关产业和支撑产业。相关产业和支撑产业是指为主导产业提供投入的国内产业。国内具有发达的、完善的相关产业和支撑产业，它们在高级要素方面投资的好处将逐步扩散到主导产业中，在本行业就能降低产品成本、提高产品品质，从而建立自己的优势。

（4）企业战略结构与竞争。企业的竞争能力与企业管理体制密切相关，而良好的企业管理体制的选择，不仅与企业的内部条件和所处的产业性质有关，而且取决于企业所面临的外部环境。强大的本国竞争对手是企业竞争优势产生并得以长期保持的最强有力的刺激,同时也迫使企业到国外去开拓市场。

除了上面这四个基本因素外,机遇和政府的干预也被认为对形成国家竞争优势起着辅助作用。

国家竞争优势理论认为一国优势产业的发展可分为四个不同阶段。第一阶段是生产要素推动阶段,此阶段的竞争优势主要取决于一国在生产要素上拥有的优势,即是否拥有廉价的劳动力和丰富的自然资源。第二阶段是投资推动阶段,此阶段主要取决于资本要素,大量投资可以更新设备、扩大规模和增强产品的竞争能力。第三阶段是创新推动阶段,竞争优势主要来源于研究和开发。第四阶段是财富推动阶段。

国家竞争优势理论具有重要的政策价值。它明确阐述了国家竞争优势的确切内涵,使我们认识到国家竞争优势形成的基础在于主导产业优势的建立,而产业优势的建立又在于不断进取的创新机制和充分的创新能力;它还重视各国生产力的动态变化,强调了主观努力在赢得优势地位中的重要作用。

但是国家竞争优势理论过度强调了企业和市场的作用,而低估了政府的作用,它认为政府的作用主要是为企业提供一个公平竞争的外部环境。而实际上,国家竞争优势的四个主要因素,如果没有政府的干预,可能要经历很长的时期才能孕育成熟。例如,生产要素中的高级要素的培育,仅靠企业自己是难以完成的,这样就会导致原来处于劣势的国家永远处于劣势,原来处于优势的国家永远处于优势。就国内需求而言,如果国内市场得不到适当保护,国内企业没有能力与国外企业竞争,更不可能提高国内企业的竞争能力。就相关产业和支撑产业而言,也需要政府产业政策的支持来促进其发展,才能进一步推动主导产业的发展。

(五)“荷兰病”的探讨

“荷兰病”是以20世纪60年代荷兰在北海开发新的天然气资源所碰到的问题命名的。随着巨大天然气储量的发现,荷兰国内生产发生了非常大的变化:天然气生产得越多,生产出口产品的制造业就越萧条。尽管当时有两次石油危机,使包括天然气在内的燃料价格暴涨,荷兰因此发了一笔横财,但这好像更加剧了荷兰经济滑坡。人们就把这种情况称为“荷兰病”。不过,“荷兰病”并不只出现在荷兰,后来的一些新开发了自然资源的国家(包括英国、挪威、澳大利亚、墨西哥和其他一些国家)好像都也感染上了类似的经济病。

在许多情况下,开发新的自然资源所获得的额外收益确实会造成对原有出口产业生产和盈利的不利影响,也会因为同样的原因而发生非工业化现象:新兴部门从传统的工业部门吸引资源而使其出现萎缩。造成这种情况的原因之一是新兴部门支付的工资高,利润高,因此劳动和资本都从传统的工业部门流入新兴的自然资源部门。也可以从另外一个角度来解释这种现象:自然资源出口的增加,使该国获得了更多的外国货币,因而该国货币在外汇市场上升值。货币升值使外国消费者面临更昂贵的价格,因而减少对该国商品和服务的需求,造成对该国传统出口品的需求下降以致这些部门出现萎缩。

这也表明了国际贸易的一种平衡作用,从长期来看,贸易总是要平衡的,增加了一种产品的出口,就要增加进口,或者必须减少另一种产品的出口。

“荷兰病”现象的现实意义是,有两种相应的对策可以保持传统出口部门的发展。第一种对策是如果自然资源的价格下降,那么就要推进以这种自然资源为主要中间投入品的传统产业扩张,用国内需求的扩张抵消大规模出口带来的变动。第二种对策是可以对新的自然资源产业征税,然后将所征的税用于鼓励传统的产业,实际上这是一种转移支付手段。当然在采取对策的过程中也要注意新兴产业的利益,同时不能以牺牲社会的整体效率为代价。

三、新贸易理论的启示

上述新贸易理论的假设条件、分析工具和政策结论均不同于传统国际贸易理论,其观点与政策导向对发展我国的对外贸易具有重要的启示。

(一)一国兴衰的根本在于其国际竞争力的大小,在于国家的竞争优势

比较优势和竞争优势是不同的概念,但具有比较优势并不意味着具有竞争优势。长期以来,国际分工按照劳动生产率和资源禀赋差异形成的比较优势原则进行,发展中国家进口资本和技术密集型产品,出口劳动密集型产品。我国目前的贸易结构基本上也是这样。但是从动态的角度看,各国的比较优势是不断变化的,所以基于比较优势的贸易结构是不能长期化的,如果一味地单纯以自己的资源和成本优势来确定国际贸易的结构,那么势必会陷入"比较利益陷阱"。

我国这种贸易结构还存在如下问题。

(1)面对发达国家资本对劳动的替代,劳动密集型产品并不具有竞争优势。

(2)劳动密集型产品的出口收入,会由于进口技术密集型产品和投资品而漏出一部分到国外,从而大大削弱出口对国内经济增长的贡献。

(3)劳动密集型产品的出口有其脆弱性,优势容易丧失,如我国长期以来以低劳动力成本获取了劳动密集型产品的竞争优势,近年来,东南沿海地区随着收入水平的提升,工资成本增长很快,逐渐丧失了劳动力成本低廉的优势。

(4)我国的生产制造环节在整个劳动密集型产品的产业价值链中居于末位,只能获得相当微薄的利润,同时面临其他发展中国家的激烈竞争。

这样我国在发展中国家和发达国家的双重夹击中可能陷入既丧失劳动密集型产业的比较优势,又没有在资本密集型和技术密集型产业上确立优势的境地。所以,我国不能满足于按简单的比较优势原则确立自己的外贸战略,而要把比较优势转换为竞争优势。

(二)国家竞争优势要以主导产业的竞争优势为基础,应大力发展高科技、优化产业结构

创造产业的竞争优势,首先需要用科技对原有的比较优势产业进行改造,使其具有竞争优势;其次是发展新的高科技含量的产业,培育新的优势产业,带动产业结构的优化升级,以获得国家的竞争优势。所以,我国的对外贸易,不管是实施出口替代战略,还是进口替代战略,都始终要把提高产业结构水平作为重点。

(三)要重视国内市场

巨大的国内市场可以形成企业的规模经济,增强企业竞争能力;可以缓冲出口不利时的风险,也可以容纳大量进口商品,以免国内产业受到毁灭性的冲击。对国内市场的适度保护有利于培育本国战略产业的竞争能力。国内市场是企业国际化的起点,是企业开展国

际化竞争的大本营,失去国内市场的地位将使企业走向世界市场的设想成为“空中楼阁”,政府要在保证国内市场适度竞争的基础上,有效地利用国内市场的巨大潜能,有目的地培育国内企业的市场领导地位,作为增强企业国际竞争力的方法之一。

(四)重视发挥政府的作用

政府的战略性贸易政策可以创造出新的比较优势。国家对主导产业的支持,有利于产业结构的优化和提高,有利于培育产业竞争优势和国家竞争优势;国家的战略性贸易政策,可以保护国内市场,促进外部经济产业的发展,重视对教育、科技的投入,有助于提高生产要素的质量,有利于尽快获得强大的国际竞争能力。

思考题

1. 简述 H－O 理论的主要内容。
2. 简述里昂惕夫反论之谜的内容及其解释。
3. 简述产业内贸易理论、战略性贸易政策理论的主要内容。
4. 美国在制定贸易政策时,是如何将战略性贸易政策理论的观点付诸实施的?

第四章　对外贸易政策与对外贸易战略

对外贸易政策是政府干预贸易的工具,是为本国经济发展服务的;对外贸易战略是一国政府根据本国的经济发展水平,在对外贸易中推行的政策措施。本章重点阐述对外贸易政策的构成、对外贸易政策的类型、对外贸易政策的发展与演变;对外贸易战略,主要是进口替代战略和出口替代战略。

第一节　对外贸易政策概述

对外贸易政策是各国在一定时期内对进出口贸易实行的政策,是该国经济政策和外交政策的重要组成部分,是为本国经济发展和外交政策服务的。几乎所有的国家都制定和执行一定的对外贸易政策,以实现本国的政治、经济和社会目标,解决目标冲突,满足各利益群体的要求。

一、对外贸易政策的构成

(一)总政策

总政策包括进口总政策和出口总政策。它是一国从整个国民经济出发,在一个较长的时期内实行的政策。例如,一国是实行"贸易保护主义政策",还是"自由贸易政策",或是"超保护贸易政策"等。

(二)商品政策

商品政策是一国根据对外贸易总政策和本国经济结构及国内市场状况而对各种商品分别制定的政策。例如,各国为保护本国工业的发展,而制定限制某些外国同类商品进口的政策。

(三)关税政策

关税政策是根据本国进出口贸易的需要,对出入海关的商品征收关税的政策。例如,为了奖出限入,对外国的进口商品征收种类繁多的税,包括进口关税、反倾销税、附加税等。

(四)国别政策

国别政策是一国根据对外贸易总政策和对外政治、经济关系而制定的针对国别和地区的政策。如过去西方国家制定的限制或禁止向社会主义国家出口与军事有关的科技产品就是这种国别政策的体现。我国在过去很长一段时间曾经在对外贸易上执行过一项国别政策,即优先发展同社会主义国家间的对外贸易,随着时间的推移和情况的变化,我国对外贸易的国别政策也发生了变化。

二、对外贸易政策的类型

从对外贸易的产生与发展上看，主要有两种类型的对外贸易政策：自由贸易政策和保护贸易政策。

(一)自由贸易政策

自由贸易政策的基本特征是反对国家对对外贸易的干涉，主张在进出口贸易上开展自由竞争。其主要内容是：取消对进出口贸易和服务贸易等贸易的限制和障碍；取消对本国商品贸易和服务贸易等贸易的各种特权和优待，使商品能够自由地进口和出口；服务贸易能自由经营，能在国内外市场上自由竞争，从而使资源得到最合理的配置。自由贸易政策的实质是“不干涉政策”。

(二)保护贸易政策

保护贸易政策的基本特征是主张国家对对外贸易的干涉。其主要内容是：国家广泛利用各种限制进口和控制经营领域与范围的措施，对本国出口商品给予优待和补贴，以鼓励商品的出口。保护贸易政策以增大本国利益为目的，其实质是“奖出限入”。

三、制定对外贸易政策的目的

总的来说，对外贸易政策是为本国利益服务的，具体表现在如下几个方面。

(一)保护本国市场

一国政府通过提高关税，限制外国商品输入，把本国市场留给本国企业，保护本国的产业发展，特别是保护缺乏竞争力的本国幼稚工业的发展。即使在美国那样强大的经济实力下也要通过制定贸易政策来保护本国市场。例如，受全球金融危机的影响，2009 年美国商务部对中国输美轮胎采取的特殊保护措施。

(二)提高本国企业产品的竞争力

一国政府为了提高本国企业产品在国际市场上的竞争力，通过对出口部门和企业提供出口补贴或信用担保，加强国家出口信贷，使本国产品成本降低，竞争力增强。有时甚至以“经援”“军援”等“援助”计划带动出口，因为受援国必须从“援助国”购买商品，这时的商品价格通常要高于国际市场的价格。

(三)设法打入其他国家市场

一国企业通过在其他国家境内建立分公司、转移技术、输出资本等途径，设法绕过关税和非关税壁垒，打入他国市场。过去传统的做法是通过代理方式进入其他国家市场。

(四)开展国际经济技术合作

美国在建立合资企业时，对技术转让限制较少，这是鼓励实行经济合作政策的具体表现。发展中国家为发展自己的民族经济，吸引技术和资金，也都制定了各种优惠政策。这都是通过对外贸易政策实现这一目的的具体表现。

（五）促进本国经济发展

任何国家制定一项对外贸易政策，其目的都是发展本国经济。一个国家采取自由贸易政策，是为了取得原料和市场，发展本国经济；另一个国家实行保护贸易政策，是为了保护本国经济或经济部门的顺利发展，不受外国损害。

四、制定对外贸易政策的依据

从直观的意义上讲，一国选择哪种类型的对外贸易政策，主要取决于该国的具体情况和所处的国际环境，但这并不是说国际间没有共同的贸易原则。总的来说，积极参加国际分工，把获取贸易分工利益的代价降到最低，是各国制定贸易政策的出发点。通常各国在制定对外贸易政策的过程中，要考虑以下因素。

（一）国内因素

一国的对外贸易政策是该国的经济政策和外交政策的重要组成部分。因此，在制定对外贸易政策时，要考虑众多的经济、政治、外交因素。具体包括以下几方面：

（1）本国国内就业状况。

（2）本国商品在国际市场上的竞争能力。

（3）本国的外交政策。

（4）本国经济结构的调整。

（5）本国的物价情况。

（6）各国政府领导人的经济思想与贸易理论。

（二）国际因素

1. 经济方面的因素

（1）国际分工情况。

（2）跨国公司的自身发展。

（3）国际经济的传递情况。

（4）国际收支平衡状况。

2. 政治方面的因素

许多国家制定对外贸易政策、法令和法规不是基于经济素因而更多地基于政治因素。这些因素主要包括：

（1）维持国内必备产业。

（2）社会制度间的关系。

（3）本国与他国的政治关系。

（4）本国的国际影响力。

（5）经济贸易组织间的变化。

（6）报复性措施问题。

（7）维护国家标志。

五、对外贸易政策的执行

对外贸易政策的具体实施过程由各国的行政机构负责,政府部门根据有关的法令来制定具体的实施细则。一般来说,对外贸易政策主要通过以下方式执行。

(1)海关对进出口贸易实施管理。海关是国家行政机关,是设置在对外开放口岸的进出口监督管理机关。其主要职能是:对进出国境的货物和商品及运输工具实行监督管理,征收关税和代征法定的其他税费,查禁走私,临时保管通关货物及统计进出口商品等。

(2)国家广泛设立各种机构,负责促进出口和管理进口。

(3)国家政府出面参加各种国际经济贸易的机构与组织或参与其活动,进行国际贸易各方面的协调与谈判。

第二节 对外贸易政策的发展与演变

对外贸易政策是随着时代的变化而不断发展变化的。在不同时期,一个国家往往实行不同的对外贸易政策;在同一时期的不同国家,也往往实行不同的对外贸易政策。尽管在中世纪以前,西欧各国、中东阿拉伯各国都和我国产生了对外贸易,也制定了相应的贸易政策,但对外贸易真正具有国际性质却是在 19 世纪资本主义生产方式确立以后。

一、资本主义原始积累时期(15 世纪至 17 世纪)

在这一时期内,一些国家实行重商主义的对外贸易政策。重商主义者认为,一个国家的富裕程度取决于该国对金银的持有量,如果出口大于进口,该国就有贸易盈余,得到的黄金多于支出的黄金,国家的黄金持有量就会增加,国家就会富强。重商主义又分为两个时期,即早期重商主义和晚期重商主义。

(一)早期重商主义,也称“重金主义”

早期重商主义的政策特征如下。

(1)金银方面。只许输入,不许输出,绝对禁止贵重金属外流。

(2)对外贸易方面。鼓励出口,反对进口,要求对外贸易多卖少买,甚至只卖不买。

(3)对外收支方面。对每个国家的对外贸易都要保持顺差,因此被称为有利的“货币差额论”。

早期重商主义学说的代表人物是英国的威廉·斯塔福(W. Stafford,1554—1612)。

(二)晚期重商主义,也称“重工主义”

晚期重商主义者则与以守财奴眼光看待货币的早期重商主义者不同,他们已经能用资本家的眼光看待货币,认识到货币只有在运动与流通中才能增值。晚期重商主义反映了当时新兴商业资产阶级的利益,这一学说的代表人物是英国的托马斯·孟(Thomas Mum,1571—1641)。其主要著作《英国得自对外贸易的财富》被公认为是重商主义的“圣经”。

当时执行这一政策主要是西欧国家,其中最典型的是英国。晚期重商主义的特点如下。

(1)金银方面,允许输出金银,但必须从事海外贸易。

(2)对外贸易方面,鼓励发展对外贸易,增加出口,扩大贸易顺差。

(3)对外收支方面,不必对每个国家的对外贸易都保持顺差,只要该国在一定的时期内总的对外贸易保持顺差,就可使金银货币流入。

旨在追求贸易顺差的晚期重商主义的政策措施主要有:国家垄断对外贸易;实行"奖出限入"政策,利用免税、退税、补贴等手段鼓励制成品出口和原料进口,同时用保护关税甚至禁令限制和禁止消费品进口;制定《航海法》,管制海上运输。

二、资本主义自由竞争时期(18世纪以后)

在资本主义自由竞争时期,产业资本逐渐战胜了商业资本,并开始处于统治地位,因此产生了适应工业资产阶级利益的对外贸易政策。因为各国的工业发展水平不同,所以各国当时执行的贸易政策也有区别,主要有自由贸易政策和保护贸易政策两种。

(一)自由贸易政策

英国在产业革命后,工业迅速发展,确立并巩固了其"世界工厂"的地位,其产品具有强大的国际竞争力,而且英国需要以工业制成品的出口换取原料和粮食的进口。为此,英国资产阶级迫切要求本国政府及外国政府放松对对外贸易的管制,在世界市场上实行无限制的自由竞争和自由贸易,废除重商主义的对外贸易政策和措施。经过长期的斗争之后,英国在19世纪前期,逐步取得了自由贸易的胜利。这一时期英国自由贸易政策的实践主要表现为以下几点。

(1)废除《谷物法》。1846年英国国会通过了废除《谷物法》的议案,为农产品及原料的自由进口或低关税进口扫清了法律障碍。马克思指出:"英国《谷物法》的废除是19世纪自由贸易所取得的最伟大的胜利。"

(2)逐步降低关税税率,减少纳税商品项目数和简化税法。在重商主义时期,英国与关税有关的法令达1000部以上,不同的法令经常对同一商品规定不同的税率。1825年英国开始简化税法,废止旧税率,建立新税率。进口纳税商品项目由1841年的1 163种减少为1862年的44种,且税率大大降低。

(3)废除《航海法》。从1824年起,英国在与其他国家订立的贸易条约中,逐步废除了对外国船只运输商品到英国的限制,到1854年,英国的沿海贸易和殖民地全部开放给其他国家。

(4)取消外贸公司的特权。1831年和1834年英国先后废止了东印度公司对印度和中国享有的贸易垄断权,从此将对印度和中国的贸易开放给所有英国人。

(5)与外国签订贸易条约。1860年,英国与法国签订了以自由贸易精神为基础,列有最惠国待遇条款的《英法条约》,即《科伯登条约》。此后,英国与许多国家签订了与此类似的贸易条约,促进了英国与其他国家的正常贸易往来。

自由贸易政策的理论基础是自由贸易理论,代表人物是英国的亚当·斯密和大卫·李嘉图等。

(二)保护贸易政策

与英国形成鲜明对照的是,以美国和德国为代表的后进资本主义国家先后实行了保护贸易政策。其基本原因在于这些国家工业发展水平不高,经济实力和商品竞争能力都无法

与英国抗衡,需要采取强有力的政策措施以保护本国的幼稚工业免受竞争力极强的英国商品的冲击。保护贸易政策的主要内容包括:

(1)国家采取各种限制进口的措施,保护本国市场免受外国商品的冲击。

(2)对本国的出口商给予优惠和补贴。

(3)积极鼓励本国商品出口。

保护贸易政策的理论基础是保护贸易理论,代表人物是美国的汉密尔顿和德国的李斯特。

三、垄断资本主义时期(19世纪70年代末到第二次世界大战)

当垄断代替了自由竞争以后,市场问题日益尖锐。各国垄断资产阶级为了垄断国内市场和争夺国外市场,纷纷实行侵略性的保护贸易政策。这种政策与以前的保护贸易政策有明显的不同:它的目的不是培养自由竞争的能力,而是巩固和加强对国内外市场的垄断;它不是防御性地限制进口,而是在垄断国内市场的基础上向国外市场进攻;它的保护措施不只限于关税和贸易条约,还广泛采用各种非关税壁垒和"奖出限入"的措施。简而言之,保护贸易政策成为争夺世界市场的手段,成为攻击而不是防卫的武器。因此,这种政策又称为超保护贸易政策。

从19世纪70年代末到20世纪30年代,资本主义世界出现了两次保护主义浪潮。

第一次保护主义浪潮开始于19世纪的最后25年。在19世纪70年代至80年代,除英国、荷兰外,工业发达的欧洲各国都加强了关税保护,修改税制,提高关税;19世纪90年代,美国也开始提高关税;一度主张自由贸易的英国也从1931年开始逐渐放弃自由贸易政策,转而实行关税保护政策。

这次保护主义浪潮形成的主要原因:

(1)垄断资本的发展一方面表明生产力有了较大的发展,另一方面也表明了各国的内部市场受到了垄断企业的控制,市场饱和的矛盾日益突出,垄断企业迫使政府加强了对国际贸易的干涉。

(2)世界经济进入了一个相对缓慢的增长时期,需求不足,各国的发展又很不平衡,导致许多国家实行保护主义政策。

(3)竞争对手的增加使得这一时期进入世界市场竞争的国家更多了,比如西欧国家普遍感到农产品方面竞争不过俄国及美洲各国。

第二次保护主义浪潮开始于1929年,到1933年西方资本主义经济危机时期结束。空前严重的经济萧条使市场问题进一步尖锐,主要表现为:许多国家都提高了关税税率,实行外汇管制、数量限制等进口限制手段;垄断组织加紧利用国家机器实施"奖出限入"的政策和措施。如1930年,美国把关税税率提升到极高的水平,进口商品的平均税率达53.2%,由此引发了世界主要国家间的一场关税战。

四、贸易自由化时期(第二次世界大战后到20世纪70年代中期)

贸易自由化是指各国通过政府间的谈判,互相降低关税,取消数量限制,使世界贸易较自由地进行。

第二次世界大战后,世界政治经济力量重新分化组合。美国的实力空前提高,强大的经济实力和膨胀的经济,使其需要并且也有能力冲破当时发达国家所流行的高关税政策。

日本和西欧战后经济的恢复和发展,使得它们也愿意彼此放松贸易壁垒,扩大出口。此外,国际分工进一步深化,推动了生产国际化和资本国际化,跨国公司迅速兴起,迫切需要一个自由贸易环境以推动商品和资本的流动。于是,这一时期发达资本主义国家的对外贸易政策先后出现了自由化倾向,到20世纪70年代初达到高峰。

(一)战后贸易自由化具体表现

(1)削减关税,降低或取消非关税壁垒。例如,削减关税方面,在《关税与贸易总协定》(简称《关贸总协定》)的基础上,从1947年到20世纪70年代初期,各缔约国举行过七次多边贸易谈判,各关税缔约国的平均最惠国待遇税率从50%左右下降到5%左右。

(2)数量限制得到抑制。20世纪60年代初,欧洲经济合作组织各国间的数量限制已取消50%,1958年,该组织内的私人公司间进口自由化率已达到82.6%。

(3)解除了外汇管制,实行外汇自由化,各国按宣布的汇率进行自由兑换。

(二)战后贸易自由化的主要特点

(1)美国是贸易自由化的积极推行者。

(2)贸易自由化的经济基础雄厚。

(3)贸易自由化是在国家垄断资本主义日益加强的条件下发展起来的,主要反映了垄断资本的利益。

(4)贸易自由化主要是通过多边贸易条约与协定——《关贸总协定》在世界范围内进行的。

(5)贸易自由化发展不平衡,发达国家的贸易自由化超过发展中国家的贸易自由化,区域性经济集团内部的贸易自由化超过集团对外的贸易自由化,工业制成品的贸易自由化超过农产品的贸易自由化,机械设备的贸易自由化超过工业消费品的贸易自由化。

五、新贸易保护主义时期(20世纪70年代中期以后)

新贸易保护主义是相对于自由竞争时期的贸易保护主义而言的。20世纪70年代中期,国际贸易领域中自由化倾向逐渐减弱并趋于停顿,呈现出贸易保护主义加强的趋势,这一时期被称作新贸易保护主义时期。

严重的经济衰退和结构性的经济危机是新贸易保护主义产生的根本原因。在这段时期,共出现了两次新贸易保护主义的浪潮:1972年至1974年的第一次浪潮和1979年至1982年的第二次浪潮。这种贸易保护主义不仅威胁着发展中国家的出口,同时也影响着实行贸易保护主义的各工业国本身。

第一,它割断了国内价格和国际价格之间的联系,降低了经济效益;

第二,它是造成贸易不稳定性的又一个重要原因,长期以来,贸易保护主义对贸易投资及其所创造的效益产生了严重的影响。

新贸易保护主义的主要特点如下。

(一)贸易保护措施的重点从关税壁垒转向非关税壁垒

由于关税壁垒受到《关贸总协定》的制约,以提高关税水平来实行贸易保护已不现实,所以各国对于限制进口则更多地采用非关税壁垒,在关税上主要是按照有效保护率设置阶梯关税以及征收“反补贴税”和“反倾销税”。从 1980 年到 1985 年,发达资本主义国家的“反倾销”案多达 283 起,涉及 44 个国家。非关税壁垒从 20 世纪 70 年代末的 800 多项增加到 20 世纪 80 年代末的 2 500 多项。

(二)“奖出限入”措施的重点从限制进口转向鼓励出口

第二次世界大战后,随着国际分工的加深和自由贸易的发展,西方各国对国外市场的依赖性日益增强,争夺国外市场日益激烈,采取限制进口的措施往往会加剧国与国之间的摩擦,受到其他国家的谴责和报复。在这种情况下,许多国家把“奖出限入”的重点从限制进口转向鼓励出口方面。这些措施包括:放宽信贷条件,加强出口信贷,实施出口信贷国家担保制,实施出口补贴和外汇倾销;国家设立专门机构广泛实施出口担保,承保出口厂商在国外的政治风险和经济风险;广泛设立各种促进出口的行政机构,协助本国出口商对国外市场扩张;国家制定各种评奖制度,奖励在扩大出口方面做出成绩的出口商。

(三)国家贸易壁垒转向区域性贸易壁垒

欧盟作为一个排他性的经济集团,对内实行商品自由流通,对外建立共同贸易壁垒以排挤集团外的商品输入。这种从国家贸易壁垒转向区域性贸易壁垒的措施,对加强集团成员国垄断资本的实力地位、排挤和打击集团外竞争对手起到了重要作用。欧盟在建立区域性贸易壁垒方面一个重要的对外贸易政策是建立关税同盟,欧盟国家内部之间相互取消关税,而对非成员国实行统一的对外关税,以限制非成员国的商品进口。

(四)关税仍然是发达资本主义国家限制进口的重要手段

虽然第二次世界大战后关税壁垒的作用有所减弱,但仍然是限制进口和贸易保护的重要手段之一。其主要内容是:针对资本主义国家采取的倾销和补贴措施,进行反倾销、反补贴调查,征收反倾销税和反补贴税;通过普遍优惠制对受惠国家、受惠商品范围以及减税幅度进行限制,对某些商品继续维持较高的关税率;在贸易战中,发达资本主义国家也常以关税作为报复手段,以限制进口。

从某种意义上说,新贸易保护主义阻碍了贸易自由化的进行,但它不能取代贸易自由化,因为有利于贸易自由化的因素依然存在。这些因素包括:

(1)各国都力图减轻通货膨胀。

(2)国际分工日益加深,客观上要求贸易自由化。

(3)对所有工业国家来说,出口变得日益重要,但是进口与出口是双向的,为了自己的出口,必然要维持一定的进口,否则,出口也不会顺利。这就迫使一些工业发达国家不能过分搞贸易保护主义。

(4)同贸易伙伴缓和矛盾的客观要求。当前,世界各国都倾向于执行一条同贸易伙伴改善关系的政策。要减少或缓和矛盾,必然要开展自由贸易,只有贸易发展了,两国关系才可进一步加强。

(5)各国进行多边贸易谈判的要求。当今世界各种集团与日俱增,某个国家独霸的时代已经过去,因此自由贸易是符合世界发展潮流的。

六、管理贸易政策(20 世纪 80 年代中后期)

管理贸易政策是一种介于自由贸易和保护贸易之间,以协调为中心,以政府干涉为主导,以磋商为手段,政府对对外贸易进行干涉、协调和管理的贸易制度。有人称它为“不完全的自由贸易”和“不断装饰的保护贸易”,管理贸易具有如下基本特点。

(一)将国际贸易政策纳入法制管理的轨道

各国在国内以立法的形式制定对外贸易政策,使贸易管理法制化、制度化。为使对外贸易的管理合法化,各发达国家加强贸易立法,使国家管理对外贸易的法律由过去的单行法律发展为以外贸法为中心、与国内其他法律相配套的法律体系。例如美国,1974 年贸易法案中的“301 条款”授权总统对一些对美国出口实施不公平待遇的国家进行报复,1988 年的《综合贸易法》更以反对一切不公平贸易为由,加强保护色彩。美国是使管理贸易合法化的代表,其涉及外贸管理的法律达 1 000 多种。

(二)在不放弃多边协调的同时,更多地采用单边管理、双边协调

由于世界经济区域化、集团化倾向不断加强,国际多边贸易体制遭到削弱。为此,主要发达国家,尤其是美国,更多地借助双边贸易谈判,必要时不惜采取单边贸易制裁,以达到“公平、互惠”的目的。

(三)管理措施以非关税为主,行政部门拥有更大的裁量权

非关税措施大多由行政机构来执行,在非关税措施的使用日益广泛的情况下,行政机构对贸易政策的影响必然越来越大。

(四)跨国公司在管理贸易中的地位不断上升

随着经济实力的日渐壮大,跨国公司对发达国家的社会经济影响举足轻重。因此,各发达国家都通过跨国公司的经营活动来贯彻其对外贸易政策,跨国公司逐渐成为各国实行管理贸易的主角。

第三节　进口替代战略与出口替代战略

全世界众多发展中国家的经济发展水平相差悬殊,在不同时期内推行的政策措施更是各不相同,因此并无整齐划一的贸易政策可言。但纵观第二次世界大战后多数发展中国家所实施的对外贸易政策,大致可将其分为两种形式,即进口替代战略和出口替代战略。

一、进口替代战略

所谓进口替代,是指用国内生产的产品来替代主要的进口商品,有意识地促进国内工业的成长与扩大。这一战略是由阿根廷经济学家普雷维什于 1950 年提出的。其基本目的是减少进口和对进口商品的依赖,节约外汇,平衡国际收支,保护本国幼稚工业。其目标是通过限制工业制成品进口,扶植本国的新建工业,进而改变发达国家与发展中国家的不平等关系,改善贸易条件,改变二元经济结构,建立初步的工业体系,从而实现工业化。20 世

纪60年代以来,绝大多数发展中国家都不同程度地把经济发展与工业化等同起来,将进口替代作为占主导地位的经济发展战略。

进口替代一般经历以下两个阶段。

(一)第一阶段

第一阶段以发展加工业、一般消费品工业为主,目标是建立初步的工业体系。在这一阶段,由于发展中国家需要从国外进口必要的资本、机器设备、中间产品和技术等成本,再加上缺乏熟练劳动力和管理经验,缺少规模效益,产品价格高于同类进口商品价格等原因,国内企业根本不能和国外厂商竞争,因此往往采取进口替代战略。发展中国家为了扶持进口替代工业需要采取保护措施,这些措施通常有以下几种:

(1)实行保护关税,对国内生产必需的资本品、中间产品等所需投入成本的进口替代品征收低关税或减税、免税,以降低进口替代品的生产成本。

(2)实行进口限额、许可证制度等手段,限制非必需消费品,特别是奢侈品的进口。

(3)实行本币升值,以减轻必需品进口造成的外汇压力。

(4)对进口替代工业在资本、劳动力、技术、价格、收益等方面给予优惠,使它们不被外国产品挤垮。通过这些保护措施扶植幼稚的进口替代工业逐步成长、成熟。

(二)第二阶段

第二阶段主要发展耐用消费品、资本品和中间产品的进口替代。这个阶段需要花费大量投资用于机器制造、机床生产、炼钢、轧钢、石化等工业,在生产中尽量多地使用原料和其他投入,目标是建立全面的工业体系,以工业化带动整个经济的发展。

1. 进口替代贸易战略的积极作用

如果运用得当,进口替代贸易战略可以对发展中国家的工业化和经济发展起到积极的推动作用,具体包括以下几部分。

(1)由于提供了一个有保护的、有利可图的市场,这些发展中国家的工业,特别是制造业得到了迅速的发展。

(2)进口替代是一国工业品走向国际市场的第一步。在初级产品出口阶段,发展中国家用大量初级产品去交换发达国家的工业制成品,就证明工业化的国内市场已经存在,对某些产品征收高额关税,需求仍然旺盛,可见市场有潜力。这些都给进口替代工业提供了国内市场的基础,于是本国工业品生产就有可能在贸易保护政策下发展起来。先是进口,然后是进口替代,发展到一定阶段,如果政策得当,就可能出口,这就是当年日本经历过的产业发展的道路或模式。

(3)进口替代工业的发展,还有利于培养本国的管理及技术人员,带动教育、文化事业的发展,获得工业化带来的动态利益。

(4)进口替代的贸易保护政策,可能促使发达国家绕过贸易壁垒,增加对发展中国家的直接投资。外资的流入,对经济发展无疑有积极作用。此外,用国内生产来替代进口,也可减少外汇开支,减轻国际收支压力。

2. 进口替代的贸易战略的消极作用

随着进口替代工业的发展,进口贸易模式也对经济的发展产生了消极的影响。

(1)在资本形成方面,由于实行进口替代贸易战略的国家对内是在加强对国内人民剥削的基础上积累资本的，因此加剧了国内的两极分化，限制了国内市场的扩大，使进口替代工业出现市场不足、生产力闲置的情况。

(2)忽视对基础工业，尤其是农业的建设。贸易保护政策着眼于进口替代工业，特别是制造业的发展，而对电力、能源和基础设施常常关注不够，并且忽视农业的发展。具体表现在：国内制成品保持高价，而农产品价格却被压在很低的水平上，引发了通货膨胀；农业生产必需的化肥和其他投入品的生产以及进口所需的资金和外汇，也常常不能满足需求；资本主义经济关系对农民的束缚和政府对农民的捐税过重。这一切都严重损害了国家的农业发展和粮食生产，使粮食自给率下降，进口的粮食越来越多。

(3)加重外汇短缺问题。进口替代固然使对国外工业消费品的进口大大减少，从而节约了外汇，但是机器设备、中间产品和原材料的进口急剧上升。同时，贸易保护措施和汇率措施，使工业品成本高、质量低而缺乏出口竞争能力，传统的初级产品出口也因本币高估而受到影响。结果，进口替代不但没有缓和国际收支上的困难，反而使情况日趋恶化。20世纪60年代中期，许多国家发生了严重的外汇危机，大大影响了经济的增长速度。

由此可见，进口替代政策本身是有其内在缺陷的，而"封闭性"的进口替代政策缺陷更大。因此，一些发展中国家，尤其是新兴工业化国家和地区的政府及其经济学者在实践中都认识到了扩大制成品出口的重要性。因此，从20世纪60年代中期以后，许多发展中国家特别是小的发展中国家，开始实行出口替代政策，以此促进工业化和民族经济的发展。

二、出口替代战略

出口替代是指一国采取各种措施和手段来促进出口工业的发展，用工业制成品和半制成品的出口代替初级产品出口，促进出口产品的发展多样化，以增加外汇收入，并带动工业体系的建立和经济的持续增长。

20世纪60年代中期，东亚和东南亚一些国家和地区最先转向实施出口替代政策。在它们的示范影响下，其他国家和地区也相继效仿。由于各国具体条件不同，实施这一政策的措施和策略也不尽相同。大致来看，有三种表现类型：第一种是拉美国家的做法，如巴西、墨西哥、阿根廷等国，它们一般是在原进口替代工业的基础上发展出口替代工业，即把出口替代与进口替代结合起来；第二种是原来出口初级产品的国家，日益增加对初级产品的加工出口，提高附加值，如马来西亚、泰国、科特迪瓦等国；第三种是亚洲"四小龙"，它们地域狭小，矿产资源贫乏，就充分利用劳动力资源发展劳动密集型的装配加工业。

1. 出口替代贸易战略的积极作用

出口替代政策对一些发展中国家，特别是新兴工业化国家和地区的工业化和工业制成品的出口起了一定的积极作用。

(1)对外贸易增长较快，出口商品中制成品的比例迅速上升。例如，20世纪60年代发展中国家(石油生产国除外)的出口年平均增长率为6.7%，其中一些制成品的主要出口国出口年平均增长率达到7.9%。1970年至1980年，发展中国家(石油生产国除外)制成品出口占全部出口商品的比重从24.9%上升到38.4%，在同期的世界制成品出口总额中所占份额从5%增至9.72%。从具体的国家来看，1972年巴西工业制成品出口仅占出口总额的24%，而到1981年已上升至60%。

(2)增加了资金积累，使国民经济出现较快的增长。新兴工业化国家制成品出口增长，不仅为这些国家和地区积累了资金，同时也直接推动了与出口工业相关的经济部门的发展，带动了国民经济的发展。1980 年这些国家的内部积累率为：巴西 20%、泰国 22%、韩国 23%、菲律宾 25%、墨西哥 26%、马来西亚 32%、新加坡 30%，已达到甚至超过同期发达国家的国内积累率（22%）的水平。1986 年，新兴工业化国家和地区的国内生产总值年平均增长率大大高于发展中国家和发达国家的平均增长率。

（3）制造业所创造的价值在国内生产总值中所占比重显著上升，同时制造业从劳动密集型逐步向资本密集型及技术密集型转化。例如，1960—1979 年，新加坡该比重的数值由 12% 提高到 28%，韩国该比重则由 14% 提高到 27%。

2. 出口替代贸易战略的消极作用

各国实施出口替代政策中也产生了不少问题。

（1）出口替代使一国市场容易受到世界市场波动的冲击。在出口战略下建立起来的工业，主要是为了出口，这使得这些国家和地区的经济严重依赖于世界市场。由于这些国家的制成品大多是轻纺产品，市场竞争比较激烈，因此如果西方发达国家市场出现较大波动，就会直接影响这些国家的商品出口。20 世纪 70 年代中期，随着西方发达国家新贸易保护主义的兴起，这些国家制成品的生产和出口遇到了严重困难。

（2）出口替代会加剧国内经济发展的不平衡。由于发展中国家往往对出口产业实施较多的优惠政策，因此不可避免地会使其他产业受到排挤，从而出现出口替代部门发展较快，而面向国内的中小型工业和农业部门发展迟缓的局面，加剧了发展中国家二元经济结构的形成。

（3）少数实施出口替代政策的国家，由于片面追求出口增长，忽视国内消费，造成国内消费品短缺，加上为刺激出口而使货币贬值，致使国内货物和进口货物的价格上涨，通货膨胀率上升。

总的来说，出口替代比进口替代更有利于发展中国家的经济发展。世界银行 1985 年年度报告在对发展中国家的对外贸易政策进行了广泛的考察后也认为，出口替代战略要优于进口替代战略，这是符合实际的。同时，也要看到这两种贸易发展战略是相互联系、相辅相成的——进口替代是出口替代的先导，没有进口替代建立起的工业基础，是不可能实施出口替代战略的；而出口替代是进口替代的结果，且出口替代可为更高层次的进口替代提供外汇和技术支持，最终建立起本国先进的工业体系。第二次世界大战后，凡实施出口替代战略并取得成功的国家和地区，几乎无一例外地经历过一个或长或短的进口替代的内向发展时期。

需要指出的是，随着经济全球化的迅速发展，各国经济融合的节奏不断加快，在这样一个大的经济背景下，发展中国家实行进口替代战略的可行性大大减少。其原因不仅是因为进口替代本身的弊端，还因为在经济全球化的条件下，进口替代的保护对象很难确定。另外，世界贸易组织对进口替代的一些保护措施也是反对的，因为它造成了市场的扭曲。因此，在经济全球化的条件下，开放度的不断提高将是发展中国家贸易发展战略调整的趋势。

三、进口替代和出口替代相结合的贸易战略

发展中国家或地区的对外贸易政策的制定一般从实行进口替代战略开始，通过国内工业的发展为国民经济发展奠定基础后，再开始实施出口替代的贸易战略。但是由于在政策转换的过程中存在一定的时滞，并且在时间上也难以把握，因此有的发展中国家在制定对外贸易战略时，采取将进口替代和出口替代相结合的政策。一方面对国内工业的发展给予

政策支持，满足国内对工业制成品的市场需求，另一方面扩大国内经济的开放程度，鼓励本国工业制成品的出口。

发展中国家在制定对外贸易政策的过程中，根据本国具体行业的发展水平制定相应的贸易政策。对国内的幼稚工业实施进口替代，通过关税和非关税壁垒等手段扶植其发展。对于国内具有竞争力的行业，实施出口替代的政策，采取取消出口关税、创建出口加工区、放开出口管制等措施，扩大产品的出口，增强本国的出口竞争力。

思 考 题

1. 制定对外贸易政策的目的是什么？
2. 对外贸易政策的基本类型有哪些？其基本特征是什么？
3. 贸易自由化时期的主要表现是怎样的？
4. 管理贸易政策的基本特点有哪些？
5. 简述对外贸易的构成。
6. 简述制定对外贸易政策的依据。
7. 简述对外贸易政策的发展与演变。
8. 简述进口替代贸易战略对发展中国家的工业化和经济发展的积极作用。
9. 简述进口替代贸易战略对发展中国家的工业化和经济发展的消极作用。

第五章　关税措施

关税在各国经济发展中起着重要的作用。它不仅是各国对外贸易政策的重要措施，构成国家财政收入的一部分，而且可以通过制定和调整关税的税率调节进口贸易及生产领域的发展方向。本章重点阐述关税的含义、关税的分类、关税的经济效应分析、关税保护程度及测定、关税的征收制度。

第一节　关税概述

一、关税的概念

关税是海关依法对进出境货物、物品征收的一种税。所谓“境”指的是关境，又称“海关境域”或“关税领域”，是国家海关法全面实施的领域。

通常情况下，一国的海关在其本国国境内实施统一的贸易法令与关税法令，此时，国境与关境是一致的。但在有些情况下，这种关税区域不一定绝对等于一国的政治领土，如果关税区域大于一国（或地区）的政治领土，就是组成了关税同盟。几个国家结成关税同盟后，实施统一的关税法令和对外税则，成员国只对来自和运往非成员国的货物进出共同关境时征收关税，这样就组成了大于成员国各自关境的共同关境，使一个国家的关境向外进行了延伸；相反的一种情况是，如果在本国境内设立了自由港、自由贸易区和出口加工区等经济特区，就会使该国的关税区域小于其政治领土，因为自由港、自由贸易区和出口加工区等经济特区就进出口关税而言，是处在关境之外的。

二、关税的特点

关税是一个古老的税种，最早出现在欧洲的古希腊雅典时期。它具有强制性、无偿性和固定性的特点，是一个国家重要的财政收入来源，其税款由海关直接缴入国库。关税与其他税种相比，具有以下两个特点。

（一）关税是一种间接税

关税主要是对进出口商品征收，税赋由进出口贸易商先承担，然后将其加入商品成本中，通过提高商品价格的方式在货物出售时把税赋转嫁给购买者。这样关税负担最终由买方或消费者承担。关税只是在货物和物品进出国境（或关境）时的报关环节一次性征收。

（二）关税与其他间接税不同

关税的纳税人是进出口货物的商人，征税对象是进出口货物和物品，由海关及其所属机构依法征收。关税与国内其他间接税不同的是，其纳税人是本国的进出口商人，当货物和物品进出国境（或关境）时，进出口商必须根据海关法的规定向当地海关缴纳相应的关税。各国依据海关法及其相关规定,对各种进出国境(或关境)的货物和物品制定不同的税目和税率。

在各国经济发展中,关税发挥着重要作用,它不仅是各国对外贸易政策的重要措施,构成国家财政收入的一部分,而且可以通过制定和调整关税的税率调节进出口贸易及生产领域的发展方向。

三、关税的作用

(一)关税是对外贸易政策的重要实现手段

一国进出口商品,不仅与国内的经济和生产有着直接关系,而且与其他国家或地区的政治、外交、经济、生产和流通等方面也有密切关系。关税措施体现一国对外贸易政策,关税税率影响着一国经济和对外贸易的发展。资本主义国家通过关税措施垄断国内市场、争夺国外市场,由此获取巨额利润。发展中国家的关税措施是维护和发展本国民族经济及反对外来经济侵略的重要方式,也是促进本国经济增长和发展平等互利的对外贸易关系的重要手段。

(二)关税收入构成国家财政收入的一部分

关税收入是各国国家财政收入的一部分,但所占比重有所下降。由于发达国家国内市场发达程度高于发展中国家,因此关税收入在国家财政收入中所占的比重要低于发展中国家。1992 年,部分国家关税收入在财政收入中所占比重:新加坡 1.64%,巴西 1.51%,埃及 9.95%,美国 1.2%。1993 年日本的这一比重为 1.7%。

(三)关税可以调节进出口贸易

许多国家通过制定和调整关税税率来调节进出口贸易。在出口方面,通过低税、免税和退税来鼓励商品出口;在进口方面,通过税率的高低、减免关税来调节商品的进口。具体措施有以下几点。

(1)对于本国能大量生产或者暂不能大量生产且将来可能发展生产的产品,规定较高的进口关税,以削弱进口商品的竞争能力,保护国内同类产品的生产和发展。

(2)对于非必需品或奢侈品的进口制定更高的关税,达到限制,甚至禁止这些商品进口的目的。

(3)对于本国不能生产或生产不足的原料、半成品、生活必需品或生产上的急需品的进口,制定较低税率或免税,以鼓励进口,满足国内生产和生活的需要。

(4)通过关税调整贸易差额。当贸易逆差过大时,通过提高关税或征收进口附加税以限制商品进口,缩小贸易逆差;当贸易顺差过大时,通过减免关税或扩大进口,缩小贸易顺差,以减缓与有关国家的贸易摩擦或矛盾。

第二节 关税的分类

现代国际贸易中,关税的种类繁多,可按照不同的标准进行分类。

一、按征税对象不同分类

按征税对象不同划分,关税可分为进口关税、出口关税和过境关税。

(一)进口关税

进口关税(import duty)是指进口国的海关在外国商品输入时,根据海关税则对进口商征收的税。这种税通常是在外国商品直接进入关境或国境时征收,或者在外国商品从自由港、自由贸易区或海关保税仓库等提出运往进口国的国内市场销售,办理通关手续时征收。因而,进口关税又称为一般进口关税。进口关税可以是常规性的,也可以是临时在正税以外加征的附加税,它一般具备限制商品进口的保护作用,可以根据征税国与其贸易伙伴关系性质的不同实行有差别的进口商品关税税率。

通常所讲的关税壁垒,是指高额进口税。进口国家并不是对所有进口的商品都征收高关税。一般说来,大多数国家的关税结构是:对工业制成品进口征税的税率较高,对半制成品进口征税的税率次之,而对原料进口征税的税率最低甚至免税。

(二)出口关税

出口关税(export tariff)是指出口国的海关在本国商品输出时,对本国出口商征收的税。这种税通常是在本国商品出境时征收。由于征收出口关税会提高本国商品在国际市场上的销售价格,降低商品的竞争力,不利于扩大出口,因而目前大多数国家对绝大部分出口商品都不征收出口关税。

(三)过境关税

过境关税(transit tariff)又称通过关税,是指一国海关对通过其领土(或关境)运往另一国的外国商品所征收的税。过境关税产生于中世纪并盛行于欧洲各国。

二、按征税目的不同分类

按征税目的不同划分,关税可分为财政关税、保护关税和调节关税。

(一)财政关税

财政关税又称收入关税,是指以增加国家财政收入为目的而征收的关税。征收此税必须具备三个条件:一是征税的进口商品必须是国内不能生产或无替代品而必须从国外输入的;二是征税的进口商品在国内必须有大量的消费;三是关税税率要适中或较低,因为过高的税率会阻碍进口,无法达到增加财政收入的目的。随着经济发展,财政关税在财政收入中的重要性已相对减弱,其收入在国家财政收入中所占的比重已普遍呈下降趋势。

(二)保护关税

保护关税是指以保护本国工业或农业发展为主要目的而征收的关税。保护关税的税率一般较高,有时甚至达到百分之几百,这样有助于大幅度提高进口商品的价格,削减外国商品在本国市场的竞争力,起到保护国内市场的作用。保护关税主要是对工业制成品特别是对国内生产威胁较大的进口商品征收,而对辅助材料的进口一般都实行较低的关税。随着世界市场问题的日益严重,保护关税也成为国际贸易战中的一个重要手段。

(三)调节关税

调节关税是以调节国内各阶层收入差距为目的而设置的关税。在一些国家,商品的国际价格和国内价格间会有较大的差异,商品的进出口会使一些人获取很高的利润而大大受益,同时又可能会使另一些人付出较高的代价而受到损害,关税的调节可使各阶层各集团的收入因为贸易而发生的差距控制在一定幅度内。

三、按征税待遇不同分类

按征税待遇不同划分,关税可分为普通关税、最惠国关税、特惠关税和普惠关税。

(一)普通关税

普通关税又称一般关税,是指对与本国没有签署贸易或经济互惠等友好协定的国家的原产货物征收的非优惠关税。这种关税的税率一般由进口国自主制定,只要国内外条件不发生变化,则长期使用,其税率水平较高。

(二)最惠国关税

最惠国关税是指一个国家为了发展与特定国家的贸易关系,缔结最惠国待遇条款,给予对方比普通关税低的关税待遇。第二次世界大战后,大多数国家都已加入了《关税与贸易总协定》或者签订了双边贸易条约或协定,相互确认最惠国待遇原则,享受最惠国税率。因此,正常进口关税通常是指最惠国关税。最惠国关税比普通关税的税率低,有时差幅很大。如美国进口绸缎,最惠国关税税率为11%,普通关税税率为60%;对银首饰进口,最惠国关税税率为27.5%,普通关税税率为110%。最惠国待遇是双向的,当一国停止或取消给对方的最惠国待遇时,自己所享受的最惠国待遇也被随之取消。

最惠国待遇往往不是最优惠的待遇,最惠国待遇关税也不是最优惠的关税,而只是一种非歧视性的关税待遇。各国在最惠国待遇的关税税率之外往往还有更低的优惠税率,例如特惠关税。

(三)特惠关税

特惠关税是指对特定国家和地区的进口商品全部或部分地给予低关税或免税待遇的一种优惠税制。特惠关税的优惠对象不受最惠国待遇原则的制约,其他国家或地区不得根据最惠国待遇原则要求享受这种优惠待遇。

特惠关税最早产生于宗主国与殖民地附属国之间的贸易往来,其税率低于协定优惠关税税率。最为典型的是历史上有名的英帝国特惠关税,它由宗主国英国与其殖民地之间及其殖民地国家之间内部使用的优惠关税发展而成。1932年英国在渥太华召开了英帝国经济会议,英帝国与其各联邦成员国以及各联邦成员国之间相互签订了12个排他性的贸易与关税优惠协定,正式形成了排他性的英联邦特惠制集团,相互间使用最优惠的关税。在英国加入欧共体关税同盟后，英联邦特惠集团解散，但英国及其各联邦之间仍保留着一些特惠关税。

目前国际上最有影响的特惠关税是《洛美协定》。它是在1975年2月28日，欧洲共同体与非洲、加勒比地区与太平洋地区46个发展中国家在多哥首都洛美签订的贸易和经济协定。这些发展中国家在第二次世界大战以前都是欧洲联盟国家的殖民地和附属国，第二次世界大战后，这些殖民地取得了政治上的独立，成为发展中国家，但与欧洲原宗主国在经济上仍有密切联系，欧共体国家为保持势力范围，便通过《洛美协定》给予这些国家一定的经济援助和关税特惠。1979年和1985年两次续订，第四个《洛美协定》于1989年签订，受惠的国家和地区已由最初的46个增加至69个。

《洛美协定》在关税方面的优惠主要有：

(1)欧盟对来自上述国家和地区的工业品全部给予免税优惠。

(2)上述国家和地区96%的农产品出口到欧盟国家免征关税。

(3)不要这些发展中国家给予反向优惠。

这是目前世界上商品范围最广、免税程度最大的一项特惠关税，其中还包括放宽部分非关税壁垒。当然也有较为严格限制受惠出口国“免检进入”欧盟国家市场的条款，包括允许欧盟单方面中止任何一项特许权的条款。

(四)普惠关税

普惠关税又称普惠制，是发达国家对从发展中国家或地区输入的商品，特别是对工业制成品和半制成品，以及某些初级产品给予降低或取消进口关税待遇的一种关税优惠。

普惠关税是发展中国家经过长期斗争后获得的成果。1964年属于发展中国家的77国集团在第一届联合国贸易与发展会议上联合发表宣言，要求发达国家给予发展中国家的出口产品以普遍优惠待遇，但遭到发达国家的拒绝。1968年在第二届联合国贸易与发展会议上，经过发展中国家的继续努力，通过了《关于发展中国家制成品及半制成品出口到发达国家予以优惠进口或免税进口》的第21号决议，确立了普惠关税的基本原则、目标和为期10年的实施期限。1970年10月，联合国贸易与发展会议理事会做出了第75号决议，同意由各发达国家自行制定本国的普惠关税方案。1971年6月25日，《关贸总协定》的各缔约方通过决议，允许各缔约方在实施普惠关税期间，暂不受《关贸总协定》最惠国原则的约束，非普惠关税国不得以最惠国待遇为由，要求给予普惠关税优惠。1971年7月1日欧洲共同体公布其实施普惠关税方案，引发其他发达国家或国家集团相继开始实施普惠关税。自1971年起，普惠关税以每10年为一个实施阶段。到1999年底已有欧盟15国、日本、挪威、新西兰、瑞士、澳大利亚、加拿大、波兰、俄罗斯、美国、保加利亚、捷克和匈牙利等14个国家集团和国家先后实施普惠关税。普惠关税的目的是促进发展中国家向发达国家出口制成品和半制成品，以此增加发展中国家的外汇收入，加快其工业化进程，提高发展中国家的经济增长率。普惠关税包括普遍的、非歧视的和非互惠的三项主要原则。普遍的是指发达国家应对发展中国家出口的制成品和半制成品给予普遍的优惠；非歧视的是指应使所有发展中国家都不受歧视，无例外地享受普惠制待遇；非互惠的是指发达国家单方面给予发展中国家的关税优惠，而不要求发展中国家或地区给予反方向优惠。

虽然实施普惠关税的国家集团和国家的具体方案不尽相同，但基本构成要素是相同的，主要有以下几方面。

(1)受惠商品和范围。普惠关税的原则是应对所有发展中国家和地区的制成品和半制成品普遍给予关税减免的优惠。而实际上,各给惠国公布的受惠商品名单中,农产品很少,工业制成品较多,但一些竞争激烈而发展中国家有一定优势的产品却不在受惠商品的范围中。

(2)关税的减税幅度。受惠商品的减税幅度大小取决于最惠国税率与普惠制税率之间的差额,农产品的减税幅度小于工业制成品的减税幅度,有些工业制成品甚至还可以免税,但大多数是发展中国家很少出口的产品。

(3)受惠国家和地区。普惠关税的原则是对所有发展中国家和地区一视同仁,不得实行歧视,无一例外地提供优惠。但在执行中不少给惠国从各自的利益出发,设置种种限制,阻碍这一原则的实行。美国在公布普惠关税方案时,公开提出某些社会主义国家、石油输出国组织成员国家不在美国的受惠国之列。

(4)原产地规则。普惠关税的实施是为了鼓励受惠国发展工业,所以对产品产地有严格的标准限定。一般包括原产地标准、直接运输规则等。

①原产地标准规定,产品必须全部产自受惠国或地区,或规定产品中所包含的进口原料或零件经过高度加工,发生了实质性变化后,才能享受关税优惠待遇。对于实质性的变化,有两种判断方法。一是加工标准,即规定进口原料或零件经过加工后的商品如税目号发生变化,就可以认定已经过高度加工,发生实质性变化。欧盟、日本、挪威等采用这一标准。二是增值标准,又称百分比标准,即规定只有当进口的原辅料或零件的价值没有超过出口价值的一定百分比,或是本国生产或加工部分的价值超过出口商品价值的一定百分比时,这种变化才称为实质性变化,才能享受关税优惠待遇。美国、加拿大、澳大利亚等采用这一标准。

②直接运输规则规定,受惠商品必须由受惠国直接运到给惠国,如途中必须经过其他国家,必须由海关负责监管。另外,受惠国还必须向给惠国提交原产地和托运方的书面证明,以此享受普惠关税待遇。

(5)保障措施。给惠国在接受普惠关税原则时就规定了保护措施以保护自己的利益。其内容主要包括:

①免责条款,即当受惠商品进口量增加到对本国生产者造成或即将造成重大损害时,给惠国保留完全或部分取消关税优惠待遇的权利。

②预定限额,对给惠商品预先规定限额,超过限额的部分不享受进口普惠待遇。

③竞争需要标准,对来自受惠国的某种进口商品如超过当年所规定的限额,则取消下一年度该种商品的关税优惠待遇。

自20世纪70年代起,美国等给惠国又提出叫作“毕业条款”的保护措施,即认定一种受惠商品已具备某种市场竞争力,对同类商品构成威胁时,宣布该商品“毕业”,从而失去优惠关税的待遇。

截至1999年底,共有190个发展中国家或地区成为发达国家的普惠关税受惠国。经过关税与贸易总协定的八轮关税减让谈判,发达国家的关税水平已经大幅度降低,一些商品实现零关税。因此,普惠关税的优惠程度已大大降低。由于发展中国家的经济发展情况和给惠国集团本身的经济竞争力的变化,所以各给惠国的普惠关税方案也在不断地调整。例如,从1971年7月1日起,欧盟率先实施普惠关税,其普惠关税方案由两大部分构成,即普惠关税原产地规则和具体产品的普惠实施方案。1995年以前欧共体对具体产品的普惠实施方案一直由四个方案组成,即农产品给惠方案、一般工业品给惠方案、纺织品给惠方案和钢铁制品给惠方案,欧共体部长理事会对这些具体方案每年审议修改一次。

四、按照征税依据不同分类

按征税依据不同划分,关税可分为正税和附加税。

(一)正税

正税(normal tariff)是指正常关税,是根据颁布的税率而征收的关税,它是相对于附加税而言的。

(二)附加税

附加税(import surtax)又称进口附加税,是在正常进口税以外额外征收的关税,是一种临时性的特定措施。征收附加税的主要目的是应付国际收支危机,维持进出口平衡,防止外国商品低价倾销,对某个国家实行歧视或报复等。附加税在大多数情况下,是对特定的商品和国家征收,采用较多的形式是反补贴税、反倾销税和报复关税。

1. 反补贴税(counter - vailing duty)

反补贴税又称抵消税或补偿税,它是一种进口附加税,征税对象是直接或间接地接受出口补贴或奖励的外国进口商品和国家,税额一般按补贴或奖励的金额征收。其目的在于增加进口商品的成本,抵消出口国对该项商品所做补贴的鼓励作用。

发达国家之间常在补贴与反补贴问题上发生贸易摩擦。经过多边贸易谈判,世界贸易组织成员签署了《补贴与反补贴措施的协议》,并于 1995 年 1 月 1 日生效。此协议是在 1979 年关税与贸易总协定第七轮"东京回合"多边贸易谈判产生的《关于解释和适用关税与贸易总协定》第 6 条、第 16 条和第 23 条的协议的基础上形成的,目的是保证任一成员国不得使用补贴损害另一成员国的贸易利益,也不得采取不合理的反补贴措施阻碍国际贸易。《关贸总协定》第 6 条关于反补贴税方面的规定,主要有以下几点:

(1)关于"反补贴税"一词应理解为为了抵消商品在制造、生产或输出时,直接或间接接受的任何奖励或补贴而征收的一种特别关税。

(2)补贴的后果会对国内某项已建立的工业造成重大损害或产生重大威胁,或对国内某一工业的新建造成严重阻碍,才能征收反补贴税。

(3)反补贴税的征收不得超过"补贴数额"。

(4)对于受到补贴的倾销商品,进口国不得对它既征收反倾销税又征收反补贴税。

(5)在某些例外情况下,如果延迟将会造成难以补救的损害时,进口国可在未经全体缔约国事前批准的情况下,征收反补贴税,但应立即向全体缔约国报告,如未获批准,这种反补贴税应立即予以撤销。

(6)对产品在原产国或输出国所征的捐税,在出口时退还或因出口而免税,进口国对这种退税或免税不得征收反补贴税。

(7)对初级产品给予补贴以维持或稳定其价格而建立的制度,如符合该项条件,不应作为造成了重大损害来处理。

2. 反倾销税(anti - dumping duty)

反倾销税是指在正常海关税费之外,进口方主管机构对倾销产品征收的一种附加税。

反倾销税的税额不得超过所裁定的倾销幅度。反倾销税的纳税人是倾销产品的进口商,出口商不得直接或间接替进口商承担反倾销税,初裁时的反倾销税税率与终裁时的税率不同时,其不足部分一次补交,而多余部分则应退还。

反倾销税的征税期限应自决定征收之日起不超过 5 年,除非进口方主管机构以复审方式决定继续维持反倾销税。征收反倾销税的目的是抵制国外商品倾销,保护本国产品和国内市场。在国际贸易中,倾销的目的是转嫁危机、扩大市场和打击竞争方,它不仅影响国际贸易正常发展,产生不公平竞争,而且受倾销国家的国内工业由于遭受低价进口商品的冲击将受到损害,进口该种产品的其他国家的供应商受倾销商品的危害会部分或暂时失去市场。

1947 年《关贸总协定》在第 6 条"倾销与反倾销税"中,以多边贸易协定的形式对倾销以及反倾销税的征收做了较为系统规范的确定。但该条款只是原则上规定了倾销的含义和征收反倾销税的条件。其主要规定有以下几点:

(1)用倾销手段将一国产品以低于正常价格的办法挤入另一国贸易时,如因此而对某一缔约国领土内已建立的某项工业造成重大损害或产生严重威胁,或者对某一缔约国国内即将新建的工业产生严重阻碍,这种倾销应受到谴责。

(2)缔约国为了抵制或防止倾销,可以对倾销的产品征收数量不超过这一产品的倾销差额的反倾销税。

(3)"正常价格"是指相同产品在出口国用于国内消费时在正常情况下的可比价格,如果没有这种国内价格,则是相同产品在正常贸易情况下向第二国出口的最高可比价格,或是产品在原产国的生产成本加合理的销售费用和利润后的价格。

(4)不得因抵制倾销或出口补贴而同时对它既征收反倾销税又征收反补贴税。

(5)为稳定初级产品价格而建立的制度,即使它有时会使出口商品的售价低于相同产品在国内市场销售的可比价格,也不应认为造成了重大损害。

由于上述具体措施比较笼统,1967 年 6 月 30 日,《关贸总协定》缔约方为有效实行反倾销措施,在日内瓦签订了第一个反倾销协议,即"肯尼迪回合"谈判的《关贸总协定第 6 条实施细则》。后经 1973—1979 年的东京回合谈判,缔约方对此协议做了修改,于 1979 年 4 月 12 日通过了更为详细的实施《关与贸总协定》第 6 条的细则,并于 1980 年 1 月 1 日生效。1995 年世界贸易组织成立并取代《关贸总协定》前,各缔约方在 1986—1993 年"乌拉圭回合"时就反倾销问题达成新的《关于实施 1994 年关税与贸易总协定第六条的协议》,该协议成为《马拉喀什建立世界贸易组织协议》附件——《多边货物贸易协议》中的 13 个协议之一。该协议又称为《反倾销协议》,其中对实施反倾销税的条件作了具体的规定。

3. 报复关税(retaliatory duty)

报复关税是本国出口货物受到歧视时,为了报复所征收的一种进口附加税。其税率可临时制定得很高,多数国家在《关税法》中特别设置报复关税条款,当贸易对象国取消不公平待遇、歧视性待遇或接受裁决后,这种报复关税也就随之取消。因此有的国家也将报复关税称为特别关税。

五、按照计税标准不同分类

按计税标准不同划分,关税可分为从量税、从价税、复合税、选择税、滑准税、差价税和一些其他征税。

(一)从量税

从量税(specific duties)是以商品的质量、数量、长度、容积、面积等计量单位为标准计征的关税。从量税的税额是商品数量与单位从量税的乘积。征收从量税大都以商品的质量为单位,质量则有毛重、净重和公重三种计算方法。

从量税具有以下优点:手续简便,无须审查货物的规格、价格和品质,费用成本低;进口商品价格跌落时,仍有适度保护;可以防止进口商谎报价格。但从量税也有一些缺点:不能区别等级、品质及价格有差异的货物,税赋不合理;税率固定,没有弹性,税额不能随物价涨落而增减,失去市场的价格机能;对部分不能以数量计算的商品不能适用,如古董、字画、钟表、钻石等。所以从量税通常用于对国外质量低的廉价商品进口征收。

(二)从价税

从价税(ad valorem duties)是按进口商品的价格为标准计征的关税,其税率表现为货物价格的百分率。

从价税是大多数国家使用的主要计税标准,具有税赋合理、明确、公平,进口物价上涨、数量不变时,财政收入随之增加的优点。但也有估价繁难、通关不易、调节作用弱、保护性不强的缺点。

从价税的一个关键问题是如何核定完税价格。进口货物的完税价格包括货价,以及货物运抵进口国境内输入地点卸前的运输及其相关的费用和保险费用。进口国境内输入地一般指第一口岸,我国为入境海关地。货物的货价以成交价格为基础,进口货物的成交价格是指买方为购买该货物,并按《完税价格办法》有关规定调整后的实付或应付价格。

对于进口货物的价格不符合成交价格条件或者成交价格不能明确的,海关应当依次以相同货物成交价格方法、类似货物成交价格方法、倒扣价格方法、计算价格方法及其他合理方法确定的价格为基础,估定完税价格。

对于特殊进口货物,例如加工贸易进口料件及其制成品、保税区和出口加工区货物、运往境外修理的货物、运往境外加工的货物、暂时进境的货物、租赁方式进口的货物、留购的进口货样等,按《完税价格办法》有关规定确定。

(三)复合税

复合税(compound duties)又称混合税,是指关税税则中对一个税目中的商品同时使用从价、从量两种标准计税,以两者之和作为应纳税额而征收的一种关税。美国采用混合税较多,例如它对提琴除征收每把 21 美元的从量税外,还加征 6.7% 的从价税。复合税兼有从量税和从价税的优点,增强了关税的保护程度。

(四)选择税

选择税(alternative duties)是在关税税则中对同一税目的商品分别按从价标准和从量标准计征税款,定有两种税率,征税时由海关选择的一种关税。通常是按税额较高的一种征收。选择税具有灵活性强的特点,可以根据不同时期经济条件的变化、政府征税目的以及国别政策进行选择。选择税的缺点是征税标准经常变化,令出口国难以预知,容易引起争议。

(五)滑准税

滑准税(sliding duty)是在海关税则中对同一税目的商品按其价格的高低分开档次制定不同税率,依该商品的价格高低而适用其不同档次税率计征的一种关税。滑准税的经济功能是通过关税水平的适时调节影响进出口价格水平,以适应现时国际、国内市场价格变动的基本走势,免受或少受国内外市场价格水平波动的冲击。滑准税包括滑准进口税和滑准出口税。滑准进口税根据同类商品国内市场价格水平确定该种进口商品的税率。国际市场价格较高时,相应降低进口税率;国际市场价格较低时,相应提高进口税率,以保持国内外价格水平大致相等。滑准税最早出现在重商主义时期的英国,在1670年《谷物法》中规定,小麦价格每夸脱价格低于53先令4便士时征税16先令,每夸脱价格在53先令4便士到80先令时征税8先令。

(六)差价税

差价税(variable levy)又称差额税,税率是按照进口商品价格低于国内市场同种商品价格的差额确定的。由于差价税随着国内外价格差额的变动而变化,因此它是一种滑准税。征收差价税的目的是,通过按差额征税,削弱进口商品的竞争能力,保护国内同类产业的生产。对于差价征收税,有的规定按价格差额征收,有的规定在征收一般关税以外另行征收,后者实际上属于进口附加税。差价税分为部分差价税、全部差价税和倍数差价税三种具体类型。部分差价税是以小于国内市场商品价格与进口商品价格的差额水平来征收的关税;全部差价税是以价格差额水平征收的关税,也称全额差价税;而倍数差价税则是以价格差额水平的倍数征收的关税。

(七)其他征税

其他征税主要有指数税和季节税。指数税(index duty)是以进口货物在市场价格指数的倍数为标准征收的一种关税。它的特点是税率不变,税额随物价指数的变动而变动。季节税(seasonal duty)是对那些具有明显季节性特征的农产品征收的一种关税。季节税有两种或两种以上不同水平的税率,实际征税时根据季节特征选择其中一种税率予以征收。征收季节税的目的是平衡国内市场供求关系,调节进出口规模。

第三节　关税的经济效应分析

关税的经济效应是指一国征收关税对其国内生产、消费、价格、贸易、财政、再分配、贸易条件和福利等方面所产生的影响。从经济的角度分析,征收关税会影响进口商品价格和国内进口替代商品价格,也影响商品的供需状况,由此将导致一国资源的重新配置,从而引起一国的各种经济活动和福利水平发生变化,即产生关税的经济效应。关税对一国经济产生的影响究竟如何,还取决于进口国的需求占世界市场份额的大小。关税的经济效应分析既可以从单个商品市场的角度考察,也可以从整个经济的角度考察,前者为局部均衡分析,后者为一般均衡分析。

一、关税的局部均衡经济效应分析

关税的局部均衡经济效应分析是指运用局部均衡分析方法来分析一种产品在两个国家之间的贸易效应。它需要用到消费者剩余和生产者剩余等局部均衡的概念，并做出其他条件不变的假定。关税对本国经济影响的大小取决于该国在国际市场上的地位，因此分析分别从贸易小国和贸易大国两个角度考察。

（一）贸易小国关税的局部均衡经济效应

如果一国不能通过改变其进出口数量来影响贸易商品在世界市场上的价格，就把这个国家看作“小国”。由于贸易小国的进出口贸易不能在国际市场上影响其他国家的价格，因此，它进出口商品的价格是给定的。

如图 5－1 所示，现假设一贸易小国 A 国，国内市场中的 X 商品（可进口商品）的需求曲线和供给曲线分别为 D_d、S_d。封闭条件下，国内 X 商品的均衡价格为 P_2；自由贸易条件下，世界市场 X 商品的价格为 P_0（低于国内封闭条件下的均衡价格 P_2）。在不征收关税的情况下，A 国国内消费者和生产者面对的价格为 P_0，国内生产量为 S_1，需求量为 D_1，进口量为 S_1D_1。现在假定 A 国对进口的 X 商品征收关税，其税率为 t。因 A 国是贸易小国，所以关税完全体现为商品加价，国内价格变为 P_1。那么，征收关税的经济效应可归纳为以下几点。

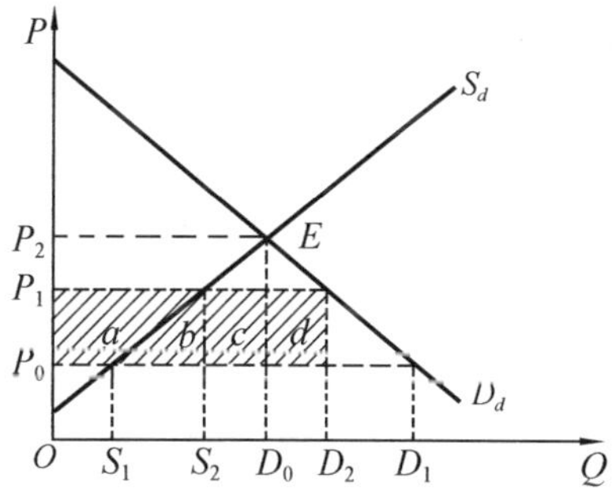

图 5－1　贸易小国关税的局部均衡经济效应分析图

1. 价格效应

关税的价格效应是指征收关税对进口国国内市场价格的影响。对进口商品征收关税首先会使进口商品的价格上涨，假设国内进口替代部门生产者的产品与进口商品是同质的，则整个国内市场该商品的价格都会上涨，但国内市场价格上涨幅度的大小，则要视关税征收对世界市场价格的影响力大小而定。因此征收关税后，国内市场价格的上涨部分就等于所征收的关税，即关税全部由国内消费者负担，此时的国内市场价格等于征收关税前的世界市场价格加上关税。图 5－1 中，征收进口关税后使国内消费者和生产者面对的价格由 P_0 上升至 P_1。

2. 消费效应

关税的消费效应是指征收关税对进口商品消费的影响。因为 A 国是贸易小国，商品的进口量占世界进口量的很小一部分，所以该国进口量的变动不能影响世界市场价格。只要国内的需求弹性大于零，征收进口关税后，A 国进口商品价格就会上涨，其上涨的幅度等于关税的税率,由此也必然导致消费量的减少。图5-1中,OD_1为自由贸易条件下总消费量,OP_0为单位商品的价格;OD_2为征收关税后国内消费量,OP_1为征收关税后单位商品的价格,征税使消费量由OD_1减少为OD_2。消费量的减少对消费者的福利将产生不利影响,图中面积$a+b+c+d$就代表了征收关税后消费者福利损失的总和。

3. 生产效应或保护效应

关税的生产效应或保护效应是指征收关税对进口国进口替代品生产的影响。征收关税对于与进口商品竞争的国内生产者来说是可以从中获益的。在自由贸易条件下,进口商品会使国内生产者被迫降低价格,并把自己的产品价格调整到与边际成本相等的水平。征收关税后提高了该商品的国内价格,使国内生产者得以根据上涨的价格扩大生产量,增加利润。由此会带来为生产该商品所提供投入品的需求的增加,提高同类产品或替代产品的国内价格,使生产集团获益。但就整个国家而言,由于征收关税,一些国内资源有可能从生产更有效率的可出口商品转移到生产较缺乏效率的可进口商品中,由此造成该国资源配置效率下降。图5-1中OS_1为自由贸易条件下国内生产的商品数量,OS_2为征收关税后国内生产的商品数量,S_1S_2为国内生产的商品增加的数量,也就是说,由征收关税带来的进口商品减少的数量中,其中一部分由国内生产的商品所替代。通常情况下,征收关税的税率越高,生产者受到的保护程度应越大,图5-1中的面积a代表生产者剩余的上升,即国内的生产者福利所得增加。

4. 财政收入效应

关税的财政收入效应是指征收关税对政府财政收入的影响。一般而言,只要关税不提高到禁止关税的水平,征收关税是会给政府带来财政收入的。图5-1中面积c为政府从关税得到的收益,其大小等于进口商品数量乘以税率。在贸易小国,征收关税而带来的财政收入是由国内消费者支付的,其中一部分还要用来支付征收关税这一行为的费用,即海关工作人员的报酬,所以关税收入只有一部分转为财政收入。

5. 再分配效应

关税的再分配效应是指关税会造成收入从国内消费者向国内生产者的再分配。关税引起国内商品价格上涨,生产者增加了利润,其中一部分是从消费者支付的较高价格中转移过来的。关税还造成了收入从该国丰富的生产要素(生产可出口商品)到该国稀缺的生产要素(生产进口竞争产品)的分配。从生产要素收益变化角度进行分析,根据斯托尔珀-萨缪尔森定理(S-S定理),由于征收关税而使得一种商品的相对价格提高,就会增加该种商品生产中密集使用的生产要素的报酬。这样该稀缺生产要素的实际报酬会上升,而该国相对丰富的生产要素的实际报酬就要下降。

6. 贸易效应

关税的贸易效应是指一国对某种商品征收关税会使该商品的进口量减少。在图5-1中表现为在自由贸易条件下,该国的进口量为S_1D_1,征收关税后的进口量为S_2D_2。征收关税前后,该国对该商品的进口量减少了$S_1D_1-S_2D_2$部分的数量,也就是$S_1S_2+D_2D_1$部分。进口量减少的原因是因为征收关税后,国内价格上升,导致消费量减少。当然在较高的价格条件下,国内生产增加也替代了部分的商品进口,现在绝大部分国家征收关税的目的就在于保护本国的生产者,发展本国替代产品的生产,减少进口。进口量的减少还会减少贸易收支的逆差,进而对消除国际收支的逆差发挥作用。

7. 福利效应

如果从福利的角度，即从消费者剩余和生产者剩余的角度来分析，贸易小国征收进口关税是会发生福利损失的，这种损失称为关税的社会成本。在图 5－1 中可以看到，由于征收关税使商品价格上升，消费者剩余减少 $a+b+c+d$。a 转移给了生产者，c 转移给了政府，而 b 和 d 则没有发生转移，而是消失了，它是征收关税后的净福利损失，即 $b+d$ 部分构成了关税的社会成本，或称社会的无谓损失或保护成本，又称关税的净效应或关税的福利损失效应。在国际经济学的分析中，b 称为关税保护的生产成本，也是生产效率的净损失，它是在关税税收后由于商品价格的提高，引起国内生产要素需求的提高，从而使要素价格提高，引起国内进口替代品生产的边际机会成本提高而造成的损失，是由关税导致资源的错误配置而产生的。由于在资源充分就业的条件下，关税保护使国内进口替代部门生产增加，必然会使国内其他部门的资源向该部门转移，这种资源的再配置被认为是缺乏效率的。值得指出的是，如果资源没有充分就业，就不会发生这类保护的生产成本，相反会引起关税保护的就业效应。d 称为关税保护的消费成本，又称消费净损失，它是在征收关税后，本国消费者由于减少了对比现实价格更低的进口产品的消费所遭受的损失，因此它是由关税导致国内消费品相对价格扭曲而产生的。

从上述的经济效应分析不难看出，征收关税不利于消费者，而有利于政府和进口国的生产者。但国际贸易是在国与国之间进行的，贸易政策也是由国家制定并执行的，因此，征收关税对于经济的净影响则是一国总体经济利益的表现。

有的经济学家认为，不能低估关税造成的净损失，因为除此之外，还应该考虑关税其他方面的负面影响：关税造成行政费用支出，关税使得一国技术进步的速度放慢，关税带来转移的费用和关税对进口数量的影响可能更大等。综合考虑，关税造成的国民净损失会更大些。

（二）贸易大国关税的局部均衡经济效应

所谓贸易大国是指一国市场对世界市场具有价格影响力的国家。贸易大国征收关税同样产生一系列经济效应，因此可以采用同样的原理和方法对贸易大国征收关税的经济效应进行简要的分析。

贸易大国在征收进口关税后，将使该进口商品的国内价格上升，而国内该进口商品价格的上升，又会使国内生产扩大，消费减少，总体效果是进口需求下降。该贸易大国进口量的下降又使得该商品的国际市场供应量增加，直接导致该商品的世界市场价格下降。这样，该国国内商品价格上升幅度会小于关税幅度，但国内和国际市场上的价格差额仍正好等于关税。贸易大国的关税价格效应是双重的，在导致国内市场价格上升的同时迫使世界市场价格下降。假设 B 国是一个贸易大国，图 5－2 中，Y 商品是 B 国的进口商品，D_d、S_d 分别为 B 国对 Y 商品的需求曲线和供给曲线，又设 S_e 为国外的出口供给曲线，S_d+S_e 为 B 国国内的市场总供给曲线。由于 B 国是贸易大国，所以 S_d+S_e 曲线不再是水平线，而是向上倾斜的。自由贸易条件下，E_0 为国内的供求均衡点，S_1 和 D_1 分别为国内的生产量和消费量，S_1D_1 为进口量，P_0 为世界市场价格。现假定 B 国的税率为 t，则总供给曲线按关税幅度上移至 S_d+S_e+t，供求均衡点为 E_1，国内价格上升至 P_2，进口量减少至 S_2D_2。由于 B 国是贸易大国，其商品 Y 的进口需求占国际市场比重较大，所以其进口数量的减少将促使国外出口商降低价格，以将其商品出口到 B 国，这样，国外出口商最终以低于世界市场的价格 P_1 出口商

品 Y,此时,关税不再完全转化为国内商品加价,其中一部分转为国外出口商出口价格的降低,其大小为 $t = P_2 - P_1$。这样每单位关税就由消费者和国外出口商共同负担,大国征收关税有利于改善其贸易条件。具体产生的经济效应有以下几点。

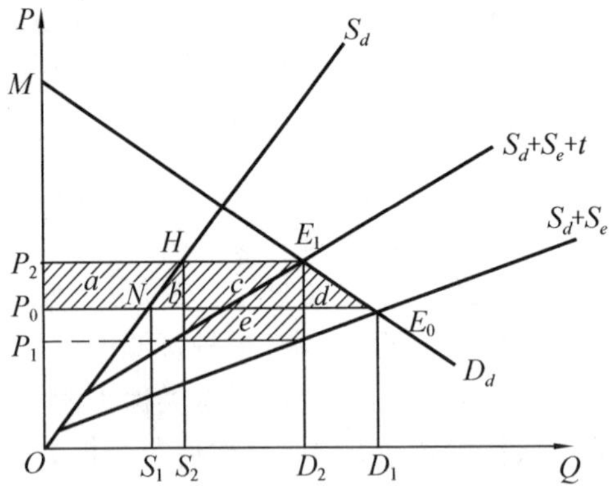

图 5－2　贸易大国关税的局部均衡经济效应分析图

1. 消费效应

征收关税由于提高了国内市场价格,因此使消费者受到损害。在征收关税前,国内市场价格为世界市场价格 P_0,消费者剩余为 $\triangle P_0E_0M$;征收关税后,国内市场价格变为 P_2,消费者剩余为 $\triangle P_2E_1M$。因此,征收关税使消费者剩余减少,减少数额相当于面积 $a+b+c+d$ 部分。

2. 生产效应或保护效应

关税提高了国内价格,生产者将获利,生产者的剩余会增多。征税前,在 P_0 价格水平上,由 S_d 确定的生产剩余可用 $\triangle P_0NO$ 的面积表示;征税后,价格为 P_2,生产者剩余可用 $\triangle P_2HO$ 的面积表示,即生产者剩余共增加了面积 a 的部分。

3. 财政收入效应

政府征收关税,必然增加财政收入。征税后,国内的需求量为 OD_2,供给量为 OS_2,因而 S_2D_2 部分要通过进口获得。政府收入 = 每单位税金 × 进口量 $[t \times S_2D_2 = (P_2 - P_1)S_2D_2]$,即为图中面积 $c+e$。

4. 贸易条件效应

因为贸易大国征收关税时,减少了对进口商品的需求,从而造成进口商品世界市场的价格下降,如果同时该国出口商品价格不变,则该国的贸易条件得到了改善。

5. 福利效应

从整个经济角度出发,B 国由于实行关税,到底是获利还是受损,则要看 B 国关税的净成本。其净成本 = 消费者剩余的减少量 － 生产量剩余的增加量 － 政府关税收入 = $(a+b+c+d)-a-(c+e)=b+d-e$。由此可见,B 国关税的净成本为 $b+d-e$。它是否获利,还需要具体比较 $(b+d)$,即保护成本。如果贸易条件改善的利益比关税保护成本大,则意味着该国从征收关税中获得了利益;反之则意味着该国将从征收关税中得到净损失。究竟是哪种情况,要具体分析商品的进口需求弹性和出口供给弹性。

从以上分析可见,进口国征收关税,不利于国内消费者,而有利于国内生产者。进一步分析还可以看到进口国征收关税对出口国也有影响,进口国征收关税,出口国生产者可能因出口数量的下降而受损,出口国消费者却可能因国内供给的扩大而受益。应当注意的是以上的分析均为静态分析。事实上,关税还会带来种种动态的影响,例如关税对幼稚产业的保护,可以带来国内产业发展的长期利益;关税对某些停滞产业的保护,能够保护国内就业,保证国内经济的稳定等。关税对国内经济也会产生消极的影响,例如过度保护使得国内企业不思进取,技术进步缓慢,劳动生产率低下。因此,考察关税的经济效应和关税对本国净福利的影响,必须结合经济发展的动态状况。

二、关税的一般均衡经济效应分析

通过局部均衡经济效应分析可知,一国对某种商品征收关税即对该商品的价格、生产、贸易、利益分配和消费等经济行为产生了影响,然而一种商品价格的变动也相对地影响到了其他商品的价格,进而影响到了其他商品的生产、贸易、利益分配和消费。因此,有必要采用一般均衡分析进一步探究关税的经济效应。

假定一国出口 X 商品,进口 Y 商品。由于一国在某种商品贸易中所处的地位不同,就会对该商品的国际市场价格产生不同的影响,即前面局部均衡经济效应分析中所说的"大国"和"小国"。因此一般均衡的经济效应分析也分为贸易小国和贸易大国两个角度。

(一)贸易小国关税的一般均衡经济效应

假定该贸易小国具有生产 X 商品的比较优势、生产 Y 商品的比较劣势,则该国将生产和出口 X 产品而进口 Y 产品。如图5-3所示,TT'是该贸易小国的生产可能性边界线,自由贸易条件下,该国的生产均衡点为 Q 点,过 Q 点的切线 P_W 表示国际均衡贸易条件($P_W=PX/PY$,即这两种商品的世界市场相对价格);消费均衡点为 C 点,即社会无差异曲线 I 与国际均衡贸易条件线 P_W 的切点。

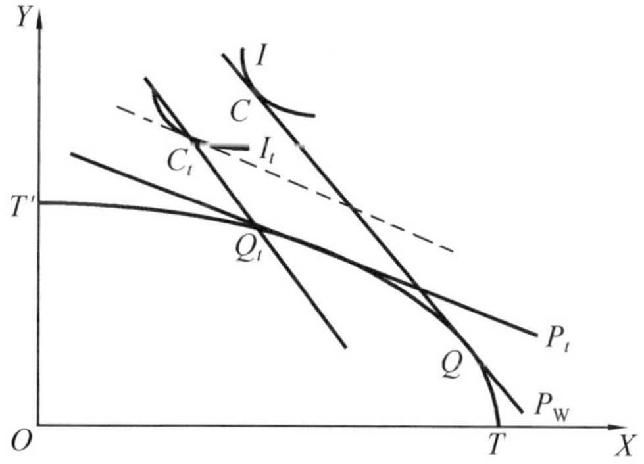

图5-3 贸易小国关税的一般均衡经济效应分析图

现在,假定该贸易小国对进口商品 Y 征收税率为 t 的从价税,国际均衡价格 P_W 仍保持不变,但对于该国国内市场而言,Y 产品的价格上升为 $PY(1+t)$。国内市场两种商品相对价格和国际市场两种商品相对价格相比出现了差异,变为 $P_t=PX/PY(1+t)$。显然国内市场相对价格线和国际均衡贸易条件线相比要平缓些。P_t 和生产可能性曲线 TT' 相切于 Q_t 点,此点是征税后的国内生产均衡点。由征税前后均衡点的变化可分析出,征收进口关税措施引起了国内生产结构的调整，即生产出口产品 X 的产业规模收缩，生产与进口产品 Y 相竞争的替代产品的产业规模扩张。但该国国际贸易仍然以不变的世界均衡价格进行，反映在图 5－3 上就是新的消费均衡点应在通过 Q_t 点且与国际均衡贸易条件线 P_W 平行的线上；并且国内消费者面对的是 P_t 的国内相对价格，根据消费者效用最大化条件，通过新的消费均衡点 C_t 的社会无差异曲线在该点的切线斜率绝对值应等于 P_t。这意味着在 C_t 点同时满足了两个条件：国际贸易仍按原来的价格进行，而国内消费者则按征税后的国内价格来决定其最佳选择。

如图 5－3 所示，该国征收进口关税后，消费均衡点由原来的 C 点下降到 C_t 点，即由原来较高的社会无差异曲线 I 降到了较低的社会无差异曲线 I_t 上。这表明该征税国的福利水平降低了。这是由于贸易小国因征收关税而减少的进口商品需求，不能影响世界市场价格，而只能影响本国有效率产品即出口产品的生产和交换，造成了世界整体福利的损失，这部分损失最终由征收关税的贸易小国自己全部承担，因此本国整体福利水平下降。由以上一般均衡的经济效应分析可知，对于贸易小国来说，征收进口关税对其福利水平的影响是负面的。

（二）贸易大国关税的一般均衡经济效应

贸易大国在对进口商品征收进口关税后，同样会导致该商品的国内市场价格上升，而使进口替代商品国内市场相对价格上升，导致国内的出口商品生产和进口替代商品生产的资源转换，从而产生资源利用的效率损失，降低该国的福利水平。这类似于对贸易小国征收关税的分析。但与“小国”征收关税效果不同的是，该国进口替代商品生产的扩张和由于进口商品国内价格的上升、消费减少双重原因导致的进口量减少会影响世界市场价格，造成进口商品的世界市场价格下跌；同时出口供给的减少造成出口商品的世界市场价格上升。这两种趋势的变化又使贸易大国的国际贸易条件改善，从而导致该国福利水平提高。由此可见，贸易大国征收关税的一般均衡经济效应分析要比贸易小国复杂，关税的保护会降低社会福利水平，而贸易条件的改善又会增加社会福利水平。这两种反向的关税经济效应使贸易大国整体福利水平的最终变化方向是不确定的，即总体福利水平可能会降低，也可能会提高。下面对这两种趋势分别进行论述。

1. 贸易大国征收关税造成福利水平降低

图 5－4 反映了贸易大国征收关税福利受损的情况。其假定仍然是该国生产和出口 X 产品，进口 Y 产品，同时假定该国是贸易大国，具有影响国际市场的能力。

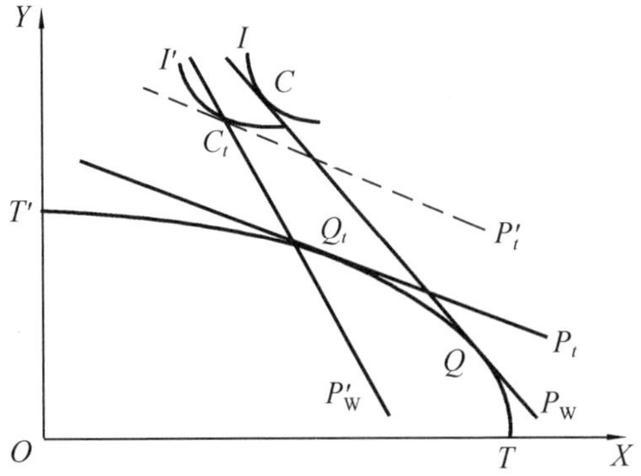

图 5－4　贸易大国征收关税造成福利水平下降的情形

自由贸易条件下，对国际均衡贸易条件线 P_W，该国的生产均衡点为 Q 点，消费均衡点为 C 点。该国征收关税之后 Y 产品在国内市场价格上升，则新的相对价格线 P_t 要比国际均衡贸易条件线 P_W 平坦些，由于该国征收进口关税，则进口量的减少使 Y 产品的国际市场相对价格下降，因此，国际均衡贸易条件线变为较陡峭的 P'_W。此时，国内生产均衡点调整到新的相对价格线 P_t，且 P_t 和生产可能性曲线 TT' 相切于 Q_t 点，此点和自由贸易情况下的 Q 点相比，X 产品的生产减少，Y 产品的生产增加。征税后的消费均衡点必然在 C_t 点，此点既满足了消费者按照国内相对价格比例选择消费，又满足了与生产品相分离的消费品是按照国际价格进行交换的，即 C_t 点既是 P'_t 与 I' 的切点，又是 P'_W 与 P'_t 的交点。

由于 C_t 点所在的社会无差异曲线 I' 低于自由贸易条件下的社会无差异曲线 I 所代表的福利水平，所以得出结论：此种情况下，贸易大国征收关税的净效应是使其社会整体福利水平下降，即因征收关税而遭受损失。

贸易大国征收关税造成的社会福利净损失是关税的保护成本大于贸易条件效应的结果，而贸易小国则不存在关税的贸易条件效应。

2. 贸易大国征收关税造成福利水平提高

图 5－5 反映了贸易大国征收关税福利水平提高的情形。其假定条件和贸易大国征收关税造成福利水平降低的情况相一致。所不同的是此种情况下，该贸易国征收进口关税后贸易条件改善效应大于关税保护成本，最终带来了该国整体福利水平的提高。由图 5－5 可分析出，该国对进口产品 Y 征收关税后，引起 Y 产品的相对价格上涨幅度不大。征收关税后的生产均衡点 Q_t 与自由贸易条件下的生产均衡点 Q 比较接近，因此，生产资源调整不大。其调整程度小于贸易大国征收关税降低福利水平的生产资源调整程度，从而使关税的保护成本减小。但同时，该国征收关税后，进口量的小幅度减少却使国际市场 Y 产品的相对价格大幅度下降，在图 5－5 中则表示为新的国际贸易平衡线 P'_W 非常陡峭，使该国贸易条件得到了很大改善。在新的 P'_W 下，该国新的消费均衡点为 C_t 点，同前面的情况分析相同，该点是 P'_W 与国内市场相对价格线 P_t 的平行线的交点，并且 C_t 点是社会无差异曲线 I_t 与 P'_W 的切点。这表明 C_t 点满足了两种商品消费的边际替代率，既等于国内相对价格的比例，又是在预算约束下所能达到的最大社会福利水平。因为 C_t 点所处的社会无差异曲线 I_t 高于自由贸易条件下社会无差异曲线 I，所以得出结论：此种情况下，征收关税使得贸易大国的社会福利水平得以提高，这是关税的贸易条件正效应大于贸易保护负效应的结果。

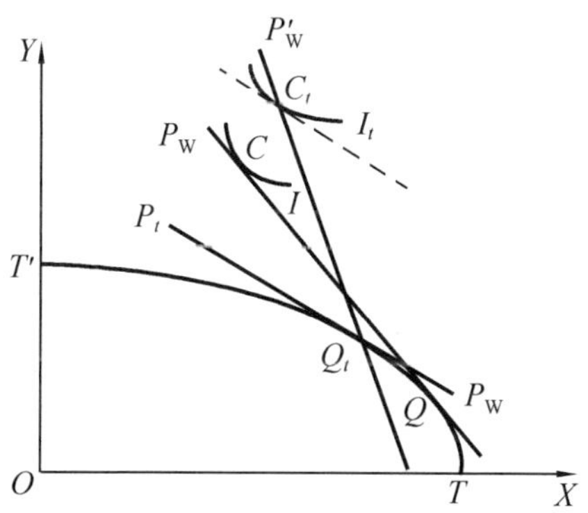

图 5－5 贸易大国征收关税造成福利水平提高的情形

第四节　关税保护程度及测定

现代关税的主要功能在于保护国内市场和国内产业，关税保护作用的大小一般与关税税率的高低成正比。但是，在中间品贸易高度发展的当代社会，仅着眼于最终产品的关税水平往往并不能客观地反映关税的实际保护程度，最终产品关税税率所提供的保护程度只是名义保护率，名义保护率所体现的是对产品市场价格的保护，它只考虑关税税率的高低，因此为说明关税对产业的实际保护程度，人们采用了有效保护率的概念，有效保护率所体现的是对产品生产增值的保护。

一、关税保护率

关税保护率是指关税对进口国整体经济或某类产业或产品的保护程度，可分为名义保护率和有效保护率。

（一）名义保护率

名义保护率（nominal rate of protection）是由于实行关税保护而引起的国内市场价格超过国际市场价格的部分与国际市场价格的比率，这是传统的保护率理论。一国对进口商品征收保护关税可以产生保护国内市场和国内生产的作用，其保护作用的大小取决于进口税率的高低。在其他条件相同的情况下，进口关税的税率越高，对于本国生产同类产品部门的保护程度也就越高，反之其保护程度就低。名义保护率的计算公式为

名义保护率
$$NRP = \frac{P - P*}{P*} \tag{5-1}$$

式中　$P*$——进口商品的自由贸易价格；

P——进口商品的国内市场价格，包括国内市场关税，即 $P = P* + t$。

由于实际生活中看不到自由贸易价格，所以根据大多数经验研究，将产品的国际市场价格作为 $P*$ 的值。

这一公式是一个国家制定保护关税税率的依据，因为关税的保护作用就是通过征税增加进口商品的到岸成本，提高其销售价格，以抵消其价格竞争优势来体现的。制定某种商品保护关税税率的依据，应是这种商品的国内市场价格和国际市场价格的差额与国际市场价格的比率，即使进口商品价格不低于或高于国内同类商品的价格，也可以通过对该商品按税率征收关税后，消除商品的进口价格与国内价格之间的差额。因此，一般把一国海关根据关税税则征收的关税税率看作是名义保护率。在其他条件相同和不变的情况下，名义保护率越高，对本国同类产品的保护程度就越强。

现实经济中，影响进口商品国内外市场价格的因素有很多，除关税外，还有进口许可证、配额、外汇管制等，这些都可能使同一商品在国内外市场形成不同的价格。因此，名义保护率是这些保护措施或影响因素共同形成的对国内生产的保护作用。但是考虑到关税是国际贸易中传统的、主要的保护手段，并且通常假定关税是一国在国际贸易中唯一的保护措施，从而一国进出口税则中的某种商品的法定税率常被认为是该国的名义保护率。严格地讲，法定税率应称为真正的名义保护率，即通常所说的名义关税。

(二)有效保护率

由于经济全球化和国际分工由产业间向产业内发展,中间产品贸易量大大增加,因此国际贸易商品很少完全是产自一个国家,因为在许多情况下,产品生产需要引进投入和进口零部件。中间产品贸易的存在使关税经济效应分析及关税保护效应的估量与以往有了极大的差别。

传统的关税保护理论是建立在产品的生产过程完全发生在一个国家范围内,同时被征收关税的进口商品都进入了最终消费品行列的假定下,研究对某种进口商品征收关税后对国内替代产品的生产和消费所产生的影响。但第二次世界大战以后,由于以中间产品为主的国际贸易商品结构的出现,使得传统的关税保护理论下的名义保护率的计算方法受到了严峻的挑战。正如著名经济学家巴拉萨(B. Balassa)所阐述的:"经济学家们传统地把注意力集中在最终产品上,似乎全部生产阶段均在一国内完成,从而仅考察关税(名义保护率)对这类贸易的影响。但是,由于中间产品贸易的存在,名义保护率就不足以说明保护的真实程度。因为事情的结果必然受到对加工活动保护的影响,而不是受到最终产品本身的保护的影响。同时,中间产品贸易在国际交换中占有相当大的比重,若把机械设备作为投入品看待,那么,这类产品占世界贸易的五分之四。"

在有效保护率的研究方面,1955 年加拿大的经济学家巴伯(C. L. Barber)在其《加拿大关税政策》一书中首次提出了"有效保护"的(effective protection)概念。随后,巴拉萨、柯登(W. M. Corden)、约翰逊(H. G. Johnson)等一批从事国际经济研究的著名学者在这一领域进行了富有开拓性的研究。

相对于名义保护率的有效保护率(effective rate of protection)则是将用于成品生产的原料和中间投入上的关税壁垒因素考虑在内,吸收了生产结构方面的信息,使其成为比名义保护率更为准确的测定保护程度的方法。

有效保护率是相对于自由贸易的增值而言,即征收关税所导致的该产业每个单位产品附加值增加的百分比。有效保护率的值不仅取决于有关成品的名义关税,还受到所使用的投入原料或原材料的进口关税,以及这些投入在产品中所占的比重的影响。有效保护率计算公式为

有效保护率
$$ERP = \frac{V - V*}{V*} \tag{5-2}$$

式中 V——征收关税后单位成品的国内价值;

$V*$——自由贸易下产品的增值。

现举一例子说明此公式。假定在自由贸易条件下,某产品的价值为 100 元,其中 50 元为进口投入,50 元为国内附加值。如果对同类的进口产品征收 20% 的关税,对国内生产的进口替代品的进口投入,如原材料或半成品则免税,这种产品在国内市场的价格上升到 120 元。保护关税就使国内附加值增加到 70 元(120 - 50 = 70)。那么,对这种产品的有效保护率为

$$ERP = (70 - 50)/50 \times 100\% = 40\%$$

假如对这种产品的进口投入也同样征收 20% 的关税,则投入的价格上升到 60 元(50 + 50 × 20% = 60),国内附加值减少到 60 元(120 - 60 = 60)。那么,对这种产品的有效保护率下降为

$$ERP=(60-50)/50\times100\%=20\%$$

假如对该产品的进口投入征收50%的关税,则投入价格上升到75元(50+50×50%=75),国内附加值减少到45元(120-75=45)。那么对这种产品的有效保护率变成了负数,即

$$ERP=(45-50)/50\times100\%=-10\%$$

通过以上例子的分析,得出如下结论:当最终产品的名义税率,即关税税则中规定的税率,大于其投入的名义税率时,对最终产品的有效保护率大于其名义保护率;当最终产品的名义税率等于其投入的名义税率时,对最终产品的有效保护率等于其名义保护率;当最终产品的名义税率小于其投入的名义税率时,对最终产品的有效保护率小于其名义税率;而当对进口投入征收的税率过高时,则会出现负数的保护率。

在对生产该产品的原材料同时征收进口关税的情况下,计算该产品的有效保护率时就复杂了一些。此时,可以通过下面的公式进行计算,即

$$ERP=(t-\sum a_i t_i)/(1-\sum a_i) \qquad (5-3)$$

式中 t——该产品的名义进口关税税率;

a_i——在未征税前原材料价值在该产品全部价值中所占的比例;

t_i——原材料的名义进口关税税率。

该公式的推导过程如下:假设进口国为贸易小国,进口商品的国际市场价格为一既定值,同时假定中间产品的国际市场价格也不变,p 为自由贸易条件下该最终产品的国际市场价格。则自由贸易条件下该进口国生产其最终产品所需进口投入品的总成本为

$$a_1P+a_2P+\cdots+a_nP=\sum a_iP\ (i=1,2,\cdots,n)$$

该国生产最终产品的国内附加值为

$$V=P-\sum a_iP=P-P\sum a_i=P(1-\sum a_i)$$

对最终产品、进口投入品征收进口关税,则征税后国内附加值为

$$V'=P(1+t)-P\sum a_i(1+t_i)\ (i=1,2,\cdots,n)$$

将上面求得的 V、V'代入有效保护率的计算公式,有

$$ERP=\frac{V'-V}{V}=[P(1+t)-P\sum a_i(1+t_i)-P(1-\sum a_i)]/P(1-\sum a_i)$$

经整理后得到关税有效保护率的计算公式为

$$ERP=(t-\sum a_i t_i)/(1-\sum a_i)$$

式(5-3)反映出关税的有效保护率具有以下性质:

(1)如果 $a_i=0$,$EPR=t$,即如果没有进口投入要素,则有效保护税率与名义税率相同。

(2)如果 a_i,t_i值不变,则名义税率 t 越高,有效保护率越高。

(3)如果和 t,t_i值不变,则 a_i值越大,有效保护率越高。

(4)如果 t_i大于、等于或小于 t,则相应的有效保护率小于、等于或大于 t。

(5)如果 $a_it_i>t$,则 $ERP<0$,即这种关税结构不利于保护国内生产,反而会削弱国内产品的国际竞争力。

通过上面对有效保护率的分析表明,利用关税对国内市场的保护不仅要求有较高的税率,还要有合理的关税结构和生产结构。目前各国政府在关税设计中普遍采取了关税升级

结构。所谓关税升级(tariff escalation)结构又叫瀑布式关税结构,即对原材料进口实行免税或只征收极低的关税,对中间产品征收较低的关税,对最终产品实行高关税率,从而使最终产品受到最充分的保护。在实行关税升级结构的国家,关税的有效保护率明显高于其名义税率。

二、关税水平的计量

关税水平(tariff level)作为反映一国保护程度的指标,它反映的是一个国家进口关税的总体水平(或一般水平),需要计算各个进口商品税率的平均数。

计算平均税率需要用到统计学中计算平均数的方法。具体计算时有两种:一种方法是简单算术平均法(method of simple arithmetic mean),其计算公式为

$$t = \sum (t_i/n) \tag{5-4}$$

式中　t_i——个别关税率;

n——税率的个数;

t——总体关税水平。

该方法是将一国或一个地区的税率表中的所有税率相加后除以税率的个数而得到关税水平的。这种方法忽视了在不同时间贸易商品变化的重要性。

另一种方法是加权算术平均法(method of weighted arithmetic mean),此方法是以该国征收进口关税的商品价值量为权数,结合税率计算关税水平的。其计算公式为

$$t = \sum t_i f_i \tag{5-5}$$

式中　t_i——个别关税率;

f_i——某一关税率的进口商品占总进口商品的比例,其总和等于1;

t——总体关税水平。

此种方法的缺点是对于禁止性关税和高关税几乎没有给予考虑。但它仍然被许多国家和国际谈判时采用。

第五节　关税的征收制度

一、关税的征税对象

关税的征税对象是指进出国境且属于《进出口税则》中规定的应税货物或物品。其中,货物是指贸易性商品;物品是指非贸易性的行李、邮包等,包括进境旅客随身携带的行李物品、个人邮递物品,各种运输工具上服务人员携带进入的自用物品、馈赠物品以及其他方式进境的个人物品。

二、关税的纳税人

关税的纳税人是在进口国境内进出口货物、物品的收货人和发货人。具体包括:

(1)进口货物的收货人或其代理人。

(2)出口应纳税货物的发货人或其代理人。

(3)邮递物品、馈赠物品的收件人或其代理人。

(4)入境旅客、运输工具上服务人员携带行李物品的所有人。

三、关税税则

关税税则(tariff)也称海关税则(customs tariff),是一国根据其关税政策和总体经济政策,以一定的立法程序制定和颁布实施的计征关税的规章和对进出口的应税商品和免税商品加以系统分类的一览表。关税税则是海关征收关税的依据,它具体体现一国的关税政策。

关税税则一般包括两部分:一部分是海关课征关税的规章条例及说明,包括税则的实施细则及使用说明,税则中商品归类的总规则,各类、章和税目的注释等;另一部分是关税税率表,包括税则序列(tariff No. 或 heading No. 或 tariff item),简称税号;货物分类目录(description of goods)和税率(rate of duty)三类。

(一)关税税则的货物分类方法

关税税则的货物分类方法,主要是指根据进出口货物的构成情况,对不同商品使用不同税率以及便于对进出口货物统计而进行的系统分类。

第二次世界大战前,不同的国家有不同的货物分类方法,各国差别很大。有的按商品的自然属性分类,分成水产品、农产品、畜产品、纺织品、机械制品等;有的按商品的加工程度分类,分成原料、半制成品、制成品等;有的按税率的高低顺序进行分类;还有的按商品名称的拉丁字母顺序分类。这些不同的分类方法显然不利于国际贸易的发展,不利于各国间的比较研究,不利于国家间的关税减让谈判。

为了克服各国在海关税则商品分类上的差异,减少各国海关在商品分类上的矛盾,1931 年由国际联盟组织的一个专家委员会编制出第一个国际海关税则统一商品分类目录,称为《日内瓦统一税则目录》,并于 1937 年修订,曾被一些国家采用,但未被普遍推行。1952 年 12 月欧洲关税同盟研究小组在此基础上拟定了《关税税则商品分类合约》,同时设立了海关合作理事会,并制定了《海关合作理事会税则商品目录》(customs co - operation council nomenclature,CCCN)。因其在布鲁塞尔制定,故又称为《布鲁塞尔税则商品目录》(brussels tariff nomenclature,BTN)。

《海关合作理事会税则商品目录》的商品分类划分原则是以商品的自然属性为主,结合加工程度,将全部商品分为 21 类、99 章、1 012 项税目号,其中 1 ~24 章为农畜产品,25 ~99 章为工业制成品,税目号用四位数表示,例如,61 · 01 为男用外衣税目号。按分类目录解释规则的规定,税则目录中的类、章、项这三级的税目号排列及编制,各会员国不得随意变动;项下面的细目以 A、B、C、…排列,各会员国对这些细目的编制有一定的机动权。《海关合作理事会税则商品目录》由英、法两种文字合并而成,按章、项的数字排列,即从 01 · 01 到 99 · 06。它的正文部分分为三栏:第一栏为税目号;第二栏为相应的联合国国际贸易商品标准分类的目录号;第三栏为商品名称。该税则目录中之所以要设有相应的国际贸易标准分类号,是为了保证这两种体系的分类办法,即《海关合作理事会税则商品目录》用于海关管理,《国际贸易商品标准分类》用于贸易统计。目前,除美国、加拿大外,已有 100 多个国家或地区采用《海关合作理事会税则商品目录》,这对统一海关税则的商品分类起了很大的作用。

海关合作理事会从 1970 年开始着手研究将《海关合作理事会税则商品目录》和已存在

的联合国《国际贸易商品标准分类》(SITC)进行统一。联合国的《国际贸易商品标准分类》是为了便于对进出口贸易统计分析而制定的分类方法,它首先将所有的商品分成初级产品和工业制成品两大类,然后再细分。经过几年的努力,海关合作理事会将《海关合作理事会税则商品目录》和《国际贸易商品标准分类》这两种既有差别有又联系的分类方法进行了协调,终于在 1983 年通过了《商品名称与编码协调制度》(harmonized commodity description and coding system),简称《协调制度》(harmonized system,HS),此制度于 1988 年 1 月 1 日起开始生效。

(二)关税税则种类

依据关税栏目不同,关税税则可分为单式税则和复式税则;依据税则制定权的不同,关税税则可分为自主税则和协定税则。

1. 单式税则和复式税则

单式税则(single tariff)又称一栏税则,是指对每一种应税商品不论产于何地,每个税目项都只规定一个税率。单一税则的特点是无歧视。复式税则(complex tariff)又称多栏税则,指一个税目项设有两个或两个以上的税率,以便对来自不同国家或地区的进口商品采用不同的税率。复式税则的特点是歧视性,对不同国家的同种商品实行有差别的待遇。为了发挥关税的综合作用,体现贸易政策的差别,世界上大多数国家都相继实行了复式税则。

2. 自主税则和协定税则

自主税则(autonomous tariff)又称国定税则(national tariff)或通用税则(general tariff),是指一国立法机构根据关税自主原则单独制定而不受对外签订的贸易条约或协定约束的一种税率。它分为自主单式税则和自主复式税则。

(1)自主单式税则(autonomous single tariff)是由一国自主地以法律形式规定的单一税率,适用于所有进口商品;自主复式税则(autonomous complex tariff)是一国政府自主地对每一税目的商品制订的两种或两种以上的税率。自主复式税则相对于自主单式税则具有灵活性优势,不同的税率可分别适用于来自不同国家或地区的同一种商品,以便更能适应当代国际贸易发展的需要。自主复式税则又可分为最高税则(maximum tariff)和最低税则(minimum tariff),分别适用于与该国未签订和已签订贸易条约或协定的国家或地区的商品。

(2)协定税则(conventional tariff)是指一国政府通过与其他国家订立贸易条约或协定的方式确定关税税率。这种税则是在本国原有的固定税则基础上,通过关税减让谈判,另行规定的一种税率,因此要比固定税率低,它不仅适用于订立条约或协定的签字国,而且某些协定税率也适用于享有最惠国待遇的国家。协定税则分为双边协定、多边协定和片面协定三种形式。《关税及贸易总协定》是最典型的多边协定税则。片面协定税则是指国与国之间通过订立不平等的贸易条约或协定,使部分协定国单方面获得其他协定国关税优惠待遇的关税税则制度。

四、关税的完税价格

(一)进口货物的完税价格

关税的完税价格是海关以进口货物的实际成本价格为基础,经调整确定的计征关税的价格。为多征收关税或保护本国市场,各国都有意抬高海关估价,为减少此类争端给国际贸易带来的障碍,使海关估价规范化,在关贸总协定"东京回合"中,缔约方通过谈判,达成《关于实施关税与贸易总协定第七条协议》(又称《海关估价守则》)。乌拉圭回合在对《海关估价守则》进行修订和完善的基础上,达成了《海关估价协定》,确定了海关估价的通用方法。

1. 以进口货物的成交价格确定的完税价格

所谓进口货物的成交价格确定的完税价格是指出口方的货物到达进口方关境后,进口方海关根据成交情况对进口商实付或应付成交价格进口调整后的价格。采用这一方法必须符合以下条件。

(1)对买方处置或者使用该货物不予限制,但法律、行政法规规定实施的限制、对货物转售地域的限制和对货物价格无实质性影响的限制除外。

(2)卖方不得在买方购买进口货物时设定某些影响销售或价格的条件。

(3)卖方不得从买方直接或者间接获得因该货物进口后转售、处置或者使用而产生的任何收益,或者虽有收益但能够按照规定进行调整。

(4)买卖双方没有特殊关系,或者虽有特殊关系但未对成交价格产生影响。

货物运抵进口地所发生的海上运输费、保险费和港口装卸费等费用,进口成员方海关可根据本国的有关法规,计入或不计入完税价格。

对于可与进口货物的实付或应付价格相区分的下列费用,可不计入该货物的完税价格:厂房、机械、设备等货物进口后进行建设、安装、装配、维修和技术服务的费用;进口货物运抵境内输入地点起卸后的运输及其相关费用、保险费、进口关税及国内税收。

2. 估定方法确定完税价格

如进口货物成交价格经海关审查未能确定的,海关应依次以下列价格为基础估定完税价格。

(1)相同货物成交价格法。从该货物的同一出口国或地区购进相同货物的成交价格。在这里,"相同货物"是指在货物的物理或化学性质、质量、信誉等所有方面相同的货物,但表面上的微小差别是允许的。

(2)类似货物成交价格法。从该项货物的同一出口国或地区购进类似进口货物的成交价格。这里所称的"类似货物"是指有类似原理和结构、类似特性、类似组成材料,并有相同的使用价格,在功能上和商业上可以互换的货物。

(3)国际市场价格法。该项进口货物的相同或类似货物在国际市场上公开的成交价格。

(4)国内市场倒扣法。以相同或类似进口货物在进口方国内市场批发价,减去进口关税和进口环节其他税收以及进口后的正常运输、储存、营业费用及利润后的价格作为完税价格。

(5)合理方法。如果按上述规定仍不能确定该项货物的成交价格时,由海关按合理方法估定，但必须符合《海关估价协议》和1994年《关税与贸易总协定》的有关规定，并依据进口方可获得的数据确定。

（二）出口货物的完税价格

1. 出口货物完税价格的审定原则

出口货物应当以海关审定的货物售予境外的离岸价格，扣除出口关税后，作为完税价格。如果离岸价格不能确定，完税价格由海关估定。

2. 出口货物完税价格的核定方法

以出口国离岸价格（FOB出口国口岸）成交的出口货物，其计算完税价格的公式为

$$完税价格 = 离岸价格/(1 + 出口税率)$$

五、关税的减免

关税的减免是对某些纳税人和征税对象给予鼓励和照顾的一种特殊调节手段。正是有了这一手段，使关税政策兼顾了普遍性与特殊性、原则性与灵活性，因此，关税减免是贯彻国家关税政策的一项重要措施。由于各国国情不同，各国对关税减免税的内容确定也不一致。特别是对政策性优惠减免税的范围、标准、管理制度和约束条件，各国差异很大。为了方便国际贸易和其他国际交流的进行，海关合作理事会在《关于简化与协调海关业务制度的国际公约》中推荐了一些应予减免关税的范围，建议各国采用，但不限制各国给予进一步的方便和优惠。

（一）关税减免的范围

（1）有关国际协定中规定的货物。

（2）无商业价格的广告品和货样。

（3）人体治疗物质、血型鉴定和组织分类试剂。

（4）因迁居而进口的动产。

（5）布置第二居所使用的家具和家用物品。

（6）嫁妆和结婚礼品。

（7）学习用品。

（8）遗产，免税进口遗产应为死者在世时在进口国居住继承人所继承的死者生前自用物品。

（9）个人礼物，一般是指应由境外个人偶然送给境内个人供其自用或其家用的非商业性的，并且总价格不超过25美元的物品。

（10）送给慈善或救济机构，由其或管理下免费分发给贫民的必需品。

（11）奖品。

（12）阵亡将士墓用材料。

（13）无商业价格的文件及杂物。

（14）宗教用品。

（15）进口供测试用的产品。

（16）供牲畜在运输途中食用的草料和饲料。

（17）供运输途中货物防护用的产品和材料。

(18)进境运输工具所载,供旅客、船员或乘员以及运输工具自身所需的备用物料。

(二)减免关税的批准和约束条件

在批准程序方面,各国对于为保证和方便国际正常交往活动的顺利进行和为简化手续、提高行政效率的原因而给予的关税减免优惠的货物,一般不需要事先审批,只需在进口时向海关申报,并提供有关凭证以证明该货物符合关税减免的规定,海关即可准予减免关税。但对于政策性和扶植的原因而减免关税的货物,大都需要向海关或其他国家指定的主管机关申请,经批准后方可减免关税进口。

六、通关手续

通关手续又称报关手续,是指进出口商向海关申报进口或出口货物,接受海关监督,履行海关规定的手续。进出口货物只有经过申报通关手续,缴纳了相关税款和费用,经海关同意后才予以通关放行,其核心是海关监管。通关手续一般包括申报、验货、征税、放行等基本环节。通关手续是货物进出口活动的正常环节,但有时也会成为限制进出口的重要手段。一国在实行贸易保护政策时,烦琐的、特意设计的通关手续,是一种非常有效的保护措施。进口国可以设计多种货物进口的障碍,增加进口货物的额外开支,使进口商承担更多的风险,从而放弃进口意愿。

思 考 题

1. 简述关税的概念及特点。
2. 简述关税的作用。
3. 关税按计价标准不同分类有哪些?
4. 贸易小国关税的局部均衡经济效应有哪些?
5. 简述贸易大国关税的经济效应。
6. 简述贸易大国关税的局部均衡经济效应。
7. 简述关税的名义保护率和有效保护率的基本含义。
8. 简述关税的征收制度。

第六章　非关税措施

在对外贸易中,各国政府除了运用关税壁垒调节、管理和控制本国的对外贸易活动,同时还运用非关税措施实现对外贸活动的影响和控制,相对于关税壁垒而言非关税措施更具有灵活性、隐蔽性、歧视性和有效性。本章重点阐述非关税措施的概念、特征及作用,具有直接影响的非关税措施,具有间接影响的非关税措施。

第一节　非关税措施概述

一、非关税措施的概念及特征

(一)非关税措施的概念及发展

关税不是实施保护以避免外国竞争的唯一手段。在国际贸易中存在着各种各样的非关税措施,被自由贸易论者称之为非关税壁垒(non - tariff barriers,NTB)。它泛指一国政府为了调节、管理和控制本国的对外贸易活动,影响贸易格局和利益分配而采取的除关税以外的各种行政性、法规性措施和手段的总和。

从历史上看,早在重商主义时期,限制和禁止进口的非关税措施就开始盛行。1929—1933 年经济危机时期,西方发达国家曾一度高筑非关税壁垒,推行贸易保护主义。尽管如此,"非关税壁垒"这一术语是在《关贸总协定》(GATT)建立以后才逐渐产生的。真正把非关税措施作为保护贸易政策的主要手段开始于 20 世纪 70 年代,原因是各国经济发展不平衡,这也是非关税壁垒迅速发展的根本原因。非关税措施迅速发展主要表现在:美国的相对衰落,日本和欧洲的崛起,特别是 20 世纪 70 年代中期爆发的经济危机,使得市场问题显得比过去更为严重;以美国为首的发达国家纷纷加强了贸易保护手段,战后在关贸组织的努力下,关税大幅度减让之后,各国不得不转向用非关税措施来限制进口,保护国内生产和国内市场;20 世纪 70 年代中期以后,许多国家相继进行了产业结构调整,为保护各自的经济利益,纷纷采用了非关税措施来限制进口;科技水平迅速提高,相应地也提高了对进口商品的检验能力,通过检验,可获得各种商品对消费者健康的细微影响,从而有针对性地实行进口限制,例如对含铅量、噪音大小的测定等。在非关税措施发展这一点上,应持一分为二的态度,非关税措施本身具有隐蔽性,不易被发觉,而且在实施中往往可以找出一系列理由来证明它的合理性,从而使受害国难以进行报复。各国在实施非关税措施时相互效仿,也使这些措施迅速扩大。

经过多年的演化和发展,20 世纪 90 年代以来,非关税壁垒呈现出形式更隐蔽、技巧更高的特点,以至于很难区分其保护是否合理。具体来看,大致有以下几方面变化。

(1)传统制度化的非关税壁垒不断升级。如反倾销的国际公共规则建立后,在制度上削弱了其贸易壁垒的作用,但频繁使用反倾销手段又使其演化为新的贸易壁垒。

(2)技术标准上升为主要的贸易壁垒。由于各国的技术标准难以统一,所以技术标准成为最为复杂的贸易壁垒,并常常难以区分其合理性。

(3)绿色壁垒成为新的行之有效的贸易壁垒。一些国家特别是发达国家往往借环境保护之名,行贸易保护之实。

(4)政治色彩越来越浓。发达国家利用人权、劳工标准等带有政治色彩的贸易壁垒,大肆推销其国内人权标准,干涉别国内政。据不完全统计,非关税壁垒已从20世纪60年代末的800多项上升至21世纪初的2 000多项。

(二)非关税措施的特征

非关税措施与关税措施相比,具有以下几个明显的特征。

1. 灵活性

关税是通过一定立法程序制定的、具有一定延续性的贸易政策,在特殊情况下做灵活性调整比较困难。而制定和实施非关税措施,通常可根据需要,运用行政手段做必要的调整,具有较大的灵活性。

2. 隐蔽性

与明显地提高关税不同,非关税措施既能以正常的海关检验要求和进口有关行政规定、法令条例的名义出现,又可以巧妙地隐蔽,并在具体执行过程中无须做出公开规定,人们往往难以清楚地辨识和有力地反对这类政策措施,增加了反贸易保护主义的复杂性和艰巨性。

3. 歧视性

一些国家往往针对某个国家采取相应的限制性非关税措施,更加强化了非关税壁垒的差别性和歧视性。

4. 有效性

关税措施主要是通过影响价格来限制进口,而非关税措施主要是依靠行政机制来限制进口,因而它更能直接、严厉而且更有效地保护本国生产与本国市场。正因为非关税措施有这些特征,所以它已经逐步取代关税措施,成为各国热衷采用的对外贸易手段。

二、非关税措施的作用

在国际贸易发展中,非关税措施在发达国家和发展中国家的作用是不同的。在发达国家,非关税措施已越来越成为实现其贸易政策和目标的主要工具,其作用主要表现在以下三个方面。

(1)作为防御性武器限制外国商品进口,用以保护国内陷入结构性危机的生产部门、农业部门或保障国内垄断资产阶级能获得高额利润。

(2)在国际贸易谈判中逼迫另一方妥协让步,以争夺国际市场。

(3)用作对其他国家贸易歧视的手段,甚至作为实现其政治利益的手段。由此可见,发达国家实施非关税措施是为了保持其经济的优势地位,维护不平等交换的国际格局,具有明显的剥削性。虽然发展中国家同样十分重视并广泛使用非关税措施,但与发达国家相比,其作用有所不同,主要表现为:

①限制非必需品进口,以节省外汇的使用。

②限制外国货物进口的竞争力,以保护民族工业和幼稚工业。

③发展民族经济，以尽早摆脱发达国家对其经济的控制和剥削。

由于与发达国家的经济发展水平有较大的差距，所以发展中国家设置非关税措施有其合理性和必要性，因此《关贸总协定》在“肯尼迪回合”中增加了“贸易与发展”部分，并陆续给予发展中国家更大的灵活性，允许其为维持基本需求和谋求优先发展而采取贸易保护措施。

三、非关税措施的分类

从不同角度划分，非关税措施的分类大致有如下几种。

（一）按影响方式及程度不同分类

按影响方式及程度不同划分，非关税措施可分为直接影响性非关税措施、间接影响性非关税措施以及溢出或旁及影响性非关税措施。这种分法是联合国贸易发展会议在20世纪80年代做出的。直接影响性非关税措施，是出于保护国内产业，加强国内产业在国外市场的竞争力的考虑，采取的是对外国进口限制而对本国出口鼓励的措施，如配额、许可证、进口押金制等，这类措施对贸易的限制很明显，亦比较直截了当；间接影响性非关税措施从表面上看是出于其他目的而制定的，比较含蓄，不易被发现，但仍被怀疑具有隐藏的限制贸易动机，如质量标准、广告数量、海关程序等；溢出或旁及影响性非关税措施是指并非主要针对贸易，却不可避免地导致国际竞争条件失常，从而对贸易发生影响的一些非关税措施。溢出或旁及影响性非关税措施的种类有很多，如政府对某种或某类商品在生产、销售和分配方面的垄断，影响贸易的产业结构和地区发展政策，政府特定的国际收支政策措施、关税制度的不同，国家社会保险制度的不同，折旧期限制度的不同，政府资助的防卫、航天和非军事采购引起的需求变动，国家标准和规定及实施方法的变动，国外运输费和国家批准的国际运输协定，结构成本的大小等。

（二）按实施手段的特性不同分类

按实施手段和特性不同划分，非关税措施可分为制度性非关税措施与技巧性非关税措施。前者利用如进口配额、许可证、反补贴、反倾销、海关估价、原产地规则、政府采购等制度形成制度性壁垒；后者利用如技术标准、质量标准、环境标准、劳工标准、商品检验、包装、标签等形成技巧性壁垒。技巧性非关税措施的隐蔽性极高，看上去似乎并不违背国际贸易的公共规则，但内容却变幻莫测，行之有效，使人防不胜防。它不仅直接阻碍了别国商品的进口，而且出口国为适应其看似合理的要求，还要对生产要求、技术标准、产品规格等做出一系列的调整，增加了不合理的成本和费用负担。

（三）按制定主体不同分类

按制定主体不同划分，非关税措施可分为内生性非关税措施与外生性非关税措施。其区别在于非关税措施是由本国自主决定还是由外界压力或通过谈判达成协议决定。如1981年美国单方面规定从中国进口的羊毛衫配额为18.73万打，即为自主配额，属于内生性非关税措施。目前，大多数“自限协定”或“有秩序销售协定”均是通过谈判达成的，属于外生性非关税措施。

(四)按规定实施目的或作用机制不同分类

按规定实施目的或作用机制不同划分,非关税措施可分为数量限制型非关税措施与成本价格型非关税措施。联合国贸易发展会议对这种分类法的进一步解释是:前者是通过直接限制进口商品的数量或进口金额从而直接达到有效限制进口的目的,如配额、许可证、国内采购法规、国内含量规定等;后者是通过影响商品的进出口或国内产品的成本进而削弱外国商品的竞争力来达到限制进口的目的,如运费差别待遇、海关估价做法、环境标准、劳工标准等。

第二节　具有直接影响性的非关税措施

具有直接影响性的非关税措施包括进口配额和“自动”出口限制。

一、进口配额

(一)进口配额的定义与分类

进口配额又称进口限额,是一国政府在一定时期内,对于某些商品的进口数量或金额加以直接限制,在规定的期限和配额以内的货物可以进口,超过配额不准进口,或者征收较高的关税或罚款。进口配额是进口国实施数量限制的主要手段之一。

根据控制的力度和调节手段,进口配额可分为绝对配额和关税配额两种。

1. 绝对配额

绝对配额指在一定时期内,对某些商品的进口数量或金额规定一个最高限额,达到这个数额后,便不允许进口。绝对配额在具体实施过程中有三种方式。

(1)全球配额。它属于世界范围的绝对配额,对来自任何国家或地区的商品一律适用。主管当局通常按进口商的申请先后或过去某一时期的实际进口额批给进口商一定的额度,直至总配额发放完为止,超过总配额就不允许进口。全球配额强调的是进口数额,不关心其商品来自哪里。

(2)国别配额。即在总配额内按国别和地区分配固定的配额,超过规定的配额便不准进口。实行国别配额可以使进口国根据与本国有关的国家和地区的政治经济关系情况,分别给予不同的配额。国别配额又分为单方面配额和协议配额。

①单方面配额。又称自主配额,是由进口国完全自主的、单方面规定的、在某一时期内从某个国家或地区进口某种商品的限额,并无须征求输出国家的同意。自主配额的发放一般根据某国过去某些年份的输入实绩,按一定比例确定新的进口数量或金额,由于各国各地区所得配额有差异,因此,容易引起一些国家和地区的不满和报复。

②协议配额。又称双边配额,是由进口国与出口国双方通过谈判达成协议规定的某种商品的进口配额。如果配额是由双方政府的协议订立的,则需要在进口商或出口商中进行分配;如果配额是双方的民间团体协商达成的,应事先获得政府的许可才能执行。

协议配额与单方面配额不同,它是通过双方协商而定的,一般不会造成出口方的反感或报复,并可使出口国对配额的实施给予谅解和配合,容易执行。

(3)进口商配额。进口国政府把某些商品的配额直接分配到进口商。进口国为了加强垄断资本主义在对外贸易中的垄断地位和进一步控制某些商品的进口，将某些商品的进口配额在少数进口商之间进行分配。分得配额的多少直接决定着进口商进口数量的多少。

目前，不少国家对进口配额规定得十分复杂，对配额商品规定得相当详细，有的按商品规格规定不同配额；有的按价格水平规定不同配额；有的按原料来源规定不同配额；有的按外汇管制情况规定不同配额；有的按进口商的不同规定不同配额等。绝对配额通常用完后便不准进口，但现在有些国家出于某种特殊需要，订有额外的特殊配额或补充配额。

2. 关税配额

关税配额是指对商品的进口绝对数额不加限制，而对在规定的配额以内的进口商品在一定时期内给予低税、减税或免税待遇，对超过配额的进口商品则征收较高的关税或附加税甚至罚款。关税配额与征收关税直接结合起来，具有一定的灵活性。

关税配额按其调控手段可分三种形式：一是当关税配额的配额内关税税率等于零或近似等于零时，配额数量对进口有绝对的限制性，采用这种配额的商品往往是进口需求大，国内价格没有优势的生活必需品；二是当关税配额的配额数量较大，配额内的进口数量可能会满足国内的需求，此时真正起作用的关税税率是配额内税率，配额外税率实际上不起作用，只是形成了一个保护框架；三是当关税配额的配额外关税税率很高时，有接近进口绝对配额的趋势。

进口配额是目前应用最广的非关税措施之一，已成为贸易谈判时向对方施加压力的重要手段。

（二）进口配额的经济效应

非关税措施主要是通过数量限制发挥作用。在此以局部均衡分析方法进行进口配额的经济效应分析。如图 6－1 所示，图中 D_d，S_d 分别为该国某进口商品的国内需求及供给曲线。假定实行进口配额的是个贸易小国，在自由贸易条件下，商品 W 的世界市场价格为 P_0，在此价格水平下，该国国内的供应量和需求量分别为 OS_1 和 OD_1，S_1D_1 为进口量。再假定该国对商品 W 的进口实行配额制，一定时期内发放进口配额 S_2D_2。由于配额的有限性形成了经济租金，为国内生产者提供了生产补贴，从而使国内的生产供应量扩大到 OS_2，价格上涨到 P_1，国内消费减少至 OD_2，进口量被限制为 S_2D_2，即配额数。国内消费者按 P_1 价格消费，消费者剩余减少了 $a+b+c+d$。通过再分配，a 为国内生产者所得，c 为配额收益，b 为实行配额造成的社会福利净损失。在社会福利净损失中，b 为国内生产者低效率地扩大生产所导致的社会福利净损失，是由以高于成本 P_0 的价格销售商品而产生的，d 为由国内价格提高而扭曲消费所导致的社会福利净损失。

由此可见，进口配额对本国生产、消费和商品价格的影响与减少同样数量的进口关税是相似的，只不过关税是通过提高进口商品的价格来减少进口数量和增加国内生产，而进口配额是先减少进口商品的数量，造成价格上涨从而增加国内生产。但是进口配额对国内经济利益的影响是与关税不同的，主要表现在政府税收上，关税会使政府财政收入增加，而进口配额中这部分的利益就不一定归政府了。这部分利益即图 6－1 中的 c 部分，被称为"经济租金"，其归属完全取决于政府如何分配进口配额。一般来讲，政府有以下几种方式来分配进口配额。

（1）政府直接颁发进口许可证给进口商，许可证是免费的。进口商以国际市场价格进口商品，在国内市场上按国内的高价出售，所得利润正好等于政府的税收部分 c。这种情况下,进口国的社会总利益变动与征收关税时一样,只不过这部分利益从政府转到了国内的进口商或一部分消费者的手里。

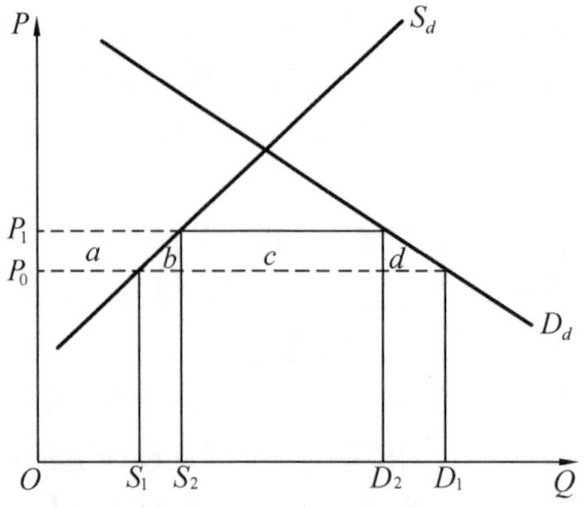

图 6－1　完全竞争条件下进口配额的经济效应(贸易小国模型)

(2)政府根据进口商或消费者的申请颁发许可证,谁都可以申请,政府审批发放,这一过程比前者复杂。申请者须详细说明理由,相互之间还有竞争,在申请过程(被称为“寻租”行为)中必然要付出一定的代价。最后获得许可证的进口商或消费者的利益会小于 c 部分,整个社会的利益也会小于征收关税时的情况。

(3)政府公开拍卖许可证,谁的价高,谁就能获得进口许可证。作为进口商,愿意出的最高价不会超过进口所能获得的利润,即不超过 c 部分。无论如何,其所付出的正好等于政府所收入的。因此,c 部分由政府与进口商共享,整个社会利益的变动也与征收关税时一样。

(4)政府在设置配额后,将权限交给出口商,由出口商自行分配,这等于将进口许可证免费给了外国的出口商,出口商按进口国国内市场上的高价出口商品,获得本应属于进口国政府或进口商的利益部分 c,这对进口国来说是一种额外损失,整个社会的净损失变为 $b+c+d$,大于征收关税时的净损失。

如果实行进口配额的国家为贸易大国,则进口配额的经济影响除了包括上述贸易小国实行进口配额的各种经济效应外,还有贸易条件效应,即其贸易条件得到改善。

(三)进口配额与进口关税的比较

进口配额与进口关税的经济效应有相似之处,但是也存在着许多重要差别,主要表现在以下几点。

1. 进口配额容易导致垄断

当征收进口关税时,国内市场价格为国际市场价格加关税,因此国内市场价格仍然是由国际市场的供求决定的,国内产业无法形成垄断。而当实行进口配额时,国内厂商可以垄断除进口配额外的国内市场,此时国内市场的价格由垄断厂商的利润最大化原则决定,而与国际市场价格无关。当国内市场呈垄断状态,还会产生由垄断造成的额外损失,而这种损失在征收进口关税情况时是没有的。

2. 进口配额的管理效率低

进口配额一般以非价格竞争方式进行分配，这样容易导致如下问题：如果以生产能力作为颁发标准，则可能使企业盲目扩大设备投资和生产能力，从而造成生产过剩和资源浪费；如果政府判断失误或存在某种偏好，则会破坏市场的公平竞争，非价格竞争方式透明度低，容易产生官员的“寻租”行为，烦琐的行政程序会造成资源浪费等。

3. 进口配额的限制作用强于进口关税

进口关税与进口配额对供求变动的反应不同。征收进口关税时，国内价格与国际价格的差距是既定的（相当于税率），而且国内价格是固定的。当需求发生变动时，进口量仍然会相应改变，如果消费者愿意支付较高价格，进口可以继续增加，但进口状况不易确定。进口关税的经济效应取决于本国进口需求和外国出口供给的弹性，由于它们都不易测定，进口关税效应难以预知。

而在实行进口配额时，进口量是被限定的，无法增加，所以进口需求的增加只会导致价格的变化，不会改变进口量。由此可知，进口配额对进口的限制更强，保护效果更好，而且是确定的。但进口配额下国内价格与国际价格的差价，从理论上说是可以无限制的。

4. 其他差异

（1）在把进口配额改换为进口关税时，并不能保证进口量总能与配额相等。其原因在于税率不能经常调整，进口量随本国进口需求与外国出口供给的变化而改变，而这种变化是不确定的。

（2）对进口投入要素实行进口配额管理将提高生产成本，使利润下降。但征收进口关税时，如果实行出口退税，则所征进口税对生产和利润并无影响。

（3）进口配额易于管理和实施，适合于应付紧急情况。进口关税的调整比较复杂，不够灵活。

（4）进口关税会扭曲价格机制，但并不抹杀价格机制的作用。进口配额却使国际市场或国内市场的价格机制对进口完全失效。

由此可见，实行进口关税优于实行进口配额，即使要实行进口配额，也最好采取进口配额中的竞争性拍卖形式。

二、“自动”出口限制

（一）“自动”出口限制的定义

“自动”出口限制又称自愿出口限额，指在进口国的要求或压力下，出口国“自动”规定某一时期内（通常 3 ~ 5 年）对本国某些商品的出口限制，在限定的配额内自行控制出口，超过配额即禁止出口。这是 20 世纪 60 年代以来非关税措施中很流行的一种形式。几乎所有发达国家在长期贸易项目中都采用了这种形式。

“自动”出口限制通常是两个政府之间谈判的结果，是出口国限制本国向进口国的出口供给的协议。这种协议从字面上来看不是自主的，它是在进口国的强迫下做出的承诺。进口国以商品大量进口使其工业部门受到严重损害，造成市场混乱为由，要求有关出口国出口实行“有序地增长”，“自动”限制商品出口，否则单方面强制限制进口。因此，“自动”限制出口措施与进口配额措施一样，都起到限制商品进口的作用。但是，它是出口国乐于接受的、进口国或明或暗地威胁使用的贸易措施（关税、进口配额或反倾销税）的一种转化形式。

（二）政府采取“自动”出口限制的原因

与其他保护措施比较，要从经济的角度来理解为什么进口国政府要采取“自动”出口限制而不是采用进口关税和进口配额。原因主要有以下几方面。

（1）与传统手段被 GATT 限制有关。通过“自动”出口限制对出口方的制约，GATT/WTO 成员既达到了保护国内产业和国内生产的目的，又避免了与他们所签署的 GATT/WTO 规则文件的冲突。当然，“自动”出口限制实际上是与 GATT/WTO 的精神相违背的，但由此可以看出传统贸易保护主义手段的限制，似乎会刺激新的贸易手段的出现。

（2）“自动”出口限制像征收出口关税那样发挥作用，全部租金都被转移到出口国，所以“自动”出口限制会提高出口企业的利润和出口国的福利。既然征收出口关税不受 GATT/WTO 的支持，一种适当的“自动”出口限制可以作为出口国政府的临时选择。

（3）“自动”出口限制在出口国形成了一个特殊的利益集团。这个集团对出口国可能会是一个施加压力的团体，其目的在于保持其得以持续的“自动”出口限制的租金收入。在这种方式下，转移到出口国的租金能够削弱出口国政府对自动出口限制措施的反对程度，从进口国的角度来看，租金转移削减了报复的风险和对外贸易政策的摩擦。

（4）从政治的角度来看，“自动”出口限制特别容易实施。直接的进口限制，如进口关税和进口配额，必须通过法律程序（如在美国）或高度透明的管理渠道（如在欧盟），而“自动”出口限制可以秘密地进行谈判，不会被公开的政治过程和公众监督所妨碍。

（5）出口国偏爱“自动”出口限制是因为这种协议为它提供了一种每隔几年就可以对进口国施加压力，使其取消限制的选择，或者至少改变或放宽“自动”出口限制的种类，使之更好地符合出口国的出口产品组合。这种情况下“自动”出口限制就可能是一柄双刃剑，使限制更为繁杂。

（三）“自动”出口限制的主要形式

1. 非协定的“自动”出口限制

非协定的“自动”出口限制不受国际协定的约束，是出口国在进口国的压力下，单方面规定出口额度、限制出口的一种措施。这种限制一般是由政府有关机构规定并予以公布的，出口商必须向有关机构申请配额，领取出口授权书或出口许可证才能输出自己的商品，也有的是由本国大的出口厂商或协会自动控制出口。

2. 协定的“自动”出口限制

协定的“自动”出口限制，是进出口双方通过谈判签订“自限协定”或“有秩序销售协定”来限制商品出口的措施。协定中规定出口的配额，出口国实行出口许可证制或出口配额签证制，自愿限制这些商品的出口，由进口国根据海关统计进行检查。目前，各种“自限协定”或“有秩序销售协定”内容不尽相同，但大体包括以下几方面。

（1）配额水平。配额水平是指协议有效期内各年度“自动”出口的限额。通常以协定缔结前一年实际出口量或原协定中最后一年的配额为基础，协商后确定新协定第一年数额，然后再确定以后年份的增长率。各国为限制进口往往想方设法降低年增长率，以减少商品的进口。

“自限协定”所规定的出口限额主要有以下几种：

①总限额，即协定商品自动出口的总数额；

②组限额，即按不同类别的商品分为若干组，分别规定不同的限制数额；

③个别限额，即把组内一些所谓的敏感性产品作为特别项目另行规定限制数额，以达到严格限制出口的目的；

④磋商限额，即对个别限额以外的某些产品在原则上规定一定的限制数额，双方按一定程序进行磋商解决，在双方未达成一致意见之前，进口国可以单方面实行进口限制。

(2)自限商品分类。自限商品是指受协定限制的出口商品。在20世纪50年代到60年代初，协定所包括的自限商品品种较少，分类也比较笼统，但20世纪70年代后随着国际市场竞争日益加剧，自限商品品种也日益增加，分类也更加繁杂。例如，1974—1977年美国和日本签订的《美日纺织协定》中，将日本向美国“自动”限制出口的棉、化纤、毛三大类纺织品分为243项6大组，按组分别规定各自的出口限额，对组内“特别项目”又规定个别限额。这种复杂的分类，使出口商经常在履行合同时感到对热门商品的配额不足，而对一些冷门商品的配额却用不完。

(3)限额的融通。限额的融通是指协定中各种自限商品限额相互融通使用的权限，主要可分为水平融通和垂直融通。

水平融通是指在同一年度内组与组之间、项与项之间在一定百分率内互相使用的权限。协定中规定替换率，即某组或某项的配额拨给另一组或另一项的使用率。替换率一般控制在1%～15%之间，有的品种禁止融通，以达到严格限制出口的目的。垂直融通是指上下一年内组与组之间、项与项之间的留用额和预用额，留用额是指当年未用完的配额拨入下一年度使用的额度或权限，预用额是指当年配额不足而预先使用下一年配额的额度或权限。《国际纺织品协定》曾规定：在任何连续两年中的一年，一项或一组产品的留用权和预用权的总和为10%，其中预用权不得超过5%，即若不行使预用权，留用权也可达10%。参加该协定的进出口国家或地区，可以按此项规定来磋商双边的留用权和预用权。

(4)保护条款。保护条款是指进口国有权通过一定程序限制或停止进口某些引起本国市场混乱或使本国生产者蒙受损害的商品。这实际上进一步扩大了进口国单方面限制商品进口的权限，美国和欧盟国家在对外签订“自限协定”时，都力图订入这一项条款，由于它对出口国十分不利，往往遭到出口国的反对。

(5)出口管理规定。出口管理规定是指在协定中规定出口方对自限商品应严格执行出口管理，保证在限额水平内按季度均匀出口。为此，有些出口国除规定出口商必须凭出口许可证输出商品外，还定期公布自限商品的初步配额和最后配额。

初步配额为暂时配额，一般低于协定配额水平，出口国政府先据此向出口商发放出口许可证，到一定时间再公布最后配额，即全年度的实际配额，并发放出口许可证。为了确保“自限协定”顺利实施，要求出口国和进口国每年至少会谈一次，互相提供资料，协商解决一些问题，因此，“自动”出口限制在实施中主要是通过出口国实行严格的出口管理来控制出口，而进口国只是处于协助的地位。

(6)协定期限。协定期限有长有短，长期协定具有稳定性，有利于出口商预先计划和生产，安排出口，但随市场需求进行调整比较困难。目前自限协定有效期大多为3～5年。

(四)“自动”出口限制的经济效应分析

“自动”出口限制对进口国的经济效应与进口配额基本相同，对出口国的影响可以从以下两个方面分析。

其一,在短期内产业规模不变的均衡条件下,受限制出口的相关企业必须调整其出口市场,以便从受限市场向非受限市场转移。这样必然会提高企业的机会成本,因为这两个市场并不完全是可以替代的,不同的市场对需求产品的要求也不同,重新开辟市场需要新的投入,这时“自动”出口限制将会导致出口企业的销售额随着受限制或非限制市场的需求弹性而提高或减少。

其二,在长期内产业规模收缩的情况下,“自动”出口限制将会降低生产要素投入的边际产出,从而降低出口企业产品的边际收入,产业的收缩程度则依赖于生产要素供给的弹性大小,这时“自动”出口限制将会导致资源的配置不当,出口产品的生产规模缩小,经济效益下降。此外,出口国政府采取的不同做法,也会使“自动”出口限制产生不同的经济效应。政府与本国出口商以及外国进口商之间的收益分配及其经济效应与进口国自行分配收益的经济效应是相似的。

第三节　具有间接影响性的非关税措施

一、进口许可证制

进口许可证制(import license system)是指进口商进口商品要先向国家有关机构提出申请,经过审查批准并发给进口许可证后,方可进口,否则一律不准进口的制度。

从与进口配额的关系上看,进口许可证可分为两种:一种是有定额的许可证,即政府有关机构预先规定有关商品的进口配额,然后在配额的限度内,根据进口商的申请对每一笔进口货物都发给进口商进口许可证,一般只允许一定数量进口而非申请的全部数量;另外一种是无定额的进口许可证,即进口许可证不与进口配额相结合,进口国政府不预先公布进口配额,颁发有关商品的进口许可证,只考虑个别商品的进口。由于它是个别考虑的,没有公开的标准,因此给正常的贸易活动造成更大的困难,起到更大的限制进口的作用。

按照进口许可证的程度来分,进口许可证一般有两种:一种是公开一般许可证,它又称公开许可证或一般许可证,凡是列明属于公开一般许可证的商品,进口商只要填写公开一般许可证后,即可获准进口,因此,这类商品实际上是“自由进口”的商品;一种是特种进口许可证,进口商必须向政府有关当局提出申请,经逐笔审查批准后才能进口,这种进口许可证多数都指定进口国家或地区。

二、外汇管制

外汇管制(foreign exchange control system)是指一国政府通过政府法令对国际结算和外汇买卖实行限制来平衡国际收支和维持本国货币汇价的一种制度。在实行外汇管制时,出口商必须把其出口所得到的外汇收入按官方汇率卖给外汇管制机构,进口商也必须在外汇管制机构按官方汇率申请购买外汇。另外,外汇管制对携带本国货币出入国境一般也有严格的限制。这样,政府有关机构就可以通过确定官方汇率、集中外汇收入和控制外汇供应数量等办法来达到限制进口商品品种、数量和控制进口国别等目的。

外汇管制方式有数量性外汇管制、成本性外汇管制和混合性外汇管制三种。数量性外汇管制是指国家外汇管理机构对外汇买卖的数量实行限制和分配。通过集中外汇收入、控制外汇支出、外汇分配等办法来达到限制进口商品品种、数量和国别的目的。一些国家还规定进口商在进口商品时首先要获得进口许可证,才能向外汇银行购买所需外汇。成本性外汇管制是指国家外汇管理机构利用外汇买卖成本差异影响不同商品进口,方法是实行复汇率制度,即进出口的商品不同,采用的汇率也不同,达到鼓励或限制不同的商品进出口的目的。混合性外汇管制是指同时采用数量性和成本性的外汇管制,对外汇实行更为严格的控制,以影响商品的进出口。

三、对外贸易国家垄断制

对外贸易国家垄断制(foreign trade under state monopoly)又称进出口的国家垄断,是指国家对某些进出口商品规定由国家直接经营,或者是把某些商品的进口或出口的垄断权给予某个垄断组织的制度。

发达国家对商品贸易的国家垄断主要有以下三类:

第一类是对烟和酒的垄断,并从中获得巨大的财政收入;

第二类是农产品贸易,国家往往把对农产品的对外垄断销售作为国内农业政策措施的一部分;

第三类是武器贸易,一些发展中国家为了打破外商在对外贸易上的垄断,便成立国有贸易机构,直接控制进出口业务和主要进出口商品的品种和数量。

有些发展中国家对与其他国家国有贸易机构的贸易往来,采取了由国有贸易机构直接经营的办法。

四、歧视性的政府采购政策

歧视性的政府采购政策(discriminatory government procurement policy)是一些国家通过法令规定政府机构在采购时必须优先购买本国产品,从而对国外产品构成歧视的政策。如美国实行的"购买美国货法案"规定,凡是联邦政府所需采购的货物,应该是美国制造的,或者是用美国原料制造的,只有在美国自己生产的产品数量不够,或者国内价格过高,或者不买外国货就会损害美国利益的情况下,才可以购买外国货。许多国家都有类似的规定,如英国限制政府向外国采购通信设备和电子计算机,日本有几个省规定,政府机构需用的办公设备、汽车、计算机、电缆、导线、机床等不得采用外国产品。

五、进口最低限价和禁止进口

进口最低限价(import minimum price)是指一国政府规定的某种商品进口最低价格,若进口产品价格低于最低进价,则禁止进口或征收进口附加税,以达到保护国内产业的目的。附加税税额是进口价格与最低价格之间的差额。进口国有时把最低限价定得很高,进口商品在国内市场上必然缺乏竞争力。进口最低限价的形式有启动价格、门槛价格等。20世纪70年代美国曾实行所谓"启动价格制"来抑制欧洲国家和日本的低价钢材和钢制品的进口。欧洲经济共同体也曾对谷物和奶制品实行过相似的门槛价格。进口最低限价实质上就是通过抬高进口商品的价格,削弱其在进口国国内市场的竞争能力。

当一些国家感到实行进口数量限制已不能摆脱经济阴影时,还可以通过颁布法律直接禁止某些商品进口。

六、进口押金制度

进口押金制度(import deposit)又称进口存款制、进口担保金制,是指进口商在进口商品前,必须按进口商品金额的一定比例在指定银行无息存入一笔资金,在规定期限届满后解冻的一种制度。实行这种制度目的是增加进口商的进口成本,从而达到限制进口的目的。

七、海关估价制度

海关估价(customhouse valuation)制度是指一国在实施从价征收关税时,由海关根据国家的规定,确定进口商品完税价格,并以海关估定的完税价格作为计征关税基础的一种制度。但是海关估价如果被滥用,人为地高估进口商品的价格,无疑就增加了进口商的税收负担,对商品进口形成了障碍。

八、技术性贸易壁垒

技术性贸易壁垒(technical barriers to trade,TBT)又称"技术性贸易措施"或"技术壁垒",是以国家或地区通过颁布法律、法令、条例、规定,建立技术标准、认证制度、检验制度等方式,对进出口产品制定的严格的技术标准、卫生检疫标准、商品包装和标签标准,从而提高进口产品的技术要求,增加进口难度,最终达到限制进口的目的。

(一)WTO《技术性贸易壁垒协议》相关内容

WTO《技术性贸易壁垒协议》将技术性贸易壁垒分为技术法规、技术标准和合格评定程序。

1. 技术法规

技术法规是规定强制执行的产品特性或其相关工艺和生产方法,包括可适用的管理规定在内的文件,如有关产品、工艺或生产方法的专门术语、符号、包装、标志或标签要求。

2. 技术标准

技术标准是经公认机构批准的、规定非强制执行的、供通用或反复使用的产品或相关工艺和生产方法的规则、指南或特性的文件。技术法规与技术标准性质不同,前者是强制性的,而后者是非强制性的。

3. 合格评定程序

合格评定程序是指按照国际标准化组织(ISO)的规定,依据技术规则和标准,对生产、产品、质量、安全、环境等环节以及对整个保障体系进行全面监督、审查和检验,合格后由国家或国外权威机构授予合格证书或合格标志,以证明某项产品或服务符合规定的标准和技术规范。合格评定程序包括产品认证和体系认证两个方面,产品认证是指确认产品是否符合技术规定或标准的规定;体系认证是指确认生产或管理体系是否符合相应规定。当代最流行的国际体系认证有 ISO 9000 质量管理体系认证和 ISO 14000 环境管理体系认证。

(二)技术性贸易壁垒的主要措施

(1)严格、繁杂的技术法规和技术标准。

(2)复杂的合格评定程序。

(3)严格的包装、标签规则。

目前技术性贸易壁垒的种类已达 2 500 多种,涉及贸易的各个领域和环节。包括农产品、食品、机电产品、纺织服装、信息产业、家电、化工医药,包括它们的初级产品、中间产品和制成品,涉及加工、包装、运输和储存等环节。来自不同国家(地区)、不同利益集团,出于不同的目的,使用不同形式的技术性贸易壁垒措施,使其走向制度化、广泛化、频繁化和复杂化。技术性贸易壁垒成为各国争相使用的贸易政策的有效工具,是因为它具有合理性、隐蔽性、歧视性、灵活性、双重性、针对性和争议性等特点。

技术性贸易壁垒具有明显的扩散及仿效效应,它比关税和一般非关税壁垒的影响更为广泛和深远。一旦某个产品被实施了技术性贸易壁垒限制后,就会产生连锁反应,从个别产品扩展到整个行业甚至多个行业,从一个国家扩展到多个国家甚至全球。技术性贸易壁垒是从生产领域开始的,目前逐渐扩张至贸易领域,从有形商品的生产和贸易领域扩张到金融、信息等服务以及投资、知识产权和环境保护等各个领域。近年来,技术性贸易壁垒涌现出一些新形式和新特点。

根据 WTO《技术性贸易壁垒协议》(TBT)和《实施卫生与植物卫生措施协议》(SPS)的要求,成员国在实施 TBT 或 SPS 具体措施前,有义务向 WTO 的 TBT 委员会或 SPS 委员会通报。2009 年 WTO 成员 TBT 通报措施达 1 890 项,2011 年共有 69 个 WTO 成员国提交 1 772 份 TBT 通报。截至 2011 年 12 月 31 日,WTO 成员国在《WTO/TBT 协定》实施后共发布了 17 312 份 TBT 通报(表 6 – 1)。

表 6 – 1　2002—2011 年 WTO/TBT 通报数量

年份	2002	2003	2004	2005	2006	2007	2008	2009	2010	2011
数量	642	914	733	893	1 047	1 231	1 692	1 969	1 899	1 772

2011 年 WTO 成员提交 TBT 通报数量位列前 10 位的国家和组织,通报总数为 944 份,占 2011 年全部 TBT 通报的 53.27%。表 6 – 2 中列出了 2001 年 WTO 提高 TBT 通报的主要国家和组织。

表 6 – 2　2011 年 WTO 提交 TBT 通报主要国家和组织

国家	美国	欧盟	中国	巴西	墨西哥	以色列	科威特	沙特	加拿大	韩国
数量	218	136	98	85	78	71	68	65	64	61

据国家质检总局调查统计,2005—2011 年中国出口产品遭遇国外技术性贸易措施影响而减少的出口损失逐年增加,从 2005 年的 288.13 亿美元增加到 2011 年的 622.59 亿美元;2011 年企业用于应对国外技术性贸易措施新增成本 259.62 亿美元,比 2010 年上升 15.71 亿美元。2011 年,受国外技术性贸易措施影响较大的行业是机电仪器、化矿金属、农食产品、玩具家具和纺织鞋帽。2011 年因为技术性贸易措施导致中国出口产品被国外扣留、销毁、退货的直接损失达 622.6 亿美元,同比增加 40.2 亿美元。

2012 年 1—8 月,欧盟通报中国出口不合格消费品 960 起,比 2011 年同期上升了 75.4%。美国消费品安全委员会共计召回中国出口不合格消费品 122 起。

九、绿色壁垒

绿色壁垒(green barriers,GBs)也称为环境壁垒,是指在国际贸易领域,以保护环境和人类健康为目的,通过立法,制定繁杂的环保公约、法律、法规和标准、标志等形式对国外商品进行准入限制。

20世纪70年代末,德国率先采用了绿色商品标志。1978年德国推出的环境标志认证制度,也称“蓝天使”标志认证,成为国际上最早实施的环保标志。20世纪90年代,联合国召开的世界环境与发展大会,将环境保护运动推向了一个高潮,全球掀起了绿色消费的浪潮,也促进了绿色壁垒的形成及发展。1995年WTO专门成立了贸易与环境委员会,使环境保护这道绿色的贸易壁垒成为全球贸易中必须面对的、现实的、不可回避的问题。

目前,绿色壁垒表现形式有:环境附加税、绿色环境标志制度、产品绿色加工标准制度、绿色包装和标签制度、绿色卫生检疫制度、绿色补贴制度等。

在近十年来,绿色壁垒使用的频率越来越高,成为继反倾销措施以后的又一重要的贸易壁垒措施。

十、蓝色壁垒

蓝色壁垒(blue barriers)是指以劳动者劳动环境和生存权利为借口采取有关的贸易保护措施,是对劳动保障、劳动者待遇、劳工权利、劳动标准等方面规定的总称,也称道德壁垒,它包括社会责任标准和动物福利标准。前者是关于人的劳动环境、劳动条件及劳工权利的标准,后者是关于动物生存权利、福利的标准。目前国际社会实施的“社会责任标准”——SA 8000标准,就是把贸易保护和劳工标准、保护人类健康、维护人权和社会责任相结合的限制。

思 考 题

1. 关税壁垒与非关税壁垒的主要区别是什么?
2. 什么是技术性壁垒? 为什么技术性壁垒对发展中国家来说具有双重效应?
3. 简述进口配额的经济效应。
4. 比较进口配额和进口关税的差别。
5. 试举例说明技术性贸易壁垒的扩散及仿效效应。

第七章　国际收支分析

国际收支反映了一国经济实力和在世界经济中的地位，反映一国经济结构的情况和变化，决定着一国的融资能力和资信地位。国际收支平衡表系统地记录了该国已经发生的国际交易情况。一国国际收支失衡会对该国国内经济和国际经济的发展产生影响。本章重点阐述国际收支平衡表的编制、分析国际收支平衡表各组成部分之间的关系、国际收支失衡调节的若干理论和国际收支失衡调节的宏观政策措施。

第一节　国际收支与国际收支平衡表

一、国际收支与国际收支平衡表

（一）国际收支的基本概念

国际收支反映了以货币为媒介的国际间的债权、债务关系。

（二）广义与狭义国际收支

国际收支的概念最早起源于17世纪初期，当时它等同于一个国家的贸易收支差额，因为在资本主义发展初期，没有国际资本流动，对外贸易几乎是各国进行的国际经济活动的全部内容。随着国际经济交易内容的多样化，国际收支概念的覆盖范围不断扩大，特别是在国际金本位制崩溃之后，上述狭义的国际收支概念被广泛使用。

狭义的国际收支概念是建立在现金支付的基础之上的，它基本上等同于一国的外汇收支。根据这个定义，国际收支仅仅反映在本统计期内以货币来进行收付结算的并不需要在当期结算或清偿的那部分交易。另外，那些不涉及货币收付的交易（用机器设备或技术专利去海外进行直接投资、补偿贸易等）及实物援助或捐赠等无偿转移，当然也不包括在内。狭义的国际收支概念有其产生的时代背景，即当时国际资本流动的规模很小，根据官方清算协定的安排采用记账及冲抵方式来结算的易货贸易也不是经常发生的，而单方面无偿转移收支也是偶尔才出现的。

广义的国际收支是指本国居民与非本国居民在某一段时期里所进行的全部经济交易的总括报告。它反映的已不单是国际间的货币收支，而且对所有产生国际债权债务关系的交易（即使这些交易在当时并没有发生对外货币收支）全都加以概括记录。除此之外，广义的国际收支还把不涉及货币收支的各种经济交易（如易货贸易、补偿贸易等），甚至根本不产生国际债权债务关系的单方面无偿转移收支也包括在内。在这种情况下，对国际收支已不能望文生义地理解为“支付差额”。为避免误解，国际联盟曾于1945年建议将国际收支改称为“国际交易项目”。但是，鉴于国际收支这个名称沿用已久，国际货币基金组织（IMF）最终还是决定予以保留。

(三)国际收支平衡表

国际收支平衡表是指系统记录一国(或地区)在一定时期内(通常为一年)国际收支状况的统计报表。国际收支平衡表不仅系统地记录了该国已经发生的国际交易情况,而且它还是分析国际经济关系变化及评价国际经济政策效果的有力工具,因此,世界各国都非常重视国际收支平衡表的编制工作。

在实践中,尽管各国的国际收支平衡表组成不尽相同,但基本都包括了四大部分内容,即经常项目、资本项目、误差与遗漏项目和官方储备资产项目。

1. 经常项目

经常项目是指经常发生的交易,它是国际收支平衡表最基本、最重要的项目。凡是涉及经济价值以及居民与非居民之间所进行的交易(不包括金融项目的交易)都包括在经常项目内。此外,还包括未得以任何回报而提供或得到的经常性经济价值的抵消项目。具体地说,经常项目下包括三个子项目:商品进出口、劳务收支和单方面转移支付。

(1)商品进出口。也称有形贸易收支,即在一国对外贸易活动中,既包括商品进口,也包括商品出口。如果进口余额大于出口余额,则该国就出现国际贸易逆差(也称贸易赤字)。如果出口余额大于进口余额,则该国就出现贸易顺差(也称贸易盈余)。在国际收支平衡表中,商品出口记入贷方,进口记入借方。贸易差额对一国国际收支平衡有很大的影响,一般来说大多数国家都希望保持国际贸易平衡或略有顺差。

(2)劳务收支。也称无形贸易收支,它是指一国对外提供劳务或接受劳务而产生的劳务收入或支出。它主要包括:伴随商品和人员的国际间移动而发生的劳务收支(如运输费、保险费、出国旅游费用等),资本在国际间转移而产生的利息、股息、利润等收入和支出,政府有关交往及其他劳务收支,如外交费、广告费、专利费等。近十几年来,国际无形贸易发展迅速,它在一些国际收支中占据着重要地位,并对这些国家的国际收支平衡起着重要的作用。例如,在美国,近年来其国际贸易账户中出现了较大的逆差,但是其劳务收支却保持着较大的顺差,这样一来,两项相抵大大地减轻了商品贸易逆差对该国国际收支平衡的影响。

(3)单方面转移支付。它是指物资或资金在国际间转移后,并不形成债权债务关系的单方面的支付。它包括私人单方面转移和官方单方面转移。前者主要有侨汇、个人赠予和财产继承等,后者主要包括政府间的无偿的经济援助、军事援助、战争赔款等。

2. 资本项目

资本项目是指对外国人销售资产和从外国购买资产情况的记录,它反映着金融资产在一国与另一国之间的流动。根据资本期限的长短,资本流动分短期资本流动和长期资本流动。

(1)短期资本流动。它是指期限在一年以内的资本流动。目前,在国际金融市场中,短期资本数额巨大,且流动频繁,据估计全世界日外汇成交额达1.5亿美元。这些数额巨大的国际游资大多都以逐利投机为主,对汇率波动造成极大的影响。

(2)长期资本流动。它是指期限在一年以上的资本流动。它主要包括直接投资、证券投资、政府及国际金融组织提供的贷款和商业银行提供的国际信贷等。

3. 误差与遗漏项目

在编制国际收支平衡表过程中,由于资料不完整,统计时间和计价标准不一致,以及各种货币相互间的换算差额等原因而容易造成统计上的偏差。它是通过计算经常项目、资本项目和储备资产增减额的差额而得到的，若差额为负数，则将等值的数据记在“误差与遗漏”的贷方；反之，记在借方。

4. 官方储备资产

它是指一国货币当局所持有的一切外国资产，包括黄金储备、外汇储备、特别提款权、在国际货币基金组织的储备头寸和基金信贷的使用等。当一个国家的国际收支总差额出现顺差或逆差时，最终必须通过增减其官方储备来获得平衡。一般而言，一国官方储备资产增加意味着该国对外债权的增加，在国际收支平衡表中记入借方，用“ - ”号表示；反之，官方储备资产减少则意味着该国对外债务增加，在国际收支平衡表中记入贷方，用“ + ”号表示。如果一个国家的国际收支持续发生较大逆差，而同时其官方储备又难以维持其国际收支平衡，则该国将会出现国际收支平衡危机。

（四）国际收支平衡表的编制

在记录一国的国际交易时，我们使用复式簿记（double - entry bookkeeping）。这意味着每笔国际交易都被等额地记录两次，一次记入贷方，一次记入借方如表 7 - 1 所示。这是因为通常每笔交易都有两个方面，我们卖东西就能收款，我们买东西就得付款。

表 7 - 1　国际收支平衡表

借方（ - ）	贷方（ + ）
1. 经常项目	1. 经常项目
（1）商品进口	（1）商品进口
（2）劳务进口	（2）劳务进口
（3）单方向转移支出	（3）单方向转移支出
2. 资本项目	2. 资本项目
（4）长期资本输出	（4）长期资本输出
（5）短期资本输出	（5）短期资本输出
3. 误差与遗漏	3. 误差与遗漏
4. 官方储备资产增加	4. 官方储备资产增加

例如，假设一家美国公司出口 500 美元的商品，货款将在三个月后付清。美国先贷记 500 美元的商品出口，因为商品出口会带来外国人的付款。付款本身再记入短期资本的借方，因为它代表了从美国的短期资本流出。这就是说，由于同意等待三个月，美国的出口者给予了进口者贷款，这就增加了美国在外国的资产，应记借方。整个交易在美国的国际收支平衡表中应做记录如表 7 - 2 所示。

表 7－2　美国国际收支平衡表

	贷方（＋）	借方（－）
商品出口	500 美元	
短期资本流出		500 美元

再举一个复式簿记的例子。假定一位美国居民在伦敦游览，支付了 200 美元的旅行服务（相当于美国进口），付款本身应记入短期资本的借方，因为代表了外国要求美国付款。特别地，我们可以把英国人手中的这 200 美元的旅行服务贷款看作是一种证券，它赋予英国向美国要求商品与劳务的权利，它等同于在美国的外国资产的增加，所以，对于美国而言，它是资本流入，应记录为短期资本贷方。

整个交易在美国的国际收支平衡表中所做记录如表 7－3 所示。

表 7－3　美国国际收支平衡表

	贷方（＋）	借方（－）
向国外购买的旅行服务		200 美元
短期资本流入	200 美元	

我们再举第三个例子。假定作为美国援助计划的一部分，美国政府把它在一家美国银行存有的 100 美元给予了一个发展中国家的政府。美国借记单方面转移支付（unilateral transfers）100 美元，因为提供援助意味着向外国人付款。而付款本身将使这家美国银行存款余额变动，这代表外国在美国的资产的增加，应记录为短期资本流入的贷方。整个交易记录如表 7－4 所示。

表 7－4　美国国际收支平衡表

	贷方（＋）	借方（－）
单方面转移支付		100 美元
短期资本流入	100 美元	

第四个例子，我们假定一位美国居民购买了 400 美元的外国股票，他的付款使得外国银行在美国的存款余额增加。这样，一方面购买外国股票增加了美国在外国的资产，因此，这是资本流出，应在美国的国际收支平衡表中记长期资本，借方 400 美元。另一方面，外国银行在美国的余额增加是外国在美国的资产的增加，在美国国际收支平衡表中应记短期贷方。如果美国居民通过减少在外国的美国银行存款余额的方式付款，结果也一样。请注意到这个交易的两边都是资本流动，记录如表 7－5 所示。

表 7－5　美国国际收支平衡表

	贷方(＋)	借方(－)
长期资本流出		400 美元
短期资本流入	400 美元	

最后,假定一位外国投资者购买了 300 美元的美国国库券,并用他在美国的银行存款余额付款。购买美国国库券增加了外国在美国的资产,对美国而言,这是资本流入,应记短期贷方。外国人用美国的银行存款余额付款是外国在美国资产的减少,这是资本流出,应记为短期资本借方,应注意到此交易两边都是资本流动。其记录如表 7－6 所示。

表 7－6　美国国际收支平衡表

	贷方(＋)	借方(－)
短期资本流入	300 美元	
短期资本流出		300 美元

如果我们假定这五个交易是美国当年的全部国际交易,那么美国国际收支平衡表应如表 7－7 所示。

表 7－7　美国国际收支平衡表

	贷方(＋)	借方(－)
商品	500 美元	
劳务		200 美元
单方面转移支付		100 美元
长期资本		400 美元
短期资本净值	200 美元	
合计	700 美元	700 美元

短期资本净贷方余额 200 美元是由五项短期资本分录(－500 美元,200 美元,100 美元,400 美元,300 美元,－300 美元)加总而来的。由于采用的是复式簿记,因此,贷方总额等于借方总额。

二、国际收支平衡表各组成部分之间的关系

新国际收支平衡表的设计思想更为强调国际收支与国内经济的各种重要关系。

(一)国际收支平衡表各项目之间的关系

经常账户反映了国内经济的储备和投资行为。一国的国际收支的改善必须通过调整国内吸收来进行(吸收为 $C+I+G$ 之和),经常账户的差额一定要等于资本和金融账户的净

余额加上储备资产交易,即可以利用金融资产的净流入和储备资产为经常账户赤字融资。

(二)国际收支的盈余与赤字

国际收支从会计账户设立的角度看,账面的余额由于同一笔交易必须在借方、贷方记同样金额而为零,但实际上是有盈余和赤字,即进出口的余额、金融账户流动的余额等。

(三)国际收支状况的含义与经济分析

它反映了一国经济实力和在世界经济中的地位,决定着一国货币与汇率的变化方向,决定着一国的融资能力和资信地位,反映了一国经济结构的情况和变化,影响了一国国内的经济增长和发展。

第二节　国际收支的调节

一、国际收支的失衡

(一)一国国际收支失衡的含义

国际收支失衡是指经常账户、金融与资本账户的余额出现问题,即对外经济出现了需要调整的情况。

(二)一国国际收支失衡的经济影响

对外,国际收支失衡造成汇率、资源配置、福利提高的困难;对内,国际收支失衡造成经济增长与经济发展的困难,即对外的失衡影响到国内经济的均衡发展,因此需要进行调整。

二、国际收支失衡调节的若干理论

(一)弹性分析理论

在20世纪30年代西方主要资本主义国家金本位制度崩溃后,外汇汇率变动频繁,古典的国际收支调节理论失去了赖以运转的客观基础,于是国际收支的弹性分析理论应运而生。这是一种适用于纸币流通体制下的国际收支理论,由于该理论是围绕进出口商品的供求弹性来研究和分析国际收支差额和汇率问题的,故称之为国际收支弹性分析理论或弹性论。

弹性分析理论的内容主要有两个:一是汇率的决定,二是货币贬值对国际收支的影响。

1. 弹性论下的汇率决定

判断汇率的变动,最简单的办法是分析货币在外汇市场上的流量。就弹性论而言,对外汇市场流量分析的重点是分析由于国际贸易而引起的外汇交易流量的变化。图7－1说明了汇率 e 取决于外汇市场的供求状况。

在图7－1中,横轴 OQ 代表外汇数量;纵轴 e 代表汇率;SS 代表外汇的供给;DD 代表外汇的需求。本国商品的出口形成了外汇供给曲线(SS),而本国的进口则形成了对外汇的需求曲线(DD)。

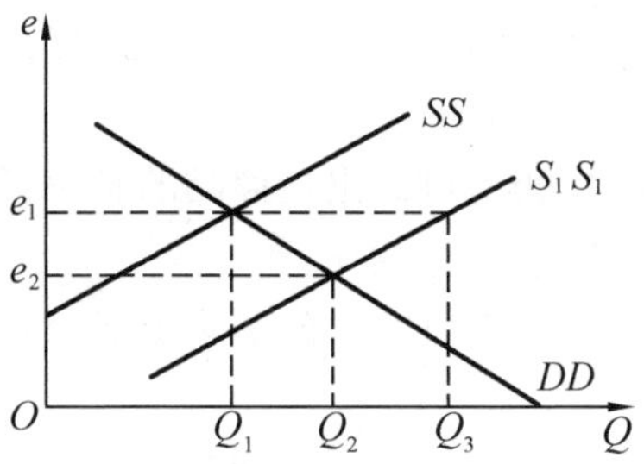

图 7－1 汇率的决定

DD 曲线与一般商品需求曲线一样，是向右下方倾斜的，$Q_d=f(e)$，其中 Q_d 是外汇需求量。这是因为在给定贸易的外币价格 $P*$ 后，随着本币升值，汇率水平 e 就会下降，外国商品的本币价格 $P(P=P*e)$ 就会下降。这样对外国进口量 Q_m 就会上升。或者说，假定进口商品的外币价格是固定的，对外汇的需求量 $Q(Q=P*Q_m)$，并且 $P*=P/e$，则 e 下降会导致 P 下降，Q_m 上升，从而 $P*Q_m$ 上升。所以，汇率(e)与外汇的需求量(Q)成反函数关系，即外汇贬值，其需求量增加。

SS 曲线与一般商品供给曲线一样，是向左上方倾斜的，$Q_s=f(e)$，其中 Q_s 是外汇供给量。这是因为外汇供给量(S)等于出口量(Q_x)与折算成以外币计价的本国出口商品的国外价格的乘积[即 $S=(P/e)Q_x$]。对于给定的出口商品的本币价格(P)来说，出口量是出口商品外币价格($P*=P/e$)的反函数，而汇率又是出口商品外币价格的反函数($e=P/P*$)。这表明，在出口商品本币价格不变的情况下，汇率水平上升，本币贬值，使得出口商品的外币价格下降，出口量增加，结果，以外汇计价的出口额也随之上升(在此，假定马歇尔－勒纳条件成立，贬值意味着改善一国贸易收支)。这样，外汇供给曲线的斜率就为正，并且其斜率等于外国对本国出口商品的需求弹性。

在图 7－1 中，外汇市场是稳定的。因为如果汇率上升超过了均衡水平 e_1，会导致外汇的超额供给，将引起其价格(即汇率)的下跌，直到恢复均衡为止。如果市场汇率水平低于 e_1，如在 e_2 上，则会出现对外汇的超额需求，将引起价格(即汇率)的上升，直到恢复均衡。

如果本国商品出口增加，导致外汇供给曲线由 SS 移动到 S_1S_2(即供给增加)，那么，在 e_1 的汇率水平上，外汇供给量由 Q_1 上升到 Q_2，同时，本国对国外产品的进口量保持不变，对外汇的需求量仍然保持在 Q_1 的水平上，则本币就要升值到 e_2 水平。由于本币升值，出口减少，外汇供给由 Q_3 减少到 Q_2，此时，本币升值也使本国出口增加，对外汇的需求量由 Q_1 增加到 Q_2。最终，外汇市场达到新的均衡，此时外汇交易量为 Q_2。

在弹性论中，汇率的决定是由外汇的需求曲线和供给曲线决定的，而外汇的需求曲线则取决于本国市场对外国进口产品的需求弹性，供给曲线则取决于外国市场对本国出口商品的需求弹性。如果本国对进口产品的需求弹性和外国对本国产品的需求弹性都很大，即 DD 和 SS 曲线都很陡峭，则市场的微小的变化会产生汇率的巨大波动；反之，汇率则比较稳定。但如果外国对本国商品的需求极为缺乏弹性，例如，在图 7－1 中的外汇供给曲线的斜率可能为负，甚至其斜率的绝对值比需求曲线斜率的绝对值更大，此时，外汇市场就会变得不稳定，本币的贬值将会导致本国市场对外国商品进口的下降而引起进一步的贬值。

2. 货币贬值对国际收支的影响

主要探讨马歇尔－勒纳－罗宾逊条件。作为弹性论的核心内容之一的马歇尔－勒纳－罗宾逊条件，是建立在下述假设基础上的：

①其他条件不变，只考虑汇率变化对进出口商品的影响；

②没有资本流动，国际收支等于贸易收支；

③充分就业和收入不变，因而进出口商品的需求就是这些商品和其替代品的价格水平的函数。

在这些假设下，探讨汇率变化对国际收支的调节作用。

考察汇率变化对国际收支的影响，就是考察汇率变化对出口额和进口额的影响。出口额（V_x）等于出口价格乘以出口量，进口额（V_m）等于进口价格乘以进口量，进出口额都用外币表示为

$$V_x = P_x Q_x \text{和} V_m = P_m Q_m \tag{7-1}$$

贬值能否改善贸易收支，取决于需求和供给的弹性。这里需要考察四个弹性：出口商品的需求弹性（D_x），出口商品的供给弹性（S_x），进口商品的需求弹性（D_m）和进口商品的供给弹性（S_m）。用公式可表示为

$$S_x = \frac{\frac{dQ_x}{Q_x}}{\frac{d(eP*_x)}{eP*_x}};D_x = -\frac{\frac{dQ_x}{Q_x}}{\frac{dP*_x}{P*_x}}$$

$$S_m = \frac{\frac{dQ_m}{Q_x}}{\frac{d(P*_m)}{P*_m}};D_m = -\frac{\frac{dQ_m}{Q_m}}{\frac{d(eP*_x)}{eP*_m}} \tag{7-2}$$

式中，$P*_m$和$P*_x$表示以外币计价的进出口商品价格。于是，马歇尔－勒纳－罗宾逊条件可表述为：当一国进出口商品的供求弹性满足

$$S_x(D_x-1)/(S_x+D_x)+D_m(1+S_m)/(S_m+D_m)>0 \tag{7-3}$$

时，贬值可有效地改善贸易收支。由于各种弹性被视为函数，因此从式（7－3）中可看出，仅当出口需求缺乏弹性时（$D_x<1$），因马歇尔－勒纳－罗宾逊条件得不到满足，贬值使贸易收支恶化。因此该调节又被视为贬值改善贸易收支的充分必要条件。

马歇尔－勒纳－罗宾逊条件有以下两个特殊情况。

（1）小国出口的外国需求弹性和进口的供给弹性无穷大，即 $D_x=S_m=\infty$。在这种情况下，可得

$$D_m+S_x>0 \tag{7-4}$$

因此，就小国而言，货币贬值必然改善其贸易收支。

（2）假设出口需求的增加将导致产量在不变价格基础上的增加，则出口的供给弹性和进口的供给弹性都是具有无限弹性的，即 $S_x=S_m=\infty$。这意味着该经济社会处在非充分就业状态，有闲置资源可供利用，产出受价格的刺激还可增长。对式（7－3）取 S_x、S_m趋向于无穷大，可得

$$D_x+D_m-1>0 \tag{7-5}$$

式（7－5）说明，当 $D_x+D_m-1>0$ 或 $D_x+D_m>1$ 时，贬值才能改善贸易收支，此时的外

汇市场处于稳定均衡状态；当 $D_x + D_m = 1$ 时，汇率变动对贸易收支没有影响；当 $D_x + D_m < 1$ 时，贬值会导致贸易收支的进一步恶化。所以 $(D_x + D_m)$ 成了衡量贬值效应的必要条件，$D_x + D_m > 1$ 也就被称为马歇尔 - 勒纳条件。

2. 吸收分析理论

国际收支调节理论中的吸收分析理论产生于20世纪四五十年代，它是建立在凯恩斯的国民收入基础之上的。因该理论的创立者亚历山大（S. Alexandler）将支出称为吸收，因此，吸收分析理论又称为收入 - 吸收分析法（Income Absorption Approach），或支出分析法。它说明贸易差额是一国的产出量和吸收量之间的差距。

宏观经济学认为，一国的国民收入（Y）取决于消费（C）、投资（I）、政府支出（G）和净出口（$X-M$），即

$$Y = C + I + G + (X - M) \qquad (7-6)$$

如果把国内吸收量（即总支出）定义为 $A = C + I + G$，将贸易差额定义为 $B = X - M$，则式（7－6）可改写成

$$Y = A + B \qquad (7-7)$$

或

$$B = Y - Z \qquad (7-8)$$

根据宏观经济学原理，我们知道，一国的总收入等于国内的消费、储蓄（S）和政府税收（T），即

$$Y = C + S + T \qquad (7-9)$$

由于一国的总支出等于其总收入，所以式（7－7）＝式（7－9），即

$$C + I + G + (X - M) = C + S + T \qquad (7-10)$$

假设该国实行财政平衡预算，即 $G = T$，则式（7－10）可改写为

$$S - I = X - M \qquad (7-11)$$

式（7－11）说明，在国内投资水平一定的情况下，如果国内储蓄所提供的资源不足，即 $S < I$，则不足的部分可通过净进口（即 $X < M$）来弥补。式（7－7）说明。如果国内吸收大于收入（即 $A > Y$），则该国的国际收支将出现赤字（$B < 0$）。因为收入来自生产，所以如果吸收大于生产，则在没有储备的情况下，其差额必然由净进口来弥补。或者说，国际收支盈余（$B > 0$）是吸收小于收入的表现；国际收支赤字则是吸收大于收入的表现。因此，国际收支可通过下述途径来改善：

①Y 增加，而 A 保持不变；

②Y 不变，而 A 下降；

③在 Y 增加的同时使 A 下降；

④Y 增加，A 也增加，但 Y 增加的速度大于 A 增加的速度；

⑤Y 下降，A 也下降，但 A 下降的速度大于 Y 下降的速度。

一般说来，可以将一国经济简单地划分为充分就业和非充分就业两种情况。当经济处在充分就业时，增加净出口的唯一方法就是降低国内吸收量 A。货币贬值在满足弹性条件的情况下促进了出口增长，即使国内吸收量保持不变，最终仍将导致通货膨胀。当经济处在非充分就业，即国内存在闲置资源时，就可以维持国内吸收量不变，通过开发收入增长潜力来增加出口，从而改善贸易差额。

（三）货币分析理论

20世纪70年代，西方主要资本主义国家的经济陷入“滞胀”的泥潭，货币主义取代了凯

恩斯主义开始在经济学界盛行，并对国际收支调节理论产生了重大影响。20 世纪 60 年代末期，哈里·约翰逊(H. G. Johnson)、雅各布·弗兰克尔(J. A. Frenkel)和罗伯特·蒙代尔(R. A. Mundell)等人创立并发展了国际收支调节的货币分析理论(monetary approach to balance of payment)。

货币分析理论是从货币的角度而不是商品的角度来考察国际收支失衡的原因并提出相应的政策主张。它首先假定：

①在充分就业均衡状态下，一国的实际货币需求是收入和利率等变量的稳定函数；

②从长期看，货币需求是稳定的，货币供给变动不影响实物产量；

③贸易商品的价格是由世界市场决定的，从长期来看，一国的价格水平和利率水平接近世界市场水平。

在上述假定的基础上，货币分析理论的基本内容可表达为

$$M_s = M_d \tag{7-12}$$

式中，M_s代表名义货币供应量，M_d代表名义货币需求量。从长期来看，二者是相等的。

$$M_d = Pf(Y,i) \tag{7-13}$$

式中，P 代表本国价格水平，f 代表函数关系，Y 代表国民收入，i 代表利率，$Pf(Y,i)$代表对名义货币的需求，$f(Y,i)$代表对实际货币存量(余额)的需求。

$$M_s = k(D+R) \tag{7-14}$$

式中，D 代表国内提供的货币供应基数，即中央银行的国内信贷或支持货币供给的国内资产；R 代表来自国外的货币供应基数，它通过国际收支盈余获得，以国际储备作为代表；k 为货币乘数，指约翰体系通过连续的存货创造货币，使货币供应基数变化扩大的系数。货币基数又称强力货币。如果忽略 k，则式(7－14)可改为

$$M_s = D+R \tag{7-15}$$

代入式(7－12)，可得

$$M_d = D+R \tag{7-16}$$

或

$$R = M_d - D \tag{7-17}$$

式(7－17)就是货币分析理论的最基本方程式。该式说明：

①国际收支是一种货币现象。

②国际收支逆差，实际上就是一国国内的名义货币供应量超过了名义货币需求量，即 $M_s > M_d$。由于货币供给不影响实际产量，因此在价格不变的情况下，多余的货币就会外流(货币外流)，表现为国际收支逆差。反之，当一国国内的名义货币供应量小于名义货币的需求量时，在价格水平不变的情况下，短缺的部分就会由外国流入本国(货币内流)，即表现为国际收支盈余。

③国际收支的调节过程实际上是实际货币余额(货币存量)对名义货币供应量的调整过程。当国内名义货币供应量(M_s)与实际经济变量(国民收入、产量等)所决定的实际货币余额需求[$f(y,i)$]相一致时，国际收支就处在均衡状态。

如果考虑货币贬值对国际收支的影响，那么式(7－13)可改写成

$$M_d = ePf(Y,I) \tag{7-18}$$

式中，e 为直接标价法下的汇率。式(18)说明，当本币贬值时(e 上升)，会引起国内价格水平(P)的上涨。e、P 的上升，为使等式平衡，则只有两种可能：一是 $f(Y,i)$必然下降，即实际货币余额需求下降；二是 $f(Y,i)$不变，则 M_d上升，从而使国际收支发生顺差(或逆差减少)。

货币分析理论的突出特点是，把国际收支看成货币现象，一国货币的贬值引起了国内价格上升，实际货币余额减少，从而对经济具有紧缩作用。货币贬值若要改善国际收支，那么在贬值时，不能增加国内的名义货币供应。因为式(7－17)，即 $R = M_d - D$，说明 M_d 和 D 同时增加，则贬值不会改善国际收支。据此，货币分析理论认为，当一国国际收支发生逆差时，应适当紧缩国内信贷。

货币主义的国际收支调节理论不主张对国际收支失衡进行干预，而是依靠经济体系的自我调节机制来恢复平衡。

三、国际收支失衡的调节措施

(一)外汇管制

外汇管制是一国政府通过法令对本国对外的国际结算和外汇买卖实行管制，用以实现国际收支平衡与本国货币汇率稳定的一种制度，体现在出口所获得的外汇需按照官方汇率出售给指定银行，进口用汇需得到有关当局的批准。本币出入境受到严格管理，个人用汇受到限制。实行外汇管制的目的在于集中使用外汇，控制进口数量，保持国际收支的平衡。

(二)调整国际收支失衡的其他政策措施

调整国际收支失衡的其他政策措施包括自动出口限制、进口押汇、进口许可、进口审批、卫生检疫制度、进口垄断、国内歧视性采购、征收歧视性国内税收，等等。其目的在于鼓励出口，限制进口，从贸易角度调整国际收支。从鼓励外资流入等方面调整国际收支的金融与资本项目也可以达到均衡国际收支的目的，这依赖于对外开放的程度，尤其是在政策建设上、基础设施建设上、引进外资的环境方面等具有吸引力。

思 考 题

1. 如何理解国际收支的概念？
2. 简述国际收支平衡表的组成内容。
3. 简述国际收支平衡表各组成部分之间的关系。
4. 分析一国国际收支失衡对经济的影响。
5. 简述弹性分析理论的基本内容。
6. 简述吸收分析理论的基本内容。
7. 简述货币分析理论的基本内容。

第八章　汇 率 理 论

在国际经济、金融一体化发展的今天，外汇作为国际间经济交往不可缺少的工具，其作用日显突出。外汇业务的发展，为国际资本流动创造了必要条件，对于调节国际间的资金供求、活跃资金市场起到了重要的作用。本章重点阐述汇率的基本概念、汇率的直接标价方法和间接标价方法，汇率决定的基本原理和汇率决定的若干理论。

第一节　外汇与汇率

一、外汇定义及其作用

(一)外汇的概念

外汇是国际汇兑的简称，这是人们常用的一种外汇概念。

1. 国际汇兑

国际汇兑(foreign exchange)原指将一个国家的货币兑换为另一个国家货币，是通过国际信用工具(货币兑换和汇款)来清偿国际债权、债务的活动。

国际间的债权债务清算方式一般有两种。一是现金结算，即通过运送现金的方式。这种方式花费时间长，运输成本高、风险大，是前资本主义社会和战争的主要清算方式，目前很少使用。二是非现金结算，即采用收支双方共同接受的支付工具，通过委托或债权转让等形式，实现各国间债权债务的清算。

2. 狭义的外汇概念

狭义的外汇概念指外汇是以外币表示的可以用于国际结算的支付手段。

我国 1980 年 12 月颁布的《外汇管理暂行条例》第二条规定了外汇的具体内容和存在形式：

①可以自由兑换的外国货币，包括钞票和铸币等；

②外币有价证券，包括政府公债、国库券、公司债券、股票、息票等；

③外币支付凭证，包括票据、银行存款凭证、邮政储蓄凭证等；

④其他外汇凭证，如记账外汇、租约、地契、房契等。

从狭义的外汇表述中，可以看出其明显的特点。

①外币表示的特征。外汇必须是以外币表示的国外资产，而用本国货币表示的信用工具和有价证券是不能视为外汇的。例如，美国进出口商在使用美元对外收付时，都只能说是使用了本币，而不能说是外汇的收付。在美国的外汇储备中，绝大部分是黄金，因其在国际支付中主要用美元。而日本由于在国际支付中主要使用美元，因此它的外汇储备资产也主要是美元。这一现象，有助于我们加深对狭义外汇的理解。

②清偿性。外汇必须是在国外能够得到补偿的债权，而空头支票和拒付的汇票是不能

视为外汇的。

③兑换性。外汇必须是能兑换为其他支付手段的外币资产，不能自由兑换为其他外币资产的不能视为外汇。

3. 广义的外汇概念

广义的外汇概念指外汇是用于国际收支的一种债权。国际货币基金组织对外汇的解释就是使用广义的外汇概念："外汇是货币行政当局（中央银行、货币管理机构、外汇平准基金组织及财政部）以银行存款、国库券、长短期政府债券等形式所保有的国际收支逆差时可以使用的债权。其中包括中央银行之间及政府之间协议发行的在市场上不流通的债券，而不论它是以债务国货币还是债权国货币表示。"

广义的外汇突出了以不同形式表示的能用于国际结算的国际债权，它既可以用外币表示，也可以在一定条件下用本币表示。这是广义外汇与狭义外汇的根本区别。

本币债权具有外汇职能的条件是：

①以本币表示的债权形式，必须经过中央银行、官方或具有官方职能的机构之间所达成的协议而形成；

②以本币表示的债权，必须以偿付双边国际收支逆差为前提；

③以本币表示的债权形式，在市场上是不允许流通的。一般情况下也不能转换成第三国货币，即不具有自由兑换的性质；

④以本币表示的债权形式，主要是指协定（记账）外汇。

（二）外汇的作用

外汇是国际间经济交往不可缺少的工具。随着国际经济、金融一体化的发展，外汇的作用日益显著，具体表现在以下几方面。

1. 促进国际间购买力转移

由于各国货币不同，除了用黄金清偿国际债权债务关系外，不同国家的购买力不能转移。随着外汇业务的发展，国际间广泛运用代表外汇的各种信用工具，使不同国家间的货币购买力能够自由地转移。这就扩大了商品流通的范围和速度，促进了国际间的交往和经济合作。

2. 方便了国际结算

用外汇清偿国际间的债权债务，可以节省运送黄金的费用，避免风险，缩短支付时间，加快资金周转。同时，还使进出口商之间能够接受信用，扩大资金融通范围。商业银行通过买卖不同货币、不同金额、不同支付时间的汇票等外汇凭证，把企业间的结算变成少数经营国际结算业务的银行之间的结算。这就把国际债权债务集中到银行的账户上，最大限度地进行冲销，进行非现金结算。

3. 调剂国际间资金余缺

当今世界，某些发达国家的资本过剩与发展中国家的资金短缺并存。外汇业务的发展，为国际资本流动创造了必要的条件，使国际资本流动的广度和深度达到了前所未有的规模。这对于调节国际间的资金供求，活跃资金市场起到了重要的作用。

4. 衡量一国的国际经济地位

外汇是储备资产的重要组成部分，其数量是否充足，是衡量一国对外经济活动能力和清偿能力的标志之一。外汇收入及其储备的增加，对于提高本币币值、稳定外汇汇率、增强一国经济实力和提高国际经济地位等均具有重要的作用。

二、汇率的定义与汇率的标价法

(一)汇率的概念

外汇汇率(Foreign Exchange Rate)是将一个国家的货币折算成另一个国家货币的比率,也就是说,在两国货币之间,用一国的货币单位所表示的另一国货币单位的价格。

国际间的交往形成的货币收付和债权债务,都要在有关国家或地区间办理国际结算,而这种结算是通过货币的兑换即外汇买卖来完成的。买卖外汇必须有一个价格,两种货币之间的比价就是汇率或汇价。

如前所述,外汇是实现两国之间商品交换或清偿债务的工具,是两种不同货币的买卖行为,而汇率则是买卖外汇的价格。外汇是兑换行为质的表述,汇率则是兑换行为量的度量,汇率解决了一种货币单位能兑换多少另一种货币单位的问题。

一国货币当局制定和公布的汇率称为法定汇率或外汇牌价,外汇市场上的汇率一般称为外汇行情或外汇行市。

(二)汇率的标价方法

确定两种不同货币之间的比价,首先要确定以哪个国家的货币作为标准。若其标准不一样,汇率的计算方式就不同,而汇率变动对经济的影响也不同。

1. 直接标价法

直接标价法(direct quotation)是以一定单位的外国货币为标准,将其折算为一定数量的本国货币来表示的汇率。或者说,以外国货币为标准来计算应付多少本国货币,所以又称之为应付标价法(giving quotation)。在这种标价方法下,外国货币数额固定不变,一般是1单位或100单位,少数货币用1万或10万单位(我国国家外汇管理局公布的外汇牌价中,意大利里拉用的是10万,日元用的是1万)。本国货币的数额则是变动的,随本币与外币的价值变化而变化。目前我国和世界绝大多数国家都采用直接标价法。

在直接标价法下,若单位外币折算本币增多,说明外币汇率上升,即外币币值增加或本币币值减少。反之,若单位外币折算本币减少,则说明外币汇率下跌,即外币贬值或本币升值。由此可见,应付汇率的升降与本国货币对外价值的大小成反比,即应付汇率升高,本国货币对外价值下降。

2. 间接标价法

间接标价法(indirect quotation)是以一定单位的本国货币为标准,折算为一定数量的外国货币。或者说,以本国货币为标准来计算应收多少外国货币,所以又称之为应收标价法(receiving quotation)。间接标价法的特点是,本国货币的数额固定不变,汇价涨跌都以相对的外国货币数额的变化来表示。一定单位本国货币折算的外币数量越多,说明本国货币汇率上涨,即本币升值。反之,一定单位本国货币折算的外币数量越少,说明本国货币汇率下跌,即本币贬值。

由于英镑最早成为国际结算的主要货币,所以英国一直采用间接标价法。同时英镑的计价单位较大,用1英镑等于若干外国货币,计算上也比较方便。美国长期以来也曾采用直接标价法,但由于战后美元在国际支付和国际储备中逐渐取得统治地位,为了与国际外汇市场上对美元的标价一致，美国从 1978 年 9 月 1 日起，改为间接标价法，但对英镑则继续使用直接标价法，即纽约外汇市场上对英镑的汇率沿用 1 英镑等于若干美元。

由于直接标价法与间接标价法汇率涨跌的含义完全相反，因此在引用某种货币的汇率和说明其涨跌时，必须明确来源于哪个外汇市场，即采用哪种标价方法，以免混淆。

各种标价方法下数量固定不变的货币叫基础货币（base currency），数量不断变化的货币叫标价货币或报价货币（quoted currency）。直接标价法下基础货币是外国货币，标价货币是本国货币；间接标价法则与之相反。在美元标价法下，美元是基础货币，其他各国货币是标价货币。不论采取何种标价方法，都是以标价货币来表示基础货币价格的。

第二节　汇率决定

一、一价定律与购买力平价理论（PPP 法）

（一）同一价格律

在完全竞争的市场上，相同的交易产品或金融资产，经过汇率调整后，在世界范围内其交易成本一定是相等的。这个定律在经济中是通过诸如购买力平价、利息平价、远期汇率等经济关系表现出来的。

（二）不同国家中利率与通货膨胀之间的关系

在名义利息率 R 下，实际利息率 A 与通货膨胀率 I 之间的关系为 $R = A + I + AI$，由于 A 与 I 在实际中数值很小，故 AI 可以忽略不计，所以该公式可以简化为 $R = A + I$，即通货膨胀状况、现在货币与未来货币交换的代价——利息都会计入名义利息率。

（三）非贸易商品不符合购买力平价条件时的平价公式

在商品分为可贸易与不可贸易的情况下，购买力平价公式需要有所修正。设有两个国家 G 和 U，P_g 与 P_u 为两国的一般物价水平，它们是由贸易与不可贸易的商品与服务价格 P_t 和 P_n 构成的，a 为 G 国收入中用于非贸易品的比例，$1-a$ 则为用于贸易品的比例，b 为 U 国非贸易品在收入中的比例，$1-b$ 为贸易品在收入中的比例。$E_{g/u}$ 为汇率。

若 $P = aP_n + (1-a)P_t$，则 G，U 两国的价格水平为

$$P_g - aP_{gn} + (1-a)P_{gt}$$

$$P_u = aP_{un} + (1-a)P_{ut}$$

若

$$E_{g/u} = P_{gt}/P_{ut}$$

即由可贸易商品交易决定汇率；两国物价水平之比为 P_g/P_u；将两公式结合，即将 $P_{gt} = E_{g/u} \cdot P_{ut}$ 代入 P_g/P_u；便可得出含有非贸易品时汇率的决定。其结论为：若其他因素不变，则 P_{un}/P_{ut} 上升，G 国货币相对于 U 国贬值，U 国货币升值，反之则 G 国货币升值。

（四）贸易商品不符合购买力平价条件下的平价公式

上述公式是以贸易商品符合购买力平价而非贸易商品不符合购买力平价为出发点的，

现在探讨前者对购买力平价也发生背离的情况。这样 $E_{g/u}=P_{gt}/P_{ut}$需要由 $kG{:}\ U$ 来替代,后者的含义为 U 国贸易商品价格的 G 国货币价格与 G 国贸易商品的 G 国货币价格之比;$kG{:}\ U$ 上升,U 国贸易商品价格相对于 G 国而言更高,影响了 G 和 U 两国贸易商品本国价格与汇率的长期关系,即贸易商品价格不变,而 $kG{:}\ U$ 发生变化,汇率仍然要发生变化。

(五)实际汇率分析与评价

实际汇率 $Q_{g/u}$,即实际的 G 国货币对 U 国货币汇率,为买一定量有代表性 U 国商品所需要的有同样代表性的 G 国货物,也可以表示为 U 国价格水平的 G 国货币价值除以 G 国价格水平的 G 国货币价值,即 $Q_{g/u}=E_{g/u}(P_u/P_g)$,它的变化表示 G 国货币对 U 国货币升值,表明 G 国货币生活费用的上升,G 币对 U 币的实际贬值,表明了 U 国生活费用的相对上升。

二、利息平价与远期汇率的决定

(一)货币的内在价值

内在价值指货币的购买力、面临的通货膨胀、利息率、汇率以及其他情况的总体考虑,在不同国家之间比较货币更应该这样。

(二)费舍效应与国际费舍效应

由于一价定律,实际收益在交易后各国应该趋同,如果令 h、f 分别为本国、外国,A、I、R 的经济含义与上面相同,考虑各国间利息率、通货膨胀之间的关系,则有

$$(1+R_{ht})/(1+R_{ft})=(1+I_{ht})/(1+I_{ft})$$

变换后为

$$R_{ht}-R_{ft}=I_{ht}-I_{ft}$$

即名义利息率之差,应等于预期通货膨胀之差,这是所谓费舍效应。

通过考察利息率、通货膨胀率、货币相对价值汇率的关系,了解名义利息率的相对变化对一国货币对外价值的影响。一国通货膨胀相对其他国家的上升,将会伴随该国货币价值的下降,同时伴随该国名义利息率相对于外国利息率的提高,两个过程放在一起,即把利息率关系、通货膨胀与货币价值关系结合在一起的考虑,即为国际费舍效应。

(三)不考虑通货膨胀条件下的远期汇率决定公式

公式只考虑利息率和汇率的关系,设 h 代表本国,f 代表外国,R 为利息率、E 为汇率,O 与 t 为时间,货币量为 Y。

有 Y 量本币,存入银行则本利和为

$$Y(1+R_h)$$

式中,R_h 为本币一年期的利息率。

如果将 Y 量本币换成外币存入银行,则本利和应为

$$Y\cdot E_o(1+R_f)$$

式中,R_f 为外币一年期利息率。如果远期汇率为 Et,则到期时应有

$$Y\cdot E_o(1+R_f)/E_t$$

即一年后将外币本利和再用当时的汇率换成本币的数量。

按照一价定律，本币一年的本利和应该与外币一年本利和用远期汇率折算的本币数量相等，为

$$Y(1+R_h)=Y\cdot E_o(1+R_f)/E_t$$
$$E_t/E_o=(1+R_f)/(1+R_h)$$
$$E_t=E_o(1+R_f)/(1+R_h)$$

E_t 即为所求的远期汇率。

（四）升水（贴水）公式的推导

远期汇率与即期汇率的差额用升水、贴水和平价来表示，升水意味着远期汇率比即期的要高，贴水则反之。一般情况下，利息率较高的货币远期汇率大多呈贴水，利息率较低的货币远期汇率大多呈升水。将上述远期汇率公式两边同时减去阿拉伯数字 1，即左边减去 E_o/E_o，右边减去 $(1+R_f)/(1+R_f)$，最后因 $(1+Rf)$ 极小，忽略不计，于是有

$$E_t/E_o=(1+R_f)/(1+R_h)$$
$$(E_t/E_o)-(E_o/E_o)=[(1+R_f)]/(1+R_h)-[(1+R_h)/(1+R_h)]$$
$$E_t-E_o=E_o[(1+R_f-1-R_h)/(1+R_h)]$$

因为 $1+R_h$ 很小，所以有

$$E_t-E_o=E_o(R_f-R_h)$$

三、PPP 法的实际应用

（一）PPP 法在国际经济中的应用

购买力平价法（PPP 法）在实际中的应用，主要体现在国民收入的国际比较中，以及其他经济状况的国际比较中。尤其是在世界银行、国际货币基金组织等国际经济组织编写的出版物中经常采用 PPP 法进行国际比较。在计算时，首先是确定进行 PPP 比较的核心商品的范围，并收集核心商品在不同国家中的价格，其次列出核心商品在各国 GDP 中的分类，以 GDP 在各种核心商品的支出为权数，进行国际比较，计算出一国货币的购买力平价，然后进行全面的比较。

（二）PPP 法应用的案例分析（发达国家与发展中国家）

2005 年，世界银行所做的国际比较显示中国的人民币与美元的汇率为 \$1 = RMB8.210 3。于是 2005 年中国的 GDP 按 PPP 法计算，可以测度中国的 GDP 收入水平和在世界排序的位置。

（三）PPP 法应用的评价

它为国民经济的国际比较提供了一种比过去更为科学的方法，使得比较较为实际。PPP 法没有反映出不同国家中同种商品的质量差异、社会经济结构的差异、消费结构的差异、价格政策的区别等，而且在估算发展中国家时，大多高估，而估算发达国家时大多低估，影响了它的适用性。

第三节　汇率决定的若干理论

一、传统汇率理论

（一）铸币平价说

金本位的产物。认为两国货币的价值量之比表现为含金量之比，即铸币平价，它是汇率决定的基础。在该制度下，实际汇率围绕平价浮动，只要黄金自由流进、流出，对其买卖不加以限制，不会出现银行券超过黄金储备的过量发行，银行券不会贬值，汇率将在黄金输送点之间波动。如果因供求变化，使得汇率波动超过黄金输送点，则货币兑换就不如直接运送黄金再换取它种货币来得成本低，因此黄金输送点是实际汇率波动的范围。但当纸币大量发行，其名义含金量与实际代表的金量不符时，自由兑换遭到破坏，以黄金输送点为基础的汇率便也会遭到破坏。

（二）国际借贷说

国际借贷说是供求说的产物，认为外汇与其他商品一样，价格变动取决于市场供求，而后者又取决于国际商品、劳务和其他当期的债权、债务关系。国际供贷差额是决定汇率变动的基础，该差额是由经常项目与资本项目的差额决定的。一国债权大于债务，国际市场对该国货币供不应求，汇率上升；反之则下降。国际借贷分为固定与流动两种，前者形成了借贷关系但未进入实际支付，后者则进入了实际支付，只有后者才是决定汇率变动的因素，固定部分有时甚至会出现相反的汇率表现（固定借贷的发生有时会促使本币汇率上升）。一般认为该学说解释了汇率的变动，但没有解释汇率的决定。

（三）传统购买力平价说

另一个着眼于长期的汇率模型是购买力平价理论。这一理论的绝对形式假定：两种货币之间的汇率是两国间总物价水平之比。例如，假设在美国一蒲式耳小麦的价格为 2 美元，而在英国是 1 英镑，则美元与英镑之间的比价为 $R=2$ 美元/1 英镑 $=2$。根据一价法则，如果用同一种货币计量，相同的商品应该有同样的价格（只有这样，两国的购买力才能是“平价”）。如果美国一蒲式耳小麦的价格是 1 美元，而英国是 3 美元，则将会有公司从美国购买小麦，卖往英国，赚取利润，这种商品套利将使小麦在英国的价格下降，在美国的价格上升，最终两地的小麦价格将相等。商品套利就像货币套利一样，最终会使整个市场的价格达成一致。

这种购买力平价理论是建立在没有交易费用，没有关税及其他限制条件，贸易自由基础上的。它认为所有商品都在国际间交易，各国也没有贸易结构性的变化（例如战争），既然这些假设实际上并非如此，那么购买力平价理论的绝对形式反映的也不是真实情况。其相对形式或许更有意义。购买力平价理论的相对形式认为，汇率的变化与两国物价水平的变化率之间存在比例关系。例如，如果美国的物价水平相对于英国上涨了两倍，则美元与英镑之间的汇率也应该变化两倍（例如，由 $R=2$ 变为 $R=4$）。如果没有运输费用的变化，贸易的限制、贸易品与非贸易品的比例、两种经济的结构也没有变化，那么汇率的变化应该与两国的总物价水平成比例。

因为贸易和商品的套利反应是比较迟钝的，所以购买力平价理论在长期中的效果更好。在短时期内，汇率常常与购买力平价理论预测值有很大偏差。

（四）汇兑心理说

该学说是国际借贷说与购买力平价说的结合，认为要从质和量两个方面考察汇率才行。国际借贷说只是从量上说明了汇率的变化，但未涉及质，其质在于满足欲望。购买力平价说则只说明了质的一面。该理论认为，人们需要外汇是因为要购买商品与服务以满足人们的欲望（具有效用），效用是外汇的价值基础。真正的价值在于其边际效用，而这又是由人们主观心理决定的。人们主观上对外汇的评价不同，造成了外汇供求的变化，导致汇率变动。实际中，心理评价受质和量两方面的影响：前者为货币特定购买力、支付债务能力、制度性因素等；后者为国际收支、货币数量、财政状况等，二者结合构成主观评价。如外汇供给增加、边际效用下降、心理评价降低、汇率下浮、无数个人的供求组成总供求，最终形成实际汇率。

二、战后汇率理论

（一）流动资产选择说

流动资产选择说是供给借贷说的发展，它认为人们对于资产形式的选择会引起资本的大规模流动，在短期甚至中期内对于国际收支的影响要大于经常项目。资本大量流出，国际收支逆差加大，汇率下浮，反之则上浮。该理论涉及了资本形式转换对汇率的影响，比较符合实际情况，20 世纪 80 年代初的美国，尤其是 20 世纪 90 年代后期的东南亚的金融状况，金融资产形式的大规模转换，会造成巨额资金在短时期内流入、流出一个国家，使得一国的国际收支，乃至整个经济受到剧烈的冲击。但从理论上看，资本流动只是国际收支各种交易的一种，因此涉及的范围有其特定性。

（二）目标汇率说

国际收支平衡是宏观经济目标之一，为达到平衡，汇率变动是一种政策手段。因此结合经济状况确定某一汇率，结合财政、金融的其他政策手段来实现经济的最终目标，即汇率应该由经济目标来决定，人为进行干预是必要的。但由于宏观经济的四大目标的达到手段具有矛盾性，因此这种说法的适用性受到了限制。

（三）货币主义的汇率理论

贸易论或弹性论认为汇率由资金的流动决定，即由商品和劳务的交换引起。与贸易论或弹性论不同，汇率决定的货币主义理论认为汇率是由各国的货币总供求的平衡或均衡过程决定的。

每个国家的货币供给被认为是由该国的货币政策独立地决定的。而货币的需求则不同，它取决于该国实际收入水平、总物价水平与利率。实际收入和物价水平越高，个人和企业为满足日常交易（购买）的需要而需求的货币量就越多，而利率高，持有货币的机会成本就越高，不如持有生息的资产（如债券）有利。于是，对于货币的需求便与利率成反比例关系,即利率越高,货币需求越少。在实际收入与价格一定的条件下,均衡利率由货币供求曲线的交点决定。

假设外汇市场处于均衡或利率平价状态(此时有利的利差被货币的远期贴水抵消掉),再假定货币发行国的货币当局增加货币供给,则正如购买力平价理论指出的那样,从长期来说,这会使发行国的物价上涨,而货币则有相同程度的贬值。例如,假设美国的货币当局增加货币供应10%,而英国没有变化,则美国的总物价水平则可望上升10%,汇率上升10%(即美元贬值10%),如由 $R=2$ 变为 $R=2.20$。正如前面指出的,这是缓慢发生的,需要有一段时间,因为商品市场价格的反应是迟缓的。

然而,美国货币供应的增加和利率的下降会马上影响金融市场和汇率。特别地,美国利率的下降会加大对英国的金融投资,这会立刻导致美元贬值。假定贬值16%,它超过了根据购买力平价理论预期的长期10%的美元贬值率。因此,随着美国相对于英国价格水平的增长,美元会升值6%,以消除汇率过度变动(exchange - rate overshooting)或贬值,这将发生在美国增加货币供给和下调利率之后。

上面所述美国将发生的事件可以总结为:货币供给增加10%,利率下降,资本流出,这些使美元立即贬值16%。一段时间后(即长期),美国的物价上升了10%,美元升了6%(从短期内贬值16%至长期贬值10%)以消除过度贬值。这里有一个问题:为什么美元一开始就贬值16%(超过了长期均衡时的贬值程度)?为了清楚这个问题,我们可以再回顾一下抛补套利理论。由利率平价开始,美国利率的下降使得英国超过美国的利差(以下简称为利差)变得更大,超过英镑的远期贴水。于是,会有更多的资金由美国转向英国做抛补套利。投资者在即期市场上购买英镑的目的是为了增加在英国的投资,以获得较高的回报,同时出售英镑,其远期目的为避免英镑汇率风险。即期汇率上升(美元贬值),英镑远期汇率下降,表明市场预期未来英镑贬值而美元升值。唯一使美元近期内贬值,之后升值,而长期内仍贬值10%(预计的)的可能便是美元先贬值超过10%(超过其长期均衡水平),然后逐步升值,消除过度的贬值。

(四)汇率决定的资产组合平行理论

尽管货币主义理论有其道理,但它总的来说仍不能解释1973年以来主要货币的汇率变动情况。这一理论过分强调了货币的作用,低估了贸易对汇率的重要作用,特别是长期作用,而且,它还假设国内外的金融资产,如债券等具有良好的替代性,而实际情况并非如此。因此,到目前为止,新汇率决定的资产组合平衡理论或资产市场模型的解释功能显得比较完备。

资产组合平衡理论(portfolio - balance approach)与货币主义理论的不同之处,在于它认为国内外的债券不是良好的替代品,并且汇率被认为是在每个国家平衡其全部金融资产(货币仅是其中的一种)的总供求的过程中决定的。它还把贸易作为直接因素来分析。这样,资产组合平衡理论可以被认为是一个更现实更令人满意的汇率决定理论。

由资产组合或金融与贸易的平衡状态开始,资产组合平衡理论假设货币发行国的货币供应增加会马上导致该国利率的下降,资金会由国内债券流向国外债券,或由债券形式转化为本国货币,流向外国债券会使本币马上贬值。一段时间后,这一贬值会刺激该国的出口,抑制进口。这会导致贸易盈余,货币升值,从而抵消掉一部分原来的贬值。这样,这一理论也解释了汇率的过度变动,但与前一理论不同,它把贸易作为一个直接的长期原因来考虑。

因为金融市场在不断地调整着自身的不平衡,或者说比商品市场调整得快,所以汇率对于日与日或周与周之间资本市场的不平衡比对于商品市场和贸易的不平衡更为敏感。然而,商品市场的不平衡才是决定中长期汇率走势的关键。尽管资产组合平衡理论已经成为分析汇率决定中的重要理论,但就它现有的形式来说,它仍不能提供一个完整的、成体系的汇率理论来全面地、一致地解释金融和商品市场的长期与短期行为。

由于缺乏足够的数据,经验研究遇到了很大的困难,已经完成的检验得到的结果是不明确的,特别是由于汇率的变动比商品价格的变动要显著,因此,想要预测一个月、半年或是一年后汇率水平的努力成效很小。看上去,在相当大的程度上,汇率是随机的、不可测的。它的短期变动受到新闻的影响很大,而对于它们未来水平的预期只受到购买力平价的轻微影响。

思考题

1. 简述外汇的概念。
2. 简述外汇的作用。
3. 简述汇率的标价方法。
4. 简述一价定律与购买力平价理论的基本内容。
5. 推导不考虑通货膨胀条件下的远期汇率决定公式。
6. 推导升水(贴水)公式。
7. 简述传统汇率理论的基本内容。
8. 简述战后汇率理论的基本内容。

第九章　要素的国际流动

生产要素在国际间的流动，为短缺的资源在更大范围内实现最优配置提供了保证。资本要素的国际流动不仅使流出国的财富得到增加，而且也使流入国的财富得到增加，使社会福利得到提高。本章运用经济学的基本原理，重点分析资本国际流动及其经济效应、劳动力国际流动及其经济效应、生产要素流动与商品贸易的关系、技术转移及其经济效应、国际要素转移的其他经济效应。

第一节　资本国际流动及其经济效应

一、资本流动理论分析

在经济学原理中，我们把投资视为一种推迟消费的行为，或者说，进行投资就是用目前的消费来换取未来的（通常是更多的）消费。根据这一解释，我们可以把国际投资看作是一种国际交换，但不像国际贸易理论所描述的那样是用一种商品交换另一种商品，而是用现在的商品去换取未来的商品。这样，我们便可以用我们所熟悉的相对价格原理来分析资本流动的发生机制了。

（一）相对价格与资本流动

假设有甲、乙两个生产者（同时也是消费者），他们都生产一种商品 X，生产活动可以有选择地在两个时期进行，即今年或明年。如果某人选择今年生产商品 X，我们就说他在生产“现在商品”——为满足现在消费的商品；如果他选择明年生产这种商品，我们就说他在生产“将来商品”——为满足将来消费的商品。我们再进一步假设，每个人都拥有一定规模的有形资本，如果他增加这一资本存量，就意味着他愿意减少现在商品的生产和供给，而增加将来商品的生产。我们以一个独立经营的农场主为例加以分析。根据前面的假设，他可以通过改变其有形资本存量的办法来改变他的现在商品和将来商品的供应量。最明显的表现就是，他可以将今年产的谷物的一部分作为种子保存起来，增加有形资本的存量，这会增加明年的生产和消费。当然，这种跨时期的选择还可以通过其他方式表现出来。比如他把时间、精力或其他资源用于现有作物的田间管理，或者用于改良土壤、增强地力等基本建设，这些都可以改变产出量在两个时期的分配。实际上所有的工商企业，包括一些大公司都面临着同样的选择，它们必须考虑到现在用途和将来用途之间如何分配其资源的问题。下面用图 9－1 来分析甲和乙所面临的选择。

图 9－1 中纵轴表示将来商品 C_1 的数量；横轴表示现在商品 C_0 的数量；生产可能性线 KK' 表示现在商品和将来商品的转换关系；无差异曲线簇 $I_i(i=1,2,\cdots)$ 表示效用水平，当然它们表示的是两个时期的消费组合而成的效用水平，而不是两种商品组合而成的效用水平，但分析方法没有什么不同。如果他们两人之间不存在交换关系的话，那么他们将分别

在 A 点和 B 点达到各自的效用最大化均衡。A、B 两点处的斜率则分别表示无交换条件下现在商品和将来商品的“相对价格”，我们在多数情况下通常用“利率”来表示这种“相对价格”。比如，如果在 A 点处，放弃 1 单位现在商品可以换得 1.2 单位将来商品，或者说 1 单位现在商品值 1.2 单位将来商品，那么边际利率便是 20%。也就是说，在这个例子中，实际利率等于以明年商品表示的今年商品的价格减 1。熟悉图 9－1 的读者一定会发现，由于 A、B 两点处的实际利率不同，这便使甲、乙两人拥有不同的相对优势。因为 A 点处的斜率大于 B 点处的斜率，这意味着甲所面临的以将来商品表示的现在商品的价格高于乙，所以甲在将来商品上拥有相对优势。也就是说，他可以牺牲较少的现在商品生产较多的将来商品。乙则在现在商品上拥有相对优势，即他每放弃 1 单位将来商品，便可享有较多的现在商品。这里显然存在一种“贸易”的机会。根据比较优势原则，甲可以“出口”将来商品，“进口”现在商品，乙则相反。但是仅仅从图 9－1 中，我们还无从知道贸易和贸易条件是如何决定的，因此需要进一步分析储蓄和投资的关系，并将其纳入上述分析中去。

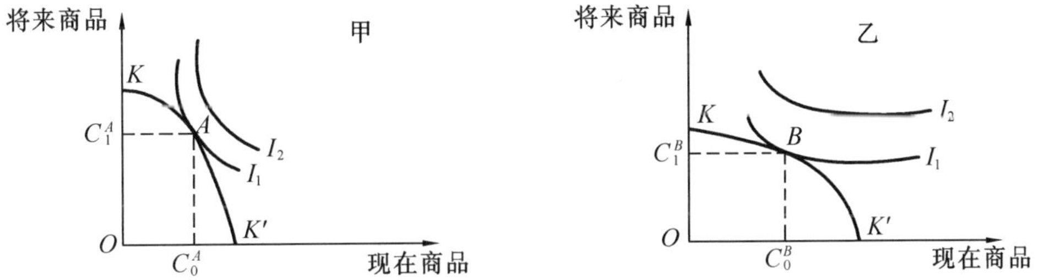

图 9－1　相对价格差异

（二）储蓄与投资

为了完成从相对价格的差异到资本流动的过渡，我们在甲的生产可能性曲线图中加入有关储蓄和投资的分析，如图 9－2 所示。

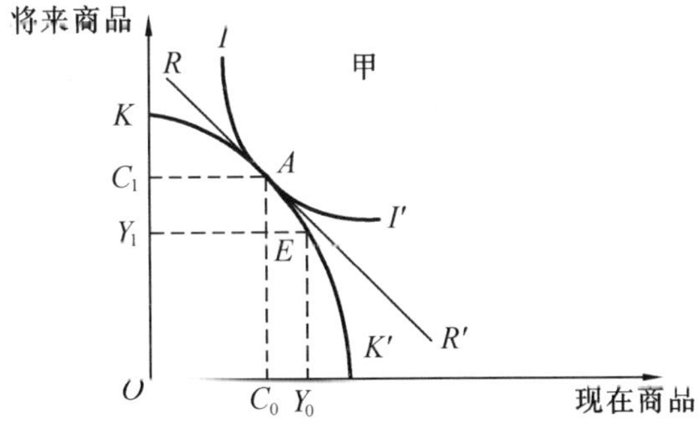

图 9－2　资本移动

图 9－2 中的 KK' 曲线仍旧表示甲的生产可能性边界。假如给定一有形资本存量，甲最初生产现在商品 OY_0，生产将来商品 OY_1，这一组合由 E 点表示。现在商品 OY_0 就是甲当前的收入。但如果给出甲在现在商品和将来商品之间的偏好无差异曲线，我们发现 E 点并非

最佳均衡点，沿 KK' 曲线向 A 点移动会增加甲的效用水平。在无交换的条件下，A 点将是甲的最佳均衡点。与 E 点相比，向 A 点移动意味着将放弃生产现在商品 C_0Y_0，而增加将来商品的生产 Y_1C_1。因为 OY_0 是甲的当前收入，因此减少当前商品的生产 C_0Y_0。实际上就是他将这部分资源从现在转换到将来。那么 C_0Y_0 可理解为当前收入的储蓄和对未来生产的投资，在量上储蓄和投资是相等的。换言之，C_0Y_0 是在由 RR' 线所表示的实际利息率为 r 的情况下甲的储蓄和投资水平。

需要指出的是，上述交换条件下的实际利率 r（RR' 线的斜率）实际上是由甲自己的生产可能性曲线和无差异曲线共同决定的，也就是说，甲自己的行为决定现在商品和将来商品的相对价格。现在我们放弃这一假设，把甲看作一个价格接受者，那他就只能根据市场利率来决定他的储蓄与投资。这样，我们便可根据市场条件来推导他的储蓄与投资水平。图 9-3 是存在交换时的储蓄与投资的决定。

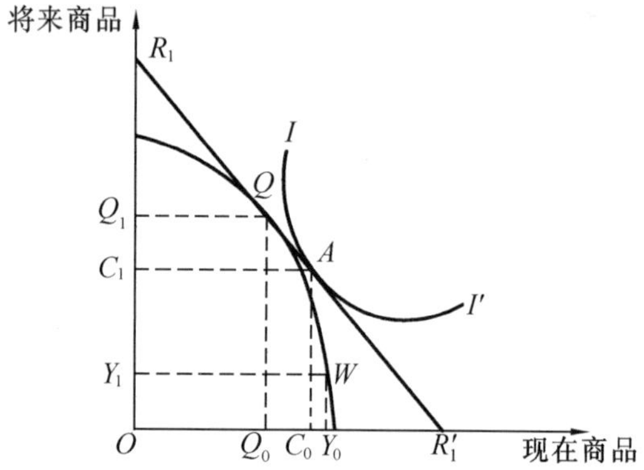

图 9-3　储蓄与投资水平

图 9-3 中 $R_1R'_1$ 线的斜率 r_1 表示由市场确定的实际利率水平，它比图 9-2 中的低。也就是说，在该图中以将来商品表示的现在商品的价格比先前要低。根据新的相对价格水平，甲将选择 Q 生产，且在该点生产可使他实现总财富最大化。用 OW 表示他的总财富，因为 W 点和 Q 点所表示的产出组合在价格上是相等的，也就是说，Q_0W 表示的是将来商品 OQ_1 的现值（以现在商品表示的价值）。注意，由于并没有声明横轴和纵轴的度量单位是统一的，所以从坐标图上看 $R_1R'_1$ 线的斜率小于 1，但这并不意味着实际利率是负数。这样，甲可以根据市场利率水平沿 $R_1R'_1$ 线以将来商品交换现在商品（因为他在将来商品的生产上拥有相对优势）。交换使他获得新的商品组合，并随之提高其效用水平，直到达到 A 点处，即 $R_1R'_1$ 线与最高一条无差异曲线相切。此时，甲便实现其效用最大化。整个这一过程意味着甲用将来商品 C_1Q_1 换取了现在商品 Q_0C_0。在 r_1 的利率水平下，现在商品的生产减少了 Q_0Y_0，以增加生产将来商品 Y_1Q_1，那么 Q_0Y_0 也就是对将来生产的投资。但是根据前面的分析，O_0Y_0 是甲当前的收入，而他的消费（对应于 A 点）却是 OC_0，也就是说，他的储蓄仅为 C_0Y_0。比较 C_0Y_0 和 Q_0Y_0，我们发现他的储蓄低于他的投资，这个差额如何弥补呢？其实答案已经隐含在上面的分析中了，甲在出售将来商品时，实际上出售的是一种对将来商品的要求权（claim）。这种要求权通常是以股票、债券等金融资产的形式存在的，出售这些金融资产所获得的资金便可弥补甲在储蓄和投资之间存在的差额。换句话说，就是甲出售将来商品的过程也就是他引进“外资”的过程。这样，我们便完成了对资本流动的初步解释。当

然，我们也可以用同样的方法推导出乙的储蓄与投资水平的决定过程。

如果一个社会只由甲、乙两个组成，我们便可以通过两者的储蓄和投资函数来最终确定交换的条件和交换的规模。注意，这里所说的交换或贸易是指现在商品和将来商品的交换，在这种交换的背后则是资本的流动。

图 9－4 中分别给出了甲、乙两人的储蓄函数和投资函数，在没有交换的情况下，实际利率分别由各自的储蓄与投资曲线的交点决定。因此，r_A和 r_B的利率水平分别对应于图 9－4 中的 A、B 两点的利率水平。

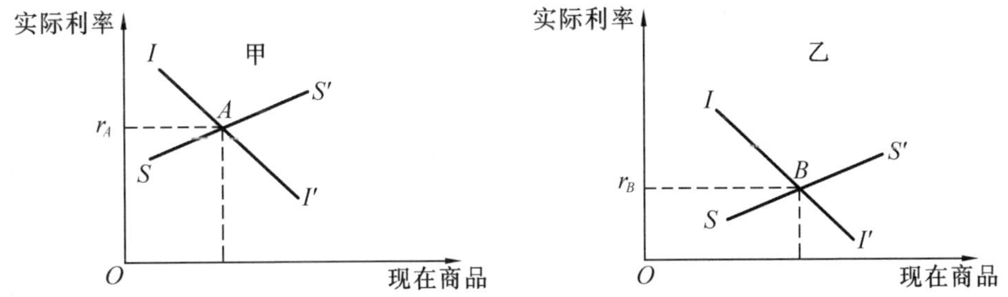

图 9－4　利率差异

对甲来说，如果实际利率低于 r_A，便会出现现阶段储蓄小于投资的情况。在图 9－3 中，这种情况具体表现为 C_0Y_0小于 Q_0Y_0。当然，对于乙来说，类似的情形也会发生。假如实际利率高于 r_B，那么乙的储蓄便会大于他的投资。如果利率介于 r_A和 r_B之间，那么乙将减少将来商品的生产而增加现在商品的生产，甲则正好相反。这一调整过程怎样才能完成呢，或者说市场利率最终将确定在什么水平呢?

现在我们将图 9－4 的两张图合二为一，把甲图沿横轴旋转 180°与乙图合并，如图 9－5 所示。为了简便起见，假设甲、乙两人仍为完全竞争市场上的价格接受者，在没有交换的条件下，利率分别为 Or_A和 Or_B。由于 Or_A高于 Or_B，因此甲在将来商品的生产上拥有相对优势。如果不存在交易成本，不存在"贸易"管制，那么交换过程将导致相对价格(即利率)趋向一致，比如 Or。如果 Or 所示的利率水平恰好使甲、乙两人储蓄与投资的差额(绝对值)相等，则 Or 便是存在交换时的均衡利率水平。

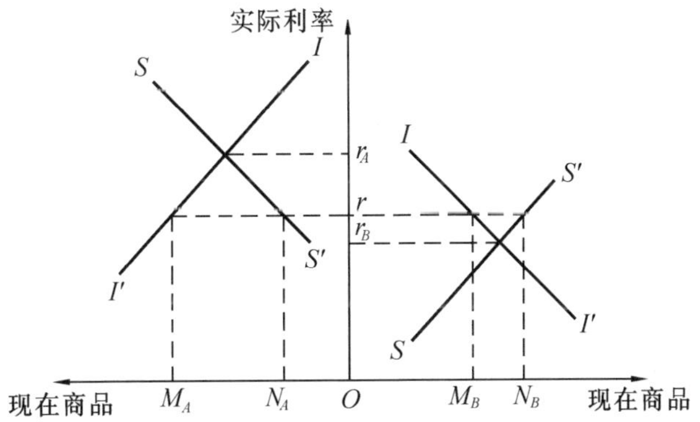

图 9－5　均衡利率

通过交换，甲购买 N_AM_A，为此他要支持 $(1+r)N_AM_A$ 的将来商品，乙购买 $(1+r)N_BM_B$ 将来商品，用 N_BM_B 的现在商品来支付。当然，甲所购买的现在商品 N_AM_A 必须等于乙的现在商品 N_BM_B。在贸易理论中分析两种商品交换时，一种现在商品的购买可以用另一种现在商品来支付。但在这里，我们假设只有一种现在商品和一种将来商品，所以购买现在商品必须以将来商品支付。这样我们实际上避开了对贸易收支差额的分析，而直接将商品流动和资本流动统一起来了。

上述交换行为如果用国际金融的术语来表达，可以表述为甲由于购买现在商品而造成的贸易逆差是由其资本账户的顺差来弥补的，他是商品的净购买者，同时也是证券（对将来商品要求权）的净出售者。乙则相反，他用贸易账户的盈余来弥补资本账户的赤字，或者说他用贸易顺差支付其资本输出。无交换条件下的实际利率的差别促使乙向甲出售现在商品，并用所获得的资金从甲那里购买对将来商品的要求权（金融证券）。如果不存在交易成本及其他障碍的话，这一过程将一直进行到甲、乙的实际利率相等为止。

到现在为止，我们一直在讨论甲、乙两人之间的交换行为，如果把这种分析扩展到两个国家间的资本流动，其结论也同样成立。如果甲是美国人，乙是日本人，那么分别把这两个国家所有个人的储蓄曲线和投资曲线沿水平方向加总起来，便可以得到两国的总储蓄曲线和总投资曲线。当然，个人生产可能性边界和个人无差异曲线也可用社会生产可能性边界和社会无差异曲线来代替。这样，我们对甲、乙两人的行为所做的分析便可以直接用来解释美、日两国资本流动的发生机制。

二、资本国际流动

（一）资本国际流动的动因

（1）资本在不同国家间收益率的差异是促使资本跨国流动的根本动因，资本一般总是从收益率低向收益率高的地方流动。

（2）由于汇率变动产生资本在国家之间流动以及国际收支造成资本国际流动。

（3）由于各种风险因素或规避风险而造成资本国际流动，如汇率风险、市场风险等；在风险一定的情况下，资本将流向收益率高的地方；在收益既定的情况下，资本则流向风险较小的地方，因此风险与收益大多呈正向运动。

（4）由于其他因素造成的资本国际流动，如投机、规避贸易保护、国际分工等因素。

（二）资本国际流动的主要形式

从不同的角度可以区分为国家资本输出、私人资本输出、长期资本流动、短期资本的国际流动；直接投资与间接投资，等等。

（三）国际资本的直接投资与间接投资

直接投资与间接投资（如证券投资），前者是投资者将资本投入另一个国家的生产部门，即投入另一个国家的工厂、矿山、种植园或其他生产性单位；后者是投资主体所进行的证券方面的投资或国际贷款。

三、资本国际流动的经济分析

（一）资本国际流动的图形分析

如图 9－6 所示，横轴为资本量，纵轴为资本的边际产出。

说明：*A* 国的资本存量为 *OA*，*B* 国为 *O′A*，*A* 国的资本边际产品价值为 *OC*，总产出为 *FOAG*，其中 *OCAG* 为资本要素的收入，*CFG* 为其他要素收入；*B* 国资本边际产出为 *O′H*，总产出为 *O′JMA*，其中资本产出为 *O′HMA*，*HJM* 为其他要素收入。

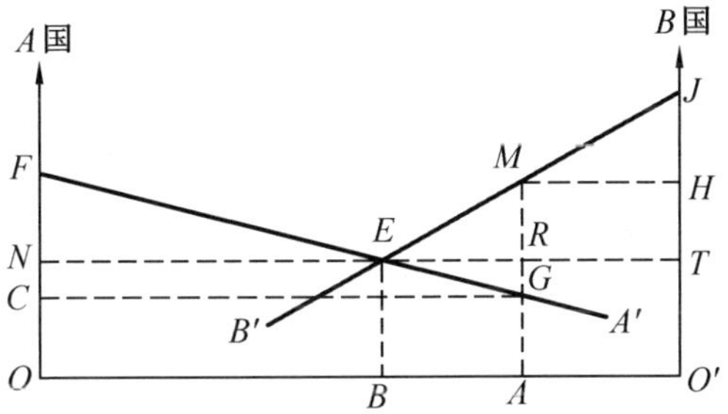

图 9－6　资本国际流动的经济分析图

（二）资本国际流动的福利分析

产生国际流动后，资本从 *A* 国流向 *B* 国，资本收益 *ON*＝*O′T*，在 *E* 点达到均衡，*A* 国产出为 *OFEB*，*B* 国产出为 *O′JEB*，*A* 减少 *BAGE*，*B* 增加 *EBAM*，两国净增 *EGM*，因 *A* 国投资要有收益，*A* 国总收入为 *AOFER*，*B* 国为 *O′JERA*，*A* 国净增 *EGR*，*B* 国净增 *ERM*。

（三）国际资本流动的政策含义及案例分析

假设产量只受两个因素资本和劳动影响，而二者在资本转换前后都得到了充分的使用。从图 9－6 中可以看到，对于投资国来说，总的和平均的资本报酬都增长了，而总的和平均的劳动报酬却都降低了。因而，当投资国在对外投资整体受益时，在劳动和资本之间存在着国内收入的重新分配问题。由于这个原因，美国的工会就比较反对美国对外投资。而对从吸收外国投资中受益的资本输入国来说，这些投资也导致了资本和劳动的国内收入的重新分配。如果我们允许非充分就业的存在，对外投资就会降低投资国的就业水平而增加被投资国的就业水平，可以想象，这又会招致前者国内劳工的反对而对后者的国内劳工有益。

国际资本流动也会影响到资本输出国与输入国的国际收支平衡表。一国的国际收支平衡表测度它从世界其他国家获得收入及其对其他国家的支出。在对外投资发生的当年，资本输出国的对外支付增加会带来国际收支逆差（对外支出超过外来收入），这就是美国在 20 世纪 60 年代巨额国际收支逆差产生的主要原因，它导致了美国 1965 年至 1974 年对海外投资活动严加限制。当然与资本输出国国际收支恶化相对应的是资本输入国在接受外国投资的当年，国际收支将会改善。

然而，资本输出国最初的资本转移和对外激增的支付活动对国际收支平衡所带来的影响也有可能被输出国资本品、零部件和其他产品的大量出口及随后引发的利润汇回所带来的收入相抵消。一般认为初始投资转移的“返还期”大约平均为五至十年。在得到报酬前的相当长一个时期内，还应考虑另一种影响，那就是对外投资是否会导致资本输出国出口商品的替换，甚至是否会导致以前出口商品的进口。因此，资本的输出对国际收支平衡的即时作用在输出国是负的，在输入国是正的；但是，其长期作用是很难断定的。

由于许多发达国家的对外投资都是双向的，因此，他们的短期和长期国际收支平衡作用大部分被中和了。但也有例外，如日本，他的对外投资远远大于他所获得的外来投资，而对于主要是依靠外来投资发展的发展中国家同时却面临着非常严重的国际收支逆差的困境。

对外投资对资本输出国和输入国的另一个重要的福利影响是由于不同国家有着不同的税率和投资收益，因此，如果美国的公司税为48%，而在瑞士只有40%，那么很自然美国公司就会投资于瑞士或是利用那里的分支机构来进行它的对外销售，以利用那里较低的税率。因为很多国家，包括美国在内，都是避免双重征税协定的签字国，美国在美国公司的国外收益汇回国内时对其按国外收益的8%收税（国内48%的税率与国外40%税率的差额）。结果，资本输出国的税基与所纳税额都减少了，而资本输入国的税基与所纳税额却都相应提高了。

对外投资通过影响资本输出国与输入国的产品产量和贸易量，进而影响两国的贸易条件关系。然而，贸易条件如何变化还要视两国的条件而定，不能一概而论。对外投资也会影响资本输出国的技术领先地位和输入国对自己经济的控制和执行独立的经济政策的能力。

四、国际生产折衷理论

（一）国际生产折衷理论的提出

研究的出发点是20世纪70年代国际经济发展格局和跨国公司的高速发展，由资本流动对国际资源的配置的影响，在注重资本流动的同时，将直接投资、国际贸易区位选择综合起来进行研究。

（二）国际生产折衷理论的基本内容

所有权特定优势、内部化、区位特定优势三者结合决定了企业与其他企业相比较是否具有对外投资的优势，或者可以通过出口、技术转移来形成该优势。该理论的具体内容为：所有权特定优势是指企业具有的组织管理能力、金融融资方面的优势、技术方面的特点和优势、企业的规模与其垄断地位及其他能力，这些优势组成了企业比投资所在国公司更大的优势，可以克服在国外生产碰到的附加成本的制度风险。内部化是指将企业所有权特定优势内部化的能力，因为外部市场不完全，企业的所有权特定优势可能会受到打击而削弱，内部化是在企业内部克服不利条件，实现资源更好的配置。但上述两种优势并不能决定企业是否必然实行直接投资（或可以通过出口、技术转让获利），因此区位特定优势很重要，是投资的充分条件，即东道国的劳动力成本情况、市场的条件与需求状况、关税与非关税壁垒、东道国政府的各种政策，等等。此后，该理论又做了动态化的发展，加入了投资发展周期的概念，认为一个国家的对外资本流动，尤其是对外投资，与该国的经济发展程度高度相关。由于一个国家在发展中它的上述三个优势会产生动态变化,因此随经济发展的不同阶段,该国与外部资本的流动也会发生净流入、流入流出并存、净流出的若干阶段,且不同阶段资本的流动对于经济发展有着不同的作用。

(三)对国际生产折衷理论的评价

该理论在较大程度上反映了新的国际经济发展格局,解释了新的经济现象,但这一理论在很大程度上是前人理论的综合与折衷,并没有很重要的理论突破,当然这并不妨碍该理论在政策上的重要程度和参考意义。

第二节 劳动力国际流动及其经济效应

一、劳动力国际流动

(一)劳动力国际流动的原因

劳动力国际流动指因经济原因产生的劳动力的跨国流动,其原因主要有国民收入的国际差异、各国劳动力供求的不平衡、经济周期引起的劳动力流动、伴随国际贸易和跨国投资及其他国际经济活动而产生的劳动力国际流动等。各国鼓励劳动力在一定程度的流动,但往往也限制高素质劳动力的过度的跨国流动,同时劳动力具有流动的必要、充分条件(如技能、人身自由等)才可能形成现实的流动。

(二)劳动力国际流动的形式

流动的形式包括:永久移民式的劳动力国际流动、中短期国际劳务出口(工程、服务等工作人员)、留学人员、技术性劳务合作(人才流动)、在外资机构的工作人员(未跨国界的流动)等为外国利用的本国劳动力。

二、劳动力国际流动的经济分析

(一)劳动力国际流动的图形分析

图 9-7 中横轴为劳动量,纵轴为劳动的边际产出,设有 A、B 两国,A 国的劳动量为 OA,B 国的劳动量为 $O'A$,A 国的总产出为 $FOAG$,其中 $OCAG$ 为劳动的收入,CFG 为其他要素收入,劳动的边际产出为 OC。B 国总产出为 $O'JMA$,$O'HMA$ 为劳动的收入,HJM 为其他要素收入,劳动的边际产出为 $O'H$。在自由贸易的条件下,劳动力由收益较低的 A 国流向 B 国。

说明:劳动力产生流动(AB 的量),在 E 点达到均衡,边际收益为 $ON=O'T$,A 国总产出为 $OFEB$,B 国总产出为 $O'JEB$,两国总的产出从 $OFGA+O'JMA$ 增为 $OFEB+O'JEB$,净增 EGM。

(二)劳动力国际流动的福利分析

在新递增 EGM 中,ERG 为劳动力流出国所得,MER 为劳动力流入国所得,A 国的总收入为 $FOBE+ERAB$,劳动的收益为 $BONE+ERAB$,B 国的总收入为 $O'JEB-ERAB$,劳动的收

入为 $EGRTO'A$，A 国其他要素的收入为 NFE，B 国其他要素的收入为 TEJ，新增部分是劳动力国际流动的利益。

(三)国际劳动力流动的政策含义及案例分析

迄今为止，我们都隐含地假定所有的劳工都是不熟练工人。然而，对真实世界更一般的观察显示，在不同的工作与工作小组中的(由教育、培训及健康因素决定的)人力资本的质量与数量的差别是非常大的。因此，高技能员工的迁入与迁出对有关国家所产生的福利效应是一个值得关注的问题。这一效应很可能明显不同于那些由非熟练工人流动引起的效应。这一问题在20世纪50年代及60年代变得突出了，大量的科学家、技术人员、医生、护士及其他高技术人员从发展中国家移向发达国家，从欧洲移向美国。比如，在20世纪80年代有870万人从世界各地移向美国，其中的150万受过大学教育。美国电话电报公司贝尔实验室通讯科学研究组的200名研究人员中的40%是在外国出生的。20世纪90年代前期美国各大学颁发的计算机科学博士学位有超过50%为国外出生的学生获得——他们当中的很多人都留在了美国。的确，美国越来越多的高科技产业，从半导体到生物技术都依赖于移民来的科学家与工程师，以保持其在日益增长的全球市场上的竞争能力。高技能员工的流动问题可以用脑力流失(brain drain)来形象地表达。

高技能移民的来源国为教育和培训这些员工花费了巨额成本，结果却只能眼睁睁地看着他们的离去，让接受国坐享其利。肯定地说，这些高技能员工中的许多人在母国通常都不能有效地发挥自己的专业特长，如在许多发展中国家中常发生的，医生只能担任护理服务的工作，工程师被作为技师使用。不管怎么说，事实就是这样，高技能员工的来源国花费大量资金去培训这些员工，到头来却获利甚微，即使有，也只不过是一些移民侨汇而已。越有生机、越机敏、越年轻的人员移民，使这些优秀的劳动储备减少得越多。

发达国家的移民法通常鼓励脑力劳动者的流入。这些国家的移民法倾向于鼓励有技能员工的移入，通常为非熟练员工的移入设置重重阻碍。这导致了有必要在高技能员工移民时向其征税或者对他们其后在迁入国的高额收入征税，以弥补来源国为培训他们所花费的部分成本。尽管这些想法看起来是合理的，但必须记住的是，在涉及移民的问题时要考虑个人自由这个重要因素。因此，如果移民的接受国通过增加对移民来源国，特别是发展中国家的援助或其他形式的财政支持来补偿培训费用，那么，从个人角度来看是可接受的，从经济角度来看也是有效益的。

从上述对高技能员工与非熟练工人移民的讨论中，我们隐含地假定了移民的决定或多或少是具有永久性的。然而，大量的劳工移民，特别是移入欧盟，则呈现了一种暂时的态势。比如，像德国这样的国家在需要时允许外国工人暂时性地移入(即所谓的“客工”)，但当国内经济滑坡，不再需要外国工人时则拒绝续签工作许可证。通过这种做法，德国或多或少地把它的经济与经济滑坡时的劳动需求隔离开，并把这些调整问题推给诸如土耳其、阿尔及利亚和埃及等较穷并缺少能力有效应付失业的国家。

在20世纪70年代，估计法国、德国以及英联邦的劳动者中有10%由移民组成，瑞士的这一比率为20%。近年来，在许多国家，特别是在欧洲，高失业率使暂时性的移民越来越不受欢迎，越来越遭到歧视，即便在以往欢迎他们的法国、英国也是如此。他们的工作许可证已不再被续签，而且鼓动他们回国。结果，大多数接受国中的移民劳工的数量与比率都减少了。

还有非法移民的问题，在美国这已成为热点问题。有数百万的非法移民工作在所谓的“地下经济”中，他们的工资极低，社会福利即使有，也是微乎其微的。非法移民由于压低了美国低技能工人的工资而明显地影响了美国收入的分配。这也引发了美国国内关于如何处理这类问题，如何停止或减慢非法移民潮水般涌入的激烈讨论。

在美国，预计有 400 万至 800 万的非法移民工人，占 1995 年美国劳动人数的 3% 至 6%。由于每年数十万非法移民的到来，问题越发地严重了。美国移民局看来已被该问题彻底击垮了，它不能阻止数以千计的人穿过墨西哥边境，或从加勒比海、中南美洲以及世界的其他地方通过飞机与船只进入美国。

1986 年，美国通过《1986 年移民改革与控制法》，其中的条款对那些能够证明其自 1982 年 1 月 1 日以前就持续居留于美国的非法外国人予以特赦，使他们拥有获得合法居留权以至最终的公民身份的机会；另外，对于雇主，每雇佣一名非法居留的外国人，处以 250 美元至 10 000 美元的罚款。截止至 1995 年，大约有 250 万外国人申请了合法的身份。但估计这只是美国的非法外国人总数的三分之一或三分之二。对于雇佣非法外国人的雇主处以罚款看起来并没有对非法移民的人流有多大的影响。

第三节 生产要素流动与商品贸易的关系

生产要素的流动和商品的流动之间的相互影响是一个比较复杂的问题。在不同的前提假设下，两者之间的相互关系亦有不同的表现。在这一节中，我们首先就不同的假设条件讨论要素流动和商品流动的替代关系和互补关系。这一讨论主要以资本流动为例，当然同样的原理也适用于对劳动力流动的分析。

一、要素流动与商品流动的相互替代

既然商品流动和要素流动都会对要素的边际生产力产生影响，从而改变商品和要素的相对价格使其趋于均等，那么人们自然会联想到，商品流动和要素流动中只要有一项能充分实现，另一项就没有必要发生，因为它们的作用是一样的。这就引出了所谓关于投资和贸易的替代关系的讨论。从更一般意义上讲，是要素流动和商品流动的替代关系问题。

在这个问题上做出突出贡献的是美国经济学家，1999 年诺贝尔经济学奖获得者罗伯特·蒙代尔（R. Mundell）。他在要素禀赋理论的假设前提下严格证明了投资和贸易的相互替代关系。

假设两个国家 A 和国家 B 生产两种商品 X 和 Y，其中 X 为资本密集型商品，Y 为劳动密集型商品；两国生产过程中只使用两种生产要素——资本和劳动，并且两国的生产函数完全相同；A 国资本相对丰裕，而 B 国劳动相对丰裕。在这样的前提下，投资和贸易的替代关系可以通过图 9－8 来说明。

根据要素禀赋理论，在没有贸易壁垒的情况下，两国可以通过商品贸易达到资源的最优配置。其过程是 A 国向 B 国出口商品 X，并从 B 国进口商品 Y，如图 9－8 所示，A 国的出口量为 P_AQ_A 单位商品 X，而进口 Q_AC_A 单位商品 Y，在 MM' 线所表示的相对价格下实现贸易均衡。由于三角形 $P_AQ_AC_A$ 与三角形 $C_BQ_BP_B$ 全等，所以在 A 国实现均衡的同时，B 国也可实现均衡。此时两国的资源实现了最有效率的利用，而且两国的福利水平也达到了最大化，所以要素流动的动因并不存在。

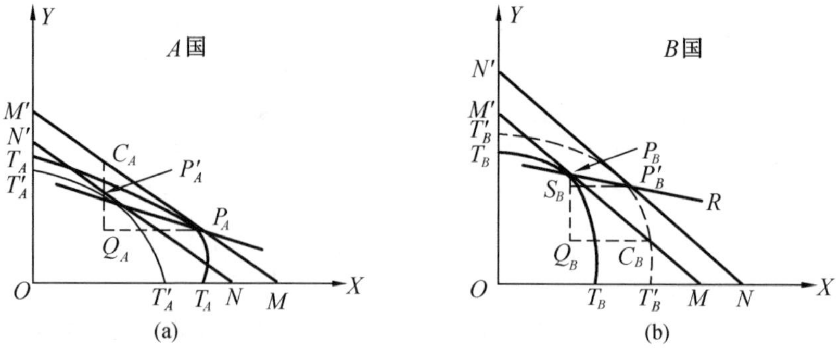

图 9－8　蒙代尔模型

假如这时出现贸易壁垒，要素流动将代替商品流动实现上述目的。例如，B 国对进口商品 X 征收关税，这会通过国内价格水平的上涨刺激 B 国生产的增加。由于 X 是资本密集型商品，所以其产量的增加势必导致资本价格上涨。根据资本流动的基本机制，这会吸引 A 国的资本流动到 B 国。假设劳动不发生相反方向的流动，由于资源的流出，A 国的生产可能性边界(production－possibility frontier)将收缩至 $T'_AT'_A$。而 B 国的生产可能性边界将扩展到 $T'_BT'_B$。在原来的相对价格水平下，两国分别在 P'_A 和 P'_B 点达到均衡。但比较两均衡结果，我们发现两者并没有实质上的区别。世界总产量水平没有发生变化，所以世界总福利水平也没有发生变化。所不同的是，现在 A 国的产量减少了，而 B 国的产量增多了。那么，这是否会造成福利分配上的差别呢？不会的。因为 B 国产量虽然增加了，但其中相当于单位 $M'N'$ 的商品 Y，或者相当于 MN 单位的商品 X 是要以资本报酬的形式支付给 A 国的。B 国支付了资本报酬后的余额和在自由贸易下在 P_B 点生产、在 C_B 点消费的情况完全相同，A 国也是如此。由此可见，在严格的要素禀赋理论的理论框架下，要素流动和商品流动具有完全的替代性。

需要指出的是，这一模型可以说是在严格假设下的一种精密的思想试验。人们对现实问题的观察有时会提出相反的看法，比如国际投资的迅速增加，不仅没有替代贸易，反而进一步促进了商品贸易的增加。这些问题需要在另外的假设和理论框架下探讨。在蒙代尔模型中，资本流动是一种纯粹的要素流动，它不涉及任何诸如企业在全球范围进行资产重组和技术扩散等方面的影响，以及随着直接投资活动而发生的资本品和产出品在母国和东道国之间的流动等现象。

二、要素流动与商品流动的互补关系

蒙代尔模型中要素流动和商品贸易的替代关系是在严格的 H－O－S 的假设下发生的，其中重要的一条是生产的技术条件相同。现在我们考虑另一种情形，假设贸易是由生产技术方面的差异所引起的。假定 A 和 B 两个国家在生产商品 Y 时使用完全相同的技术，但在商品 X 的生产上，A 国拥有更先进的技术。为了简便起见，我们进一步假定 A 国 X 商品的等产量线和 B 国该商品的等产量线形状完全相同，不同的是 A 国的每一条等产量线都比 B 国对应的等产量线代表更高的产出水平。这意味着在 A 国同样的投入会获得更多的产出。

这种情况下的均衡过程可以用图 9－9 和图 9－10 来描述。上述前两个假设意味着两个国家生产和交换的均衡可以用图 9－10 中完全相同的埃奇活斯盒状图(edgeworth－box diagram)来表示,并且两国的契约线也完全相同。但他们的生产可能性边界却不同。

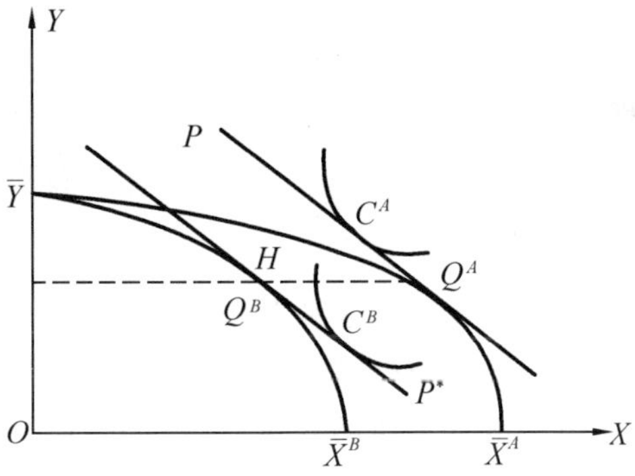

图9-9 要素流动与商品流动互补关系模型

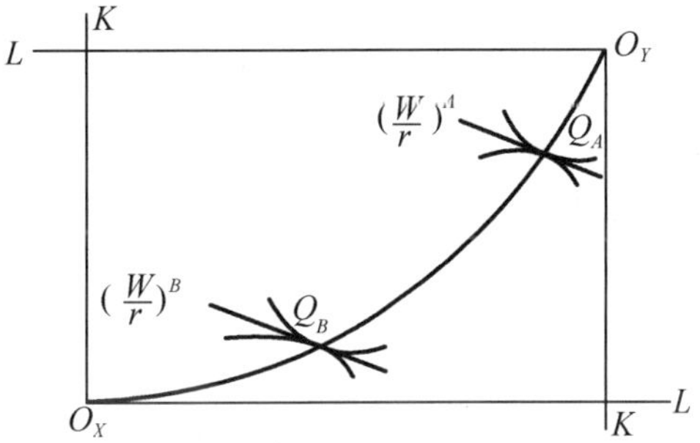

图9-10 埃奇沃斯盒状图

如图9-9所示。图中$\overline{YX}^B$表示B国的生产可能性边界;A国可能生产的商品Y的最大产出量与B国相同,但它可以生产出更多的商品X,所以A国的生产可能性边界用$\overline{YX}^A$表示。

假设在图9-9和图9-10中,Q^B表示B国自由贸易条件下的均衡产出水平。如果A国以同样的方式配置其要素,对应于图9-10中的Q^B点,A国就将在图9-9中的H点进行生产,得到同样数量的商品Y,更多数量的商品X。这显然不可能是A国的均衡状态,因为在A国生产商品X的边际成本比B国低。从图9-10中可以看出,从Q^B点开始每追加一单位X的生产所需追加的要素在A国要小于B国,这是由于A国在商品X的生产上效率更高。

如果两国分别生产Q^B和Q^A,如图9-9和图9-10所示,那么我们可以得出两个结论:第一,A国必须出口商品X而进口商品Y;第二,工资—租金比率在A国更高,因为A国的资本—劳动比率更高。在这种情况下,每个国家中出口部门所密集使用的要素的价格相对较高。如果允许要素流动,那么资本将向A国流动,而劳动将向B国流动。

要素流动的结果使得每个国家出口部门所密集使用的要素的存量都会增大,这反过来会强化要素禀赋理论中贸易发生机制的基础。因为每个国家都从要素流动中获得了更多的可供生产出口品的要素,于是商品贸易的规模将扩大,流动之间不仅不是相互替代的,而且是互补的,生产要素在国际间的流动会促进贸易规模的扩大。

第四节　技术转移及其经济效应

一、技术的国际转移

(一)国际技术转移的动因

技术是指用于产品生产的程序、方法,是科学理论的物质表现。技术的国际转移是指这些方法、程序等系统知识的转移,不包括含有技术的物质内容的转移。技术转移的原因在于技术对于经济的促进作用和带给企业的经济效益,同时能够使得产业结构发生变化,以及在国际市场中竞争力的提高。

(二)国际技术转移的形式

技术转移属于软件的流动,其形式包括专利的使用、技术秘密的使用、制造技术的传播、专有技术的转让等,具体有着垂直型、水平型、简单型、吸收型、有偿与无偿转移等多种情况。

二、国际技术转移的经济分析

(一)技术转移的新古典价格刺激模型

该模型是关于技术选择的经济考虑。设只有两种技术 K 与 L 可供选择,这两种技术分别属于资金与劳动密集型技术。二者间具有可转换的关系,F 为等产量线,K、L 价格无扭曲,如图 9－11 所示。

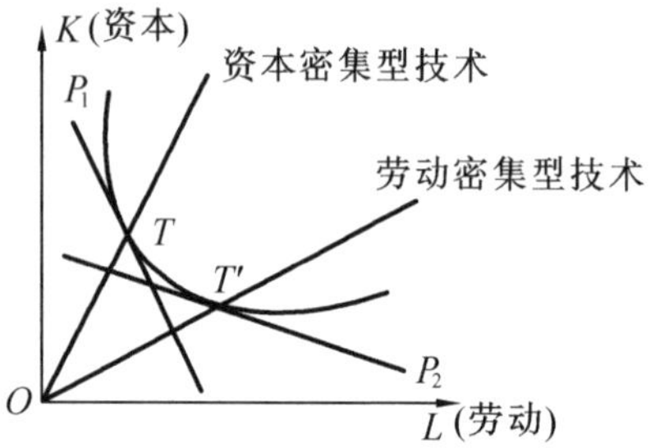

图 9－11　技术选择的经济分析图

说明:无扭曲则影响技术选择的因素只是价格,P_1、P_2是价格线,即同量货币能购买的 K 和 L 量,切点 T 表示 K 相对于 L 更廉价,故选择资金密集型技术,T'点相反,选择劳动密集型技术。政策上要求价格扭曲必须消除,如人为提高工资,会使资本的稀缺掩盖,而去选择资金密集型技术,这样的选择对微观有利而对宏观是资源的浪费。

(二)中性技术进步说

利用考察资本—产出比的变化来看技术进步的作用,K/L 比即可以看出资本本身的变化,也可间接反映出劳动供给的变化。在实际中有三种情况,如图9-12所示。其中,横轴代表劳动,纵轴代表资本,斜线为K与L之比,即资本—劳动比。

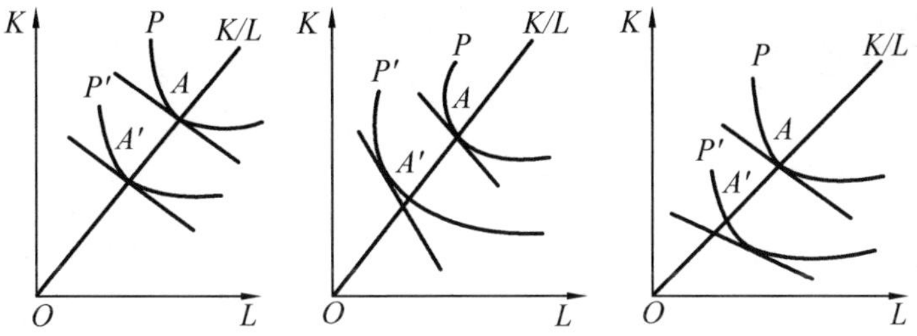

图9-12 资本—产业比的变化图

说明:第一种情况在技术进步中没有引起要素投入比例的变化,即此技术进步既未节约劳动也未节约资金,属于中性技术进步;第二种情况由于技术变动导致了K与L之比上升,因此是劳动节约型技术进步;第三种属于资本节约型的技术进步。

(三)技术转移的周期理论

占有新技术优势的企业,在对外经济战略上大都经过新产品出口、直接投资生产该生产品和技术转让的三个阶段,三者之间互有联系,按一定周期循环,如图9-13所示。

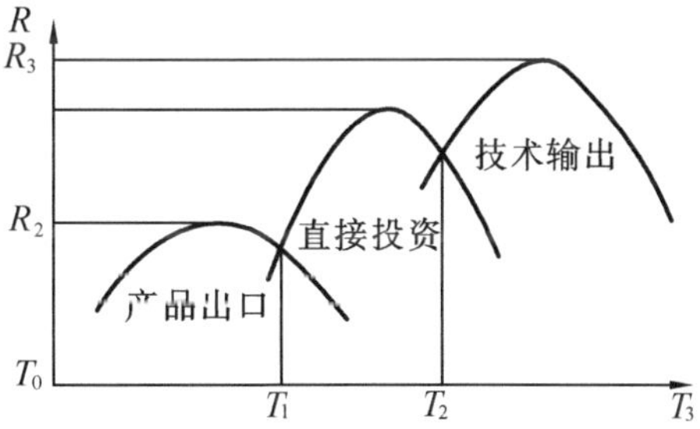

图9-13 技术转移周期图

说明:具有新技术优势的企业,第一步总是以产品出口获利,有着独占市场的性质,当进口国开始自己生产该产品时(T_1),该企业可以用东道国的资源进行直接投资来牟取利润。当东道国生产扩大,使得外来企业的利润下降时,该企业可以通过输出技术维持收益(T_2)。不同国家的需求与资源的关系不同,在不同的发展阶段需求与资源的关系也不同,这样技术便产生流动。

(四)国际技术转移的政策含义

技术引进可以加速经济发展,技术转移可以获利,这是为世界经济的实践所证明的。发展中国家引进适用技术更为适合国情,引进与消化应该结合考虑,同时应在深入研究方面努力,争取技术开发的自力更生,并努力跟上世界先进水平。

第五节　国际要素转移的其他经济效应

一、两缺口模型

（一）缺口的概念

在宏观经济学中，$S=I$ 是经济增长的基本条件，但当国内资源不足以支持理想的增长速度时，便出现了各种缺口（如在储蓄、外汇、政府收入、技术等方面），引进外部资源弥补这些缺口便成为必要。

（二）两缺口模型

该模型主要考虑的是储蓄与外汇缺口，设 C 为消费，S 为储蓄，T 为税收，M 为进口，X 为出口，I 为投资。从国民经济的基本恒等式总收入等于总供给可以得出：

总供给 $Y=C+S+T+M$

总需求 $Y=C+I+G+X$

若税收等于政府支出，即 $T=G$，则有

$$S+M=I+X \quad 或 \quad I-S=M-X$$

公式左边 $I-S$ 是投资与储蓄差额，为储蓄缺口；公式右边 $M-X$ 是进口与出口的差额，是外汇缺口。由于有投资、储蓄、进口、出口四个独立的变量，因此进行调节的目的是使上述公式平衡。

（三）两缺口模型的政策含义

模型强调了发展中国家利用外部资源的必要性，它可以提高一国出口能力，使得高收入高储蓄的良性循环出现、更加合理地进行资源配置。国内的经济结构需要进行调整以适应引进外部资源的要求，同时应该发挥政府在调控经济活动中的作用。积极引进外部资源具有重要意义，在经济发展的实践中，除了储蓄缺口、外汇缺口之外，也还存在着诸如财政缺口、技术缺口等情况。

二、外资引进的经济分析

（一）国际因素的恶性循环

恶性循环是指发展中国家人均收入低，导致储蓄低，低储蓄造成资本形成不足，这又导致了生产率低下和收入不高；低收入意味着低购买力，又导致投资不足，这使得生产率低下，造成收入低下；这种循环加上国际不平等因素，更加重了发展中国家的困难。因此，从外部引进资源是打破恶性循环的有效方法之一。

（二）最佳外资引进分析

最佳引进是在 $MC=MR$，即边际收益等于边际成本的点上，如图 9－14 所示。其中，P 为边际成本与收益；Q 为外资数量。

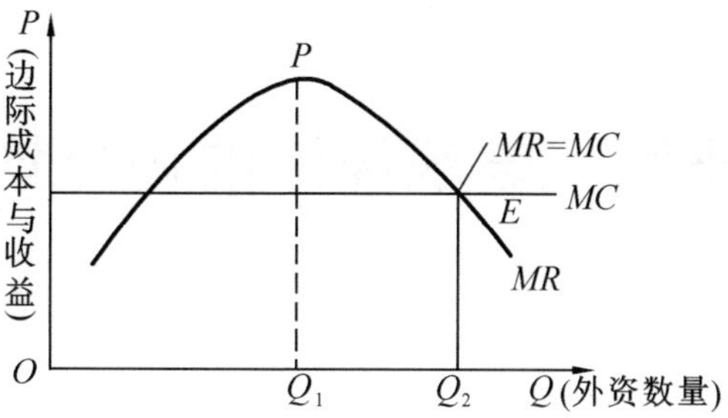

图 9－14

说明：OQ_2 为最佳引进外资水平，该点符合 $MC = MR$ 的原则，在它的左边，尽管边际收益大于边际成本，有较高的回报率，但作为社会仍然有着富裕的其他资源；在 E 点则各种资源结合得最为充裕，总收益最大。

（三）债务指标及其政策含义

静态债务指标如下。

（1）经济债务率：未偿还外债余额/国民生产总值，应小于 30%。

（2）出口债务率：未偿还外债余额/出口收入，应小于 100%。

（3）偿还率：当年还本付息/出口收入，应小于 20%。

1995 年起，世界银行开始采用现值法，即用债务的现值代替债务名义值来衡量债务水平。

（4）经济现值债务率：未偿还债务范围/国民生产总值，80% 为临界值。

（5）出口现值债务率：未偿还债务现值/出口收入，20% 为临界值；当实际指标超过临界值的 60%，为中等债务国家，60% 以下则为轻度债务国家。

除了一般指标外，还要注意债务结构指标，即债务的币种结构、债务的期限结构、债务的来源结构以及债务的利息结构。

思　考　题

1. 分析资本国际流动及其经济效益。
2. 简述资本国际流动的动因。
3. 画图并对资本国际流动进行经济分析。
4. 分析劳动力国际流动的原因。
5. 简述生产要素流动与商品贸易的关系。
6. 对国际技术转移进行经济分析。

第十章　宏观经济的内外均衡

在开放经济的情况下，一个国家经济是与其他国家的经济相互依赖的，因此，政府制定政策时需要将国内经济状况与国际收支、汇率变动等因素结合起来综合考虑。一国的宏观经济目标也因而包括了内部均衡和外部均衡两个方面。内部均衡主要要求实现一国资源的充分利用和国内价格水平的稳定；外部均衡则指一国既没有陷入赤字危机而使得将来无法清偿外债，也没有由于过度的盈余而使其他国家陷入这一危险的境地。随着经济全球化的发展，各国之间的经济联系日渐紧密，一个国家出现的经济失衡，会通过各种途径传导到另一个国家，引起更大范围的经济波动。本章将探讨国际经济中经济失衡是通过什么途径、在什么条件下在其他国家经济中扩散开的，最终又如何恢复内外均衡的。

第一节　国际经济传导机制

在这里所说的传导机制，主要是指经济失衡的各种表现，如通货膨胀、失业、衰退、国际收支逆差是如何在国际间通过贸易、资金、技术、人力、制度因素的有形和无形渠道传导的。国际经济的传导机制是与开放环境下国民经济模型联系在一起的。

一、国民收入模型的扩大

(一)简单开放国民经济模型

对于一个封闭经济而言，国内生产总值通常被分解成消费、投资和政府购买三个部分。任何最终商品和服务，只要没有被家庭或政府购买，就会被企业用来建立新的工厂，生产新的设备和存货。当消费品没有能立刻卖给消费者或政府时，会发生什么情况，企业(也许不情愿地)把这部分算到现有存货中，于是使投资得以增加。

以上分析有助于建立一个封闭经济基本恒等式。让 Y 代表 GNP，C 代表消费，I 代表投资，G 代表政府购买；从供给角度来看，用 S 代表储蓄，T 代表政府的收入(主体是税收)。由于封闭经济的所有产出都必须被用于消费、投资或政府购买，而提供产出的来源于消费、储蓄和政府的收入，因此，可以得到简单的三部门国民经济恒等式。

从供给方面：$Y = C + S + T$

从需求方面：$Y = C + I + G$

假设所有的产出都被用于国民消费或投资或政府购买，由此获得了封闭经济中的国民经济恒等式。但当经济不再是一种封闭的状态，一国可以与他国进行对外贸易时，一些产出被外国人购买(即形成出口)，而一些本国支出则被用于购买外国生产的产品和服务(也就是进口)。开放经济的国民经济恒等式将揭示一国销售产品和服务所获收入是如何分为对国内居民销售部分和对国外居民销售部分的。

由于开放经济中的居民可以把一些收入用于进口，即从国外购买商品和劳务，所以，只有他们没有用于进口的那一部分支出才是本国国民经济的一部分。进口的价值 M,被认为是宏观经济的供给部分,因为从国外进口的产出进入到本国国民经济循环过程中。同样,向外国人销售的商品和服务组成了一国的出口。出口值 X 要加到本国宏观经济的需求部分里。

因此,开放经济的国民收入,是本国和外国花费在由本国生产要素生产的商品和服务的总和。开放经济的国民经济恒等式如下。

从供给方面:$Y = C + S + T + M$

从需求方面:$Y = C + I + G + X$

(二)加入资本、劳动力流动的扩大的国民收入模型

完整的国民经济中不仅仅是可见的商品在国与国之间流动,资本、劳动力同样可以在不同的国家间流动,这也带来了国民收入的变化。从供给方面,有

$$Y = C + S + T + M + I_f + R_f + W_f$$

式中　I_f——本国在外国投资;

R_f——外国在本国的投资收入;

W_f——外国人在本国得到的工资收入 R_D。

从需求方面:$Y = C + I + G + X + I_D + R_D + W_D$

式中　I_D为外国在本国的投资;

R_D——本国在外国的投资收入;

W_D——本国人得自外国的工资收入。

在模型中加入资本、劳动力的流动比较符合国际经济的实际情况,是原有模型的扩大。

二、国民经济非均衡传导

国民经济的非均衡(也被称为国民经济的失衡)是指一国的宏观经济并没有恰好处于内部均衡和外部均衡的交点上,从严格意义上来讲,国民经济的失衡是一种常态,而国民经济的平衡只是偶然的现象,但实践中,通常将国民经济短期内、轻微偏离均衡状态也视为平衡,因此通常所说的国民经济非均衡是指国民经济在较长时间内、较大程度上地处于内、外部不均衡的状态,如表现出较严重的通货膨胀、失业、经济衰退、国际收支逆差、汇率波动等现象。这是由于各国经济的相互依赖性,一国的国民经济非均衡也会通过商品、资本、劳动力的流动等方式传导给其他国家。

(一)国际商品交换因素的经济均衡与失衡

在封闭宏观经济模型中加入进口和出口两项,就是考虑国际商品交换因素后的开放条件下的宏观经济收入均衡公式,具体表示为

$$S - I = X - M$$

式中　S——储蓄;

I——投资;

X——出口;

M——进口。

这一公式的经济含义为,在开放条件下国内投资与国内储蓄相等(即储蓄都能转换为

投资,而投资规模也恰恰与储蓄额相等),要求一国的进口与出口也必须相等(假定本币汇率既不高估也不低估)。这一等式也被视为是国内资金与外汇资金的平衡关系。

从动态角度看,上述均衡只能是相对的和暂时的,均衡的短暂性和失衡的长期性在上述公式所代表的经济含义中是并存的。

1. 假定出口大于进口,储蓄与投资保持相等,这时国际收支出现顺差

由于出口属于国民收入均衡公式中需求一方,于是总需求大于总供给。在其他条件不变的情况下,将产生通货膨胀,从而国民经济内部均衡也被打破。

如果进口大于出口,储蓄与投资保持相等,由于进口属于国民收入均衡公式中的供给一方,于是总供给大于总需求,国际收支出现逆差,同时经济出现衰退,失业增加。

在进出口变化(汇率、利率、价格、偏好诸因素的任何变化都必然会导致进出口变化)而产生经济失衡时,可以通过相应的经济政策单独调节投资、储蓄、出口、进口中任何一项,恢复均衡。例如,在出口大于进口时,可以采取减少出口或增加进口、缩小国际收支顺差的做法暂时恢复均衡。

2. 国际商品交换中的乘数效应

一国经济达到了内外均衡($S-I=X-M$),只是表明经济处于某种相对平稳均衡的状态,它本身并不足以说明一国经济已经达到了稳定持续的增长、平稳的物价水平和充分就业等目标。要达到宏观经济目标,在国际商品交换的条件下可以通过进出口来调节。在开放条件下,对外贸易的变化可以引起国民经济成倍地变动,例如一国出口的增长,可以在与其相关的国内其他产业产生连锁反应,带动国民收入产生连锁反应,带动国民收入产生倍数的扩大效应,国民收入的总增量将是出口增量的若干倍。

3. 透过国际商品价格传导的过程和机制(价格效应)

在传导过程与机制的模式中,是由于世界经济发生变化,影响到国内的开放部门,再进而影响国内的非开放部门。从世界经济的角度看,如果世界市场的总供给与总需求发生了变化,破坏了旧的均衡,这一情况就会通过其开放部门而最终影响其国内经济;如果世界市场中总供给与总需求并未发生变化,但某些具有世界意义的商品(例如粮食、能源、重要矿物原料),也就是通常所说的大宗或战略性的国际商品的供求产生了根本性变化,世界市场因而出现了较为严重的过剩或短缺,世界市场价格出现大幅上涨或下跌,这种情况也会通过一国的开放部门影响其国内经济。如 2005 年,受伊拉克战争影响,世界原油市场供给减少,同时,世界主要石油消费国,特别是亚洲地区石油消费量稳步增长,带动世界原油市场价格抬升到历史最高水平,在中国国内也引发一部分工业原材料价格的攀升。

当世界经济有较大波动,世界市场发生了较大幅度上升或下跌后,一个国家首先受到影响的是与外部经济有进出口联系的开放部门。开放部门会做出相应的、合乎理性的反应,提高或降低本部门商品价格,增加或减少本部门的生产量等等。传导的作用透过开放部门向非开放部门渗透,那些向开放部门提供原料、燃料、辅料、中间产品、消费品、生产装备,以及吸收开放部门产品的部门,也会随之调整自己的产品的生产与价格。与此同时,国民经济中的一些经济指标,如利率、就业率等也会随开放部门的调整而随之变动。这样,一国的经济总体便会受到了世界经济变化的影响。

这种传导机制可简单归纳如下:世界经济变动→世界市场价格变动→一国国内开放部门生产、价格变动→该国国内非开放部门生产、价格变动→该国经济与就业变动。

影响国际商品交换领域中传导机制发挥作用的因素如下。

(1)一国的经济开放程度

一国经济的开放程度越高,通过国际商品交换渠道进行传导的经济影响就越大。这里所讲的开放程度,主要是指一个国家与世界市场有直接联系的部分在国民经济中所占的比重,即一个国家的生产、就业、投资和消费参与世界市场的程度。如果一个国家生产中很大比重靠“两头在外”维持——就业中很大部分与外经、外贸、外资有关,消费中的相当比例来自国外进口,则世界经济的变动通过国际商品交换渠道对该国经济的影响较大。影响一国的经济开放程度的因素包括经济制度、经济政策等,也与一国的文化、政治等因素密切相关。

(2)一国的贸易地位

贸易地位既可以指一个国家的贸易额在世界贸易额中的比重,又可以具体指一个国家的某种商品在世界该种商品的总供给和总需求中的比重。如果一个国家的贸易额在世界贸易额中的比重大,某种商品在世界总供给或总需求中的比重大,则世界经济的变动通过国际商品交换渠道对该国的影响就较大。

(3)一国的贸易地区结构

贸易地区结构主要是指贸易额的地区、国别分布,它反映一国同其他国家、地区间贸易联系的紧密程度。如果两国或多国之间的贸易相互依赖程度高,一国的贸易活动在另一国家中占有重要地位,则另一国家的经济变动通过国际商品交换渠道对该国的影响较大。如美国和加拿大两国间贸易往来密切,美国是加拿大最重要的贸易伙伴,加拿大是美国第三大贸易伙伴,美国经济的一举一动对加拿大的经济发展都有很重要的影响。一般来说,当一国的对外贸易地区、国别分布合理时,单独一个贸易伙伴的经济波动对它的影响不会很大,只有当对外贸易严重依赖某一对象时,贸易对象的经济周期变化、经济政策走向都会对该国经济产生重大影响,甚至造成外因性的经济危机,因此,为减少经济风险,一国应尽量促成本国贸易对象的多元化。

(4)各国的经济政策,尤其是对外经济政策

对外均衡历来是一个国家的主要经济目标之一,为了防止国际经济波动对本国经济的冲击,各国总要采取一定的政策来避免或者转嫁这种冲击,如果运用成功,对外经济政策可以构成抵御外来经济冲击的防火墙。各国的汇率政策、国际收支政策、外资政策和外贸政策往往是各种经济政策中受国际经济环境影响最大的领域。

(5)经济管制措施

一国制定的贸易、外汇管制措施也会影响贸易传导机制。如果一国的贸易、外汇管制措施严厉,那么贸易活动就会受到严格的制约,在限定的框架内进行,因此相对严厉的管制措施会阻隔一国与外部经济的联系。

(二)加入国际资金流动后的经济均衡与失衡

资金的交流与商品的交流一样是国际经济的传递纽带,同样具有把世界经济的变动从一国传导到另一国的功能。随着国际金融流动重要性的提高,它所具有的传导功能日趋增强。

从一个国家角度来看,资金的国际流动是由资金的流入与流出组成的,资金流入包括外国在本国的投资和本国对外投资所取得的收益;资金流出包括本国在外国的投资和外国在本国投资所取得的收益。

加入国际资金流动后，总需求为

$$Y = C + I + G + X + I_f$$

总供给为

$$Y = C + S + T + M + R_f$$

式中 I_f——外国在本国的投资与本国在外国投资的差额；

R_f——本国在外国的投资收益与外国在本国的投资收益之差。

假设 $G = T$，则总需求等于总供给的均衡条件为

$$S - I = (X - M) + I_f - R_f$$

式中，外国在本国的投资对本国的投资品与劳务（机器、原料、劳动力、技术服务等）而言是一种需求与消耗，在这一点上它与本国国内的投资、消费、政府开支是一样的，故应列入总需求；本国在国外的投资收益汇回国内后，实质上是增加了对于国内产品与劳务的需求与消耗，也应列入总需求。本国在外国的投资减少了对本国商品和劳务的需求，应被列入总供给。外国在本国投资的收益本质上是生产要素供给的一种报酬，与国内生产要素的报酬一样，列入总供给。

在公式 $S - I = (X - M) + I_f - R_f$ 中，为了保持收入均衡。可以对公式右侧的差额进行调整。在这种情况下，调节资本流动差额是使收入均衡的有效途径。例如，商品交易出现顺差，会造成总需求的增加，那么很可能引起通货膨胀，这时可以通过加大资本输出来调节。反之，如果是贸易逆差，总需求不足，那么很可能会导致失业增加，这时可以通过引进外资来调节。

从另外的角度来分析，国际投资收益的流动也是国际资金的流动，也可以促进收入均衡。在实际生活中，各国往往对外国投资收益的汇回有所限制，对本国在国外投资的收益往往通过各种手段将其调回，并希望这些收益再转化为投资，对经济起到促进增长的作用。

与通过国际商品交换渠道发生的传导不同，国际资金渠道进行的传导不是从一个国家的开放部门通向非开放部门从而影响整个经济的。经济失衡通过资金的国际流动进行传导的情况有以下几种。

1. 通过国际资金的借贷变化进行传导

一个国家从国外借入债务，因某种原因无法按时还本付息，这会使债权人陷入困境，如果拖欠资金数目较大，还可能引起债权国因资金问题造成的经济困难（如投资不足），更严重的会使国际金融市场产生混乱，国际资金市场资金链出现断裂危险，影响若干国家的经济增长，或形成世界范围的债务危机，破坏世界经济的稳定。1982 年 8 月从墨西哥无力偿债引发的世界债务危机便属于这种情况。

1982 年 8 月 13 日，墨西哥财政部长先后拜访国际货币基金组织、美国财政部和联邦储备银行，对外宣布墨西哥几乎耗尽全部外汇储备，再也无力偿还外债。墨西哥的债务危机只是发展中国家在 20 世纪 80 年代初期整体债务危机的一个缩影，发展中国家偿还债务额在 20 世纪 70 年代每年是 400～500 亿美元，到 1982 年和 1983 年分别达到 1 240 亿和 1 111 亿美元，每年还本付息的比率达到 24.6%，超过了公认的 20% 的警戒线。继墨西哥之后，巴西于 1982 年 12 月也宣布陷入债务危机，之后，阿根廷、智利、委内瑞拉、印度尼西亚、菲律宾、苏丹、扎伊尔等 20 几个发展中国家相继卷入债务危机。

发展中国家产生经济危机、资金缺乏且银行也无法维持正常资金周转，商业银行甚至在破产的边缘时，停止向国外偿还信贷，这会使债权国资金供给也相应发生短缺。如 20 世

纪80年代发展中国家债务危机最严重时,发达国家商业银行向发展中国家发放的贷款数量相当于其自有资本的两倍多,如果发展中国家不能按期还本付息,银行必将遭受巨大损失,而如果出现大规模的倒账,甚至可能引发一连串“多米诺骨牌式”的银行倒闭和金融危机。

用美国前国务卿基辛格的话说,“债权国与债务国已联结在一个体系中,这个体系的一方遭到灾难,另一方也会遭殃。债权国如果不向债务国提供援助,就会引发一场银行业灾难,还会加深世界经济衰退”。由此可见国际经济中通过资本联结,各国间经济联系的密切程度。

2. 通过不同国家的利率的差异和变动进行传导

当一个国家经济失衡(衰退或通货膨胀)时,总会引起国内资金的过剩或短缺,因而造成国内利率的变动。一国在开放条件下,如果利率有较大变动,会造成资本的流动,从利率较低的市场流向利率较高的市场,这种流动达到一定规模必将影响国际市场利率,从而使其他国家经济受到影响。

20世纪80年代初,美国在里根政府时期,实行高利率政策,美元坚挺,大量外国资本流向美国,使其他市场资金供求发生变化。20世纪90年代初,在德国统一的大背景下,德国提高利率水平,吸引外资流入,但与欧共体其他国家的低利率政策相矛盾,在一定程度上影响了欧洲的经济一体化进程。一般来讲,当国际利率变化之后,世界其他国家的利率也必然发生变化,国内通货膨胀率也要随世界通货膨胀的变化而波动,最终形成同步变动,通货膨胀或紧缩因而得到传导。

3. 通过国际收支差额变动产生传导

大量的国际收支顺差,其结果或者是引起大量外汇流入,增加本国的货币供给而导致输入式通货膨胀,假如为避免通货膨胀而迫使本币升值,会伤害本国的出口,使进口增加,又会破坏国际收支的平衡。大量的国际收支逆差意味着国内资金的外流,为克服这一情况,本国往往要实行紧缩性的货币政策,压缩信贷,提高利率,紧缩性的货币政策往往导致国内经济增长放缓,影响本国对国外商品和服务的吸收能力,同时调高的市场利率会吸引国际资金流入,影响对其他国家的投资行为,对其他国家的经济是不利的。一般而言,国际收支失衡的影响,主要集中于通货膨胀的传导和国际市场资金供求的影响上。

战后布雷顿森林体制的内在矛盾　　著名的“特立芬两难”命题就很好地说明了这种传导机制。美国经济学家特立芬指出,在布雷顿森林体制下,美元作为中心货币是各国的主要储蓄资产,如果美国出现大量顺差,美元不能大量流入其他国家,就会形成“美元荒”,其他国家国际支付困难,世界经济利益失衡(偏向美国);如果美国出现大量逆差,又会出现“美元灾”,美元在国际市场中泛滥,信用出现危机,美元作为中心货币的地位将因美元疲软而动摇,美元有贬值的可能。

4. 通过汇率变动进行传导

在今天的世界经济中,多数国家都实行政府干预下的浮动汇率制,又称之为有管理的浮动汇率制度。浮动汇率传导世界经济失衡的作用机制是,当一国汇率因各种原因下浮时,由于心理预期的因素,人们的预期倾向于该种货币会继续下浮,会大量将手中持有的该国货币向外抛售,将加重市场上该种货币的供过于求,促使该货币进一步下浮,加剧市场的混乱,从而把该国产生本币汇率下浮的经济因素传导到了国际市场和其他国家。由于金融市场的稳定是建立在“信任”的基础上的,因此,如果对市场的悲观预期演变成一种恐慌,则会形成“多米诺骨牌”效应,引发国际金融市场中的连锁反应。此外,汇率的下浮本身具有扩大出口、抑制进口的作用,从乘数角度分析,这等于把本国的失业传导给了其他国家,如果其他国家也如法仿效,那么世界经济就将在众多国家的货币竞相贬值中陷入混乱,这种经济政策也被称为“以邻为壑”式的做法。1998 年东南亚经济危机中,中国顶住巨大的压力坚持人民币不贬值,稳定了亚洲地区的货币环境,事后许多亚洲国家都表示,是中国这种负责任的态度挽救了这些国家的经济,使亚洲经济发展免遭新一轮的竞相贬值的风潮冲击,这也为中国在国际社会中树立了良好的国际形象。

5. 通过大规模资产结构转换进行传导

各国所有者持有的外国有价证券和其他外币资产种类繁多,金融资产结构反映的是各类金融资产的种类和数量构成。大规模的金融资产结构转换,会形成短期资金在国际间的大规模转移,比如一国有意识地在国际市场中抛售黄金、外汇储备,或者短期流动资本(即游资,Hot Money),采用各种形式在外汇、证券、金融衍生市场中频繁炒作,结果可能会造成世界经济的混乱。

6. 通过国际资本流动进行传导的其他影响因素

通过国际资本流动进行传导的影响因素,除了一国市场对外开放程度外,还有以下几个方面。

(1)一国“引进来”和“走出去”的资本数量、结构。引进的外资数量越大,资本流动性越强、期限越短,越容易受世界经济波动的影响。一国在外国投资数量越大,资本流动性越强、期限越短,则越容易将本国的经济失衡传导给接受投资的国家。这一方面也可以仿照贸易依存度的计量方法来度量,通过设定一国的资本依存度来反映资本流动对一国经济的影响程度。

(2)一国国内金融市场的利率与国际市场金融利率之间的差异以及相互变动的时间差。资本流动的原动力就是从收益率低的地区向收益率高的地区流动,利率差的存在导致潜在的资本流动需要。当然从长期来看,通过资本流动,达成资本利率与汇率之间的长期平衡。

(3)一国货币贬值的幅度与国内通货膨胀的关系。一国货币汇率的向下浮动是货币的对外贬值,通货膨胀代表的货币购买力降低则是货币的对内贬值,两者之间是相互影响的关系。如果一国货币对外贬值的幅度大于国内通货膨胀的程度,则本国出口增加,进口受到抑制,等于向国外输出了失业。反之,如果通货膨胀幅度大于本国货币对外贬值的幅度,那么这种效果就不会很明显。另外,如果一国进出口的价格弹性符合马歇尔 - 勒纳条件,则该国货币对外贬值向外传导失业和衰退的可能性较大。如果不符合上述条件(进出口商品需求缺乏价格弹性),则本币的贬值会伤害本国的对外贸易,不仅不能促进出口的增加还可能导致出口收入的缩减,并将引发国内的通货膨胀现象。

(4)世界各国所采取的金融、汇率、外资和对外投资方面的政策等。如果一国对金融、汇率和投资方面控制得紧,则外部失衡不容易影响该国内部经济,该国的经济失衡也不容易传导出去。反之,如果金融政策开放宽松,汇率听任浮动,对外资流入给予优惠,对本国资本外流予以鼓励,则传导能量加大,内外失衡很容易相互传导。对于中国在 1997 年后东南亚金融危机中的表现,有一种说法是中国与金融危机“擦肩而过”,仅仅是因为中国的资本市场管制程度高,尚未对外资全面开放,人民币没有实现真正意义上的可自由兑换,资本项目上的不可自由兑换就成了防范金融危机的防火墙。

（三）加入国际劳动力流动后的经济均衡与失衡

劳动力与资金是国际生产要素的重要组成部分，商品市场、资金市场、劳动力市场都是国际市场的重要一环。目前国际劳动力流动的作用正在加强。下面将分析在国际商品交换、国际资金流动的基础上，加入国际劳动力流动后的国际经济传导机制。

在国民收入均衡公式 $S-I=X-M+I_f-R_f$ 中加入国际劳动力的流动，情况会产生变化。劳动力国际流动的定量化过程之一，是通过把劳动力在世界不同地点所获报酬，以及这种报酬的国际转移进行比较。

为了进行这种比较，往往要做一些比较严格的假设：首先，在国际间流动的是合格的劳动力，即在定量化中只考虑有报酬的劳动力，不考虑其他无劳动能力、无报酬收入者；其次，考虑劳动力国际流动经济影响时，只分析一国劳动力在其他国家获得的报酬收入，不考虑其他经济或技术影响（如智力外流问题）所获得的收入；最后，假设参与国际流动的劳动力总是将在外国所获收入全部汇回母国，不再将获得收入进行支出或投资，也不是按固定比例汇回其收入。当然，这些假设条件只在一定程度上符合世界经济现实。在上述条件下，进一步的开放经济的国民收入均衡公式被扩大为

总需求 $Y=C+I+G+X+I_f+W_f$

总供给 $Y=C+S+T+M+R_f+W_I$

式中　W_f——本国居民在国外工作所汇回的报酬收入；

W_I——外国居民在本国工作所汇出的报酬收入。

令 $G=T$，则有

$$S-I=(X-M)+(I_f-R_f)+(W_f-W_I)$$

式中，本国居民得自国外的工资收入 W_f 等于从国外向本国注入了新的消费需求（即用取自国外的收入购买国内的消费品），W_I 则是外国居民在本国提供劳动所获得的报酬，与国内工资一样列入总供给（这部分收入原本应当用于国内消费，向国外汇出使之成为需求的一个减项）。(W_f-W_I) 和公式右侧的其他两个差额一样，为了维持收入均衡，均可进行调整，使之适应公式左侧出现的变动。在实际中，这往往是通过劳务出口（派送国际劳工出国工作）、限制外国劳动力在本国就业、从国外吸引劳动力补充国内劳动力不足、限制本国劳动力外流等措施进行调整的，其机制是通过各国间工资支付差额的变动使收入达到均衡。假设这时 $S=I$，即内部均衡实现，整个经济的均衡取决于外部均衡

$$X-M=(I_f-R_f)+(W_f-W_I)$$

对于商品交换中的失衡，仍可用资金、投资收益，以及内外工资差额的变动来调节。今天的世界经济中，劳动力的国际流动主要有两种情况：一种是移民，是指永久性的劳动力迁移，主要迁移方向是从发展中国家移向发达国家；另一种是临时劳工，是以赚取较高工资收入为目的的劳动力国际流动，即“国际临时工”，从劳动资源丰富的发展中国家流向经济发展水平较高、劳动力匮乏的日本、西欧及中东石油生产国。

从二战后至今，世界范围内劳动力的转移保持着较快速度的增长，根据有关报告，截至2000年，全世界的移民总数达到1.5亿人，其中中国成为世界最大的移民输出国。不同的流动模式对于世界经济失衡的传导情况是有区别的。

1. 通过国际劳动力流动进行国际经济失衡传导分析

通过国际劳动力的流动进行国际经济失衡传导的情况主要如下。

(1)甲国在乙国有大量的劳动力就业,且乙国很难找出替代甲国工人的人才(主要指技术水准)。这时,若甲国国内物价上涨,甲国在乙国工作的工人便会要求提高工资,如果甲国工人在乙国就业者中已占有相当比重,乙国的工资水平可能会因此而普遍上涨,出现工资推动型的通货膨胀。这样通货膨胀就会从甲国传递到乙国。

(2)甲国在乙国有大量劳动力就业,但乙国可以在国内或从其他国家找到更为廉价的劳动力来替代甲国工人。这时,如乙国对外经济失衡(国际收支产生逆差)而国内经济却需求旺盛,则甲国工人不会失业,但工资水平会被压低或在乙国所获收入的汇出受到限制。如果甲国要依靠劳务收入汇回维持本国国际收支平衡,那么,其国际收支也将产生逆差,出现国际收支失衡的国际传导,即国际收支逆差从乙国传到了甲国。

(3)甲国在乙国有大量劳动力就业,且甲国经济因此而处于均衡,尤其是对内均衡。如果在这种条件下乙国发生经济危机,出现本国工人的失业,那么乙国会缩减雇佣来自甲国的工人。甲国工人在乙国若没有其他维持生计的办法,就只得返回甲国,这必将造成甲国失业增加,工人工资水平降低,这等于将经济衰退和失业通过国际劳动力流动从乙国传到了甲国。

(4)甲国向乙国流动的是具有较高素质的劳动力(受过高等教育或具有特殊技能的人才),这些劳动力不仅将技艺、科学知识从甲国带到了乙国,而且在他们身上凝结的人力资本也被带到了乙国,为乙国节约了这方面的投资,从而将甲国的投资所生产的促进经济增长的效果传导到了乙国。如美国在19世纪末20世纪初,每年从欧洲引进的移民数量高达90万人左右,其中大量是熟练技术人员,带来了欧洲相对先进的生产技术和科学知识,有力地促进了美国经济的发展。

2. 劳动力国际流动传导机制影响因素分析

通过劳动力国际流动进行传导的力度,在今天的世界经济中是有限的,不会向上面所述的商品国际交换或国际资金流动那样造成世界性的通货膨胀或经济衰退,但就个别国家来说,其影响却是不可忽视的。东南亚的某些国家,如菲律宾等,通过大量向发达国家和地区输出劳动力,每年获得的外汇收入超过30亿美元,成为支持其经济发展的重要支柱产业。又如非洲南部的小国莱索托,海外劳工寄回国内的工资竟然达到了国内生产总值的50%,是名副其实的经济支柱。因此,分析影响劳动力国际流动传导机制的因素依然具有一定意义。有关影响因素如下。

(1)一个国家外流的劳动力数量和劳动力的结构、素质。如果外流劳动力的规模巨大,劳动力素质又较低,那么输出国就比较容易因他国经济波动、遣返劳工、压低工资而受影响。相反,如果输出的劳动力数量有限、素质较高,掌握较高的专业知识,那么这些人在国外就业较稳定,输出国也不会受输入国经济波动的影响。

(2)一个国家输出的劳动力在国外的就业结构。如果输出数量巨大,所在行业属对方支柱产业部门,那么由于这些部门在衰退中受影响较小,因此输出国受国际传导的影响也比较小。如果输出劳动力数量巨大,停留的部门是受经济周期影响大的行业,如建筑业、航运业、技术含量低的服务业等,则输出国容易受输入国经济波动的影响。

(3)不同国家之间的收入报酬差距。世界各国工资水平差异越大,劳动力的国际流动动力越大、流动越频繁,通过国际劳动力流动进行经济失衡传导越容易。

(4)从接受劳动力的国家角度分析,一国接受的外国劳动力越多,安置外来劳动力的经济部门越重要,该国越容易受到这些劳动力流动的影响。外来劳动力提供了廉价而质优的劳动力资源，降低了当地生产和服务的成本，为经济发展提供了短缺的人力资源，但接受劳动力无形当中也加大了该国的就业压力、犯罪、财政负担等，这也被称为是劳动力流入国的“拥挤成本”。近年来，无论是澳大利亚等“移民国家”还是欧洲一体化进程中的“老”欧盟国家，国内受到失业增加等因素影响，排斥外来移民的活动增多，社会问题日益突出。

(5)对劳动力输出国而言，大量输出高质量劳工，等于放弃了培养这部分人的投资(尤其当这些人作为永久性移民输出时)，而且这部分人由于所具有的不可替代性，将对本国经济的发展产生进一步的不利影响。目前发展中国家的智力外流就属于这种情况。高质量劳动力输入国，则由此获得了输出国的人力投资，同时获得了这部分人所具有的特长。

如果将这一部分的影响引申来看，发展中国家还因人员的输出引发教育、医疗、社会保险等诸多领域的需求缩减，而对于人员输入国来说则刺激了这些产业的繁荣。

(6)世界各国关于劳动力输出与输入的政策。这些政策包括鼓励或限制本国劳动力的输出，鼓励或限制外国劳动力在本国特定行业的就业，控制外国劳工所获收入的汇出，控制外国劳工加入本国国籍，等等。例如“9·11”事件后以美国为首的许多西方国家提高了劳动力输入的门槛，逐步限制一般意义上的劳动力的输入，但对高层次人才流入仍持鼓励态度。目前相当数量的发展中国家限制本国高级人才外流，对高等院校毕业生规定有为国家服务的义务。

(四)其他国际经济领域中的传导机制

上面所阐述的国际传导，都是通过商品、资金和人员等有形渠道进行的。今天的世界经济中，除了有形的传导渠道外，失衡还通过各种无形渠道进行传导，而且其作用重要性日益提高，正在引起人们的关注。

1. 无形传导的渠道

目前主要是技术转让、信息交流(主要指商情交流)和国际示范作用。

(1)技术转让。技术转让可以是有偿的，也可以是无偿的。有偿的技术转让，也就是技术贸易，在国际经济交流中往往被列入经常项目，属于无形贸易的一部分，它对于国民收入的均衡影响在一定范围内是与商品进出口一样的。但是，技术输出与商品输出不同，技术输出不减少技术所有者所持有的技术存量；技术输入者所获得的技术所能创造的财富，通常应超过所付出的技术转让费(这是技术贸易的前提)，因此，技术转让对于一国国民收入均衡(公式)的实际作用，要大于计入进出口项目中的技术转让费的影响。

技术引进对一国经济的影响是很大的，以日本为例，日本在二战后，仅从 1955 年至 1975 年的 20 年间，就引进国外先进技术 248 000 项，其中代表日本当时先进工业部门的重化工业就引进了其中的 85%，技术引进成为日本最重要的技术来源。通过技术引进，日本缩短了与欧美先进国家的技术差距，并在技术引进的基础之上建立了本国的技术体系，通过消化、吸收、创新，最终确立了技术大国地位。

(2)信息交流。世界经济中的信息是指那些可以创造价值，并能进行交换的无形资源，它是各种经济状态关系、活动规律的反映，信息资源的收集、开发、整理、分类、变换、分析的加工需要耗费人力、物力，因而信息本身具有价值。从商品交换的实际过程看，信息是当今世界贸易发生条件之一，捕捉不到信息就不会有新的交易发生，所以信息既是交易内容之一，又是促成其他交易的条件，它对于国民收入均衡所起的作用远大于表现在无形贸易项目中的交易额。

(3)示范效应。示范是指有人率先实现后,有后续者进行模仿,从而产生出对经济的影响。示范作用在国民收入均衡公式中没有任何的体现,但它的影响却随着各国经济联系的日益密切而显现出来。例如各国经济政策的制定、实施,消费习惯的变化等等都有可能受到其他国家的影响。

2. 无形传导过程的表现形式

通过无形渠道进行的传导与通过商品交换、资金流动、劳动力流动进行的传导不同,多是输入方利用技术、信息等造成的与输出方竞争的结果。具体来说,无形传导过程可能表现为以下几种形式。

(1)甲国经济发达,具有先进的技术,则乙国引进了这种先进的技术,该种技术在乙国不仅正常发挥了作用,而且被复制、扩散开来,对于整个经济产生了积极的作用。

(2)如果上述情况进展顺利,则乙国不仅能够成功地利用从甲国引进的技术,而且在此基础上有所创新发明,通过技术"回授",向甲国进行改良后的技术输出,使甲国也获得改良后的技术,就会促进两国经济乃至世界经济的发展。如世界上最早的微波炉是由美国人发明的,但当时的微波炉类似于小汽车大小,无法成为家庭用品,日本在此基础上不断进行改进,特别是改良了微波炉的核心——磁控管的生产工艺,使微波炉的体积小型化,生产工艺简单化,最终得以进入国际市场,并引领世界微波炉生产的潮流。到了 20 世纪 70 年代,美国本土已经没有任何厂家生产家用微波炉了,美国企业已经被日本企业从这一生产领域中挤出去了。

(3)乙国从甲国引进技术进行大规模仿制性生产,乙国因某些条件优越而使其产品有相当的竞争力,这样甲乙双方首先会在第三国市场上进行竞争,争夺市场,进而会发生乙国对甲国市场的占领,使甲国该种商品的生产受到打击,甚至退出市场。甲国在被迫放弃该种技术所生产的商品市场的同时,将转向新技术的开发,以保持在该技术领域中的领先地位,世界技术水平、世界经济也因而得到相应的发展。类似的情况在发达国家与发展中国家企业竞争过程当中非常普遍,近年来,发达国家的跨国公司已经主动进行类似的技术转移和产业转移,将本身的比较优势不再明显的生产环节转移到发展中国家,利用发展中国家低廉的劳动力、丰富的自然资源降低生产成本,自身转而从事技术研发、产品营销、品牌推广等活动,使发展中国家成为"世界工厂",而发达国家经济进一步"空心化""软化",使国家间分工呈现了新特点。

(4)当国际经济中出现世界经济衰退或通货膨胀迹象时,有关信息在国际间传递,人们出于对市场供求的理性预期做出预防性反应,价格的变化又进一步印证了对市场的预测,结果推动了衰退或通货膨胀的实际发生,特别是在外汇市场等价格波动较为敏感的市场中,对市场的"恐慌"常常成为市场不稳定的最主要因素。

(5)甲国流行某种新的消费品或某种消费方式(如汽车、家用电器、旅游等),这种消费品或消费方式因受到其他国家消费者的喜欢而被模仿。例如其他国家通过电影、电视、书刊、书籍、广播、游客等途径,了解到甲国的流行商品和消费方式,最终使这些商品和消费方式流入本国,从而刺激了国内相应产业的发展。如美国是世界上娱乐业的头号输出大国,1994 年娱乐业在海外为美国获得了超过 80 亿美元的收入。现在从东亚到欧洲,从印度到拉美,人们都在谈论美国式的文化快餐对世界各国文化娱乐事业的影响,甚至不断有人担心文化的趋同会扼杀人类丰富多彩的文化种群,与此同时,美国娱乐业却因为日益扩大的市场和不断增加的收入而暗自窃喜。

(6)经济政策的示范效应。在经济生活日益国际化的今天,一个国家经济政策的变化往往会通过各种渠道造成对其他国家经济的影响,这势必会使其他国家根据自己的利益和条件做出相应的政策反应,以减少对自己的不利影响或加大对自己的有利影响。例如,当甲国变动汇率、调整进口税率、实施外汇管制或改变移民政策时,乙国出于自己的利益也要对有关政策做出相应调整。当前特别是在贸易领域,各国间这种针锋相对的举措越来越频繁。

3. 无形传导过程的影响因素

影响无形传导过程的因素主要有:

(1)对技术进行吸收、应用和改造,使之适应引进国国情和生产能力。并非引进的技术越先进对后进国经济的贡献程度越大,经济学家不断强调技术的"适用性",要考虑引进技术和当前的国内经济状况、市场需求、配套技术和相关产业的衔接程度,否则,单纯引进先进技术而不考虑具体国情就很可能会引进"中看不中用"的花架子。

(2)从搜集加工信息到把信息用于经济中的时滞。信息往往具有时效性,在最短时间内会创造最大的价值,错过机会后信息将丧失其价值。某些情况下只有当信息处于独自占有的状态下才会有价值,例如在证券市场中,如果是大家同时得到的信息,那么这种信息就不会体现出价值来。

(3)一个国家的民族开放性对于示范效应有着重要的影响。这涉及了文化的范畴,一部分人认为,随着全球化的逐步深入,在全球范围内的年轻人中间,已经出现了一种共同的"年轻人文化",这种文化不再有国籍和种族之分,年轻人说同样的语言(譬如网络语言)、穿同样品牌的衣服、听同样的歌曲、吃同样的食物,这当然减少了年轻人相互间的文化差异,同时也强化了示范效应的作用。

三、国际经济非均衡传导的案例分析

(一)1973 年至 1974 年的世界经济衰退

1973 年至 1974 年的世界经济衰退是因为全球性石油价格暴涨而引起,这种价格的变化传导了经济衰退,使国际经济非均衡在世界范围内传导。

1973 年 10 月 6 日,爆发了第四次"中东战争",战争的一方是盛产石油的阿拉伯国家,另一方是以色列及支持它的西方各主要国家。在战争前夕,鉴于美元仍在不断贬值,产油国进口的工业品和食品价格继续上涨,石油输出国组织为了保卫石油输出国的石油价格,在维也纳召开了特别会议,决定全面修改德黑兰协议,以提高原油价格,并定于 1973 年 10 月 8 日在维也纳同国际石油垄断公司谈判。战争爆发后,谈判按期举行。在谈判中,亚马尼要求把油价提高 1 倍,但由埃克森的帕斯和壳牌的贝纳特率领的代表团在赴会前得到的指示是提价不得超过 25%。于是,他们便发电报向公司总部请示。他们得到的回答是不能进一步提价,若要超过每桶 5 美元的价格,则必须跟政府商量。这样,垄断公司代表便以进一步提价需要同政府商量为由要求休会两周。与此同时,石油输出国组织举行部长级会议,决定单方面把海湾原油标价提高 70%。这就使阿拉伯标准轻油的标价从每桶约 3 美元提高到 5.119 美元,这是第三世界产油国第一次集体的单方面大幅度提高原油标价。它标志着帝国主义垄断原油标价时代的终结,宣告了第三世界产油国独立自主地行使制定原油价格主权新时代的开始,表明了制定原油标价的主权已完全收回到产油国手中。

1973 年 11 月 1 日，海湾六国又决定从 11 月份起，把每桶原油标价提高 0.06 美元，以弥补美元贬值的损失。同月 19—20 日，石油输出国组织举行部长级会议，拒绝了垄断公司关于油价要通过双方谈判来决定的无理要求，确认了油价必须由产油国按市场价格来确定的权利，并决定成立价格委员会。这样，产油国便打退了石油垄断公司的反扑。从此以后，产油国便把价格的决定权牢牢地掌握在自己手中，并用它作为武器连续打击殖民主义、帝国主义和超级大国的霸权主义。

继海湾产油国提高原油标价之后，其他产油国也纷纷宣布从 1974 年 1 月 1 日起提价。厄瓜多尔宣布把原油标价从每桶 10 美元提高到 13.7 美元，委内瑞拉宣布把原油标价提高 1 倍，每桶原油标价为 14.85 美元，利比亚宣布每桶原油标价为 18.768 美元，尼日利亚宣布每桶原油标价为 14.69 美元，玻利维亚宣布每桶原油标价为 16 美元，阿尔及利亚宣布提高原油标价 75%，从每桶 9.25 美元提高到 16.216 美元。这次提价比 1973 年 1 月 1 日的原油标价大约提高了 340% 左右，它给予建立在掠夺第三世界廉价原油基础上的西方资本主义经济以沉重的打击。

在此冲击下，各主要资本主义国家经济在进入了短暂的高涨时期以后，于 1973 年底至 1974 年初几乎同时爆发了新的经济危机，这次危机是战后最重要的一次危机。其主要表现在：

①生产下降幅度较大，持续时间较长。1957 年至 1958 年的危机，整个资本主义工业生产下降了 5%。20 世纪 60 年代中期至 70 年代初的危机下降 2.0%，而这次危机下降8.1%。持续时间，英国为 22 个月，日本 15 个月，联邦德国 14 个月，最短的美国和法国也有 9 个月。

②失业人数大量增加。危机期间，主要资本主义国家失业人数创造了战后的最高纪录。最严重的一个月，达到 1 448 万人。

③工商企业大批倒闭，股票行情猛烈下跌。

④固定资本投资减少。从时间上看，这次危机具有明显的同期性。应当指出，在这次经济危机中，通货膨胀加剧，经济危机和通货膨胀相结合又是这次危机的鲜明特点。

1975 年下半年各主要资本主义国家相继走出危机，经济开始回升，但没有迎来新的经济高涨，而出现了长时期经济萧条和通货膨胀并存的现象，即所谓的“滞胀”。

(二)1997 年至 1998 年的东南亚金融经济危机

第二次世界大战之后发展中国家经历了一段经济高速增长，其中部分国家成长为“新兴工业化经济体”，然而，新兴工业国(地区)的经济发展并未像人们所预期的那样一帆风顺。1982 年和 1994 年，墨西哥发生了两次严重的金融危机，1997 年至 1998 年的金融危机席卷了东南亚，1999 年巴西又爆发了金融风暴。其中属东南亚金融危机波及面最广，影响最大，持续时间也最长。

直至 1997 年的上半年，东南亚的一些主要国家和地区的经济增长速度仍继续保持世界领先水平，金融市场运作基本正常。1997 年 7 月，金融危机爆发于泰国，继而在东盟四国产生连锁反应并波及韩国、中国香港和日本。危机彻底打乱了这一地区的金融和经济秩序，使其货币平均贬值 30% ~50%，其中泰铢贬值 50% 以上，印度尼西亚盾贬值了 50%，受其波及的韩元最高也贬值了 40%，我国台湾地区货币贬值了 20% 以上。进入 1998 年，东南亚国家货币又出现了新一轮下跌，在不到一周的时间里，印尼盾、菲律宾比索和泰铢在 1997 年大幅贬值的基础上继续下跌了 10% 以上。与此同时，东南亚各经济体股市也大幅度下挫，跌幅高达30%～50%。货币与股市的双双暴跌,迫使这一地区经济进入衰退期和调整期。东南亚地区1997年的实际经济增长率还保持在3.6%～6.0%之间,除泰国降至-0.4%外,印尼为4.6%,马来西亚为7.7%,菲律宾为5.2%,韩国为5.5%,中国香港为5.3%。到1998年,韩国、新加坡、中国香港和中国台湾地区的增长率受金融危机的影响分别下降至-5.5%、1.5%、-5.19%和4.9%,而印度尼西亚、马来西亚、菲律宾和泰国更是下降为-13.7%、-6.8%、-0.5%和-8.0%。危机直到1999年年底才基本结束,其影响面涉及东南亚大部分国家和地区,亦被称作"东南亚金融危机"。

尽管受到亚洲金融风暴的影响,巴西金融形势曾一度动荡,但巴西政府采取高利率政策继续吸引了大量外资的流入。然而1999年初,金融危机还是光顾了巴西。1999年3月,巴西货币里亚尔在两次分别贬值8.24%和9.59%之后再次下跌40%,失业率上升到8%,国民生产总值与1998年同期相比下降4%。巴西金融危机为其经济发展蒙上了一层阴影。

金融危机也波及韩国,韩国1997年的国民总收入为4 740亿美元,人均国民总收入为10 307美元。这些令人印象深刻的数字清楚地表明韩国的经济政策所取得的重大成就。但是,由于1998年外汇储备的波动,韩国的国民总收入和人均国民总收入分别急剧地下降至3 170亿美元和6 823美元。

第二节　贸易乘数理论

传统的国际贸易理论多数是以价格分析供求关系,说明国际贸易的产生及其效果。对外贸易乘数理论则是用所得理论来解析国际贸易,贸易乘数理论是英国经济学家哈罗德(R. F. Harrod)提出的。哈罗德是英国牛津大学教授,经济学季刊(*Economic Journal*)主编。其主要著作是1933年出版的《国际经济学》。贸易乘数理论来源于凯恩斯的投资乘数理论。

一、宏观经济学中的乘数理论

对乘数现象的最早认识可追溯到法国重农学派创始人魁奈的《经济表》。魁奈对再生产过程的分析最早暗示了乘数效应现象的发生。最早提出乘数原理这一命题的是俄国经济学家杜冈—巴拉诺夫斯基和瑞典经济学家威克塞尔,他们分别通过对投资增量与收入增量之间关系的分析形成了乘数思想的雏形。乘数理论的产生与发展具有客观的经济基础。

宏观经济学中的乘数效应是凯恩斯学派关于投资引起的国民收入增长倍增关系的分析,即投资增加1单位,可以引发国民收入增加几单位的分析。

(一)乘数理论的提出

乘数理论出自凯恩斯(J. M. Keynes,1883—1946)的乘数理论。凯恩斯认为资本主义经济危机和失业,是由社会有效需求(消费需求和投资需求)不足引起的。解决办法是通过提高资本边际效率和边际消费倾向来刺激需求,实现充分就业。乘数分就业乘数、投资乘数和贸易乘数。

就业乘数说明兴办公共事业增加就业的效果。例如政府兴办公共工程可以增加30万人就业(第一次就业),可以诱发消费品工业增加60万人就业(第M次就业,增加总就业人数90万人,就业乘数便是3,这是贾恩(R. F. Keen)提出的就业乘数)。

凯恩斯的乘数是投资乘数，说明投资增加可以使所得增加若干倍的理论，最终产生的总效果为乘数效果。

投资乘数分析的是投资与国民收入、就业之间的相互影响、相互制约关系，描述经济内部投资促进经济增长传导的动态过程。贸易乘数分析的是贸易量与所得变化之间的关系。

（二）乘数理论的公式推导

从宏观经济学的供给和需求方面可以得到收入的决定公式为

$$Y = C + I + G$$

由 $Y = C + S + T$，若 $G = T$ 知，则有 $I = S$，其增量为 $\Delta I = \Delta S$，变形后为

$$\Delta I = \left(\frac{\Delta S}{\Delta Y}\right)\Delta Y$$

$$\Delta Y = \Delta I\left(\frac{1}{\frac{\Delta S}{\Delta Y}}\right)$$

例如，投资增加 100 万元，被投资部门的生产者就增加 100 万元所得。假设所得中 4/5 用于消费，1/5 用来储蓄，即边际消费倾向为 4/5，如果边际消费倾向不变，那么，第二轮所得为 80 万元，第三轮所得为 64 万元，第四轮为 51.2 万元……全部所得之和为 500 万元。乘数就是最终全部所得之和除以最初投资金额的倍数，也就是边际储蓄倾向的倒数。

（三）乘数的政策含义

边际消费倾向越大，也就是边际储蓄倾向越低，乘数也就越大。譬如增加的所得中，边际消费倾向占 2/3，边际储蓄倾向占 1/3，则乘数为 3。如果边际消费倾向占 3/4，边际储蓄倾向占 1/4，则乘数为 4。如果边际消费倾向占 4/5，边际储蓄倾向占 1/5，则乘数为 5……因为边际消费倾向是小于 1 的，因此，投资会导致收入的成倍增长，投资在国民经济中的作用远比投资本身要大得多，用投资刺激需求，同时能提高下一期的生产能力，使经济进一步增长。

二、贸易乘数理论

（一）贸易乘数理论的提出

哈罗德根据凯恩斯投资乘数理论提出对外贸易乘数。对外贸易乘数主要说明贸易量与所得变化的关系，即增加一元出口额，可以使所得增加多少，从而又可使国内增加多少就业。哈罗德认为，进口和储蓄一样，不能创造国内所得，因为购买外国商品，增加了外国所得；出口和投资一样，因为出口增加，会使出口产业部门生产增加，就业增加，从而使收入增加，继续计算下去，国民收入增加量将为出口增加量的若干倍，产生乘数效果。反之，当出口减少或进口增加，外汇支付增加，收入减少时，如果其他情况不变，则对国民所得会产生加倍紧缩的后果。

在开放条件下，对外贸易的增长可以使国民经济成倍增加。对外贸易乘数是乘数理论在对外贸易研究中的应用。一国出口的增长，它可以一轮一轮地导致与这一出口量直接或间接有关的国内其他产业产生连锁反应，从而对国民收入产生乘数或倍数的扩大效应。这

是因为出口扩大使得出口部门收入增加，在边际消费倾向不变的情况下，消费同比增长，这将带动向出口部门提供生产资料、生活资料的关联产业部门生产增加、收入与消费增加……如此循环反复，国民经济收入总增量必将是出口增量的若干倍。反之，一个国家的进口如同国内储蓄一样，是对有效需求的抵减，因而对国民收入产生乘数或倍数的收缩作用。

从定量的角度分析，外贸乘数可以用公式表达如下：

总需求为 $Y=C+I+G+X$

总供给为 $Y=C+S+T+M$

令 $T=G$，变换为

$$C+I+G=C+S+M$$

变形得

$$I+X=S+M$$

设 $\mathrm{d}I$ 为投资增量，$\mathrm{d}X$ 为出口增量，$\mathrm{d}S$ 为储蓄增量，$\mathrm{d}M$ 为进口增量，则

$$\mathrm{d}I+\mathrm{d}X=\mathrm{d}S+\mathrm{d}M$$

变形后

$$\mathrm{d}I+\mathrm{d}X=\left(\frac{\mathrm{d}S}{\mathrm{d}Y}+\frac{\mathrm{d}M}{\mathrm{d}Y}\right)\mathrm{d}Y$$

$$\mathrm{d}Y=\left(\frac{1}{\frac{\mathrm{d}S}{\mathrm{d}Y}+\frac{\mathrm{d}M}{\mathrm{d}Y}}\right)(\mathrm{d}I+\mathrm{d}X)$$

令 $\mathrm{d}S=\mathrm{d}I$，则有

$$\mathrm{d}Y=\left(\frac{1}{\frac{\mathrm{d}M}{\mathrm{d}Y}}\right)\mathrm{d}X$$

对外贸易乘数取决于两个因素，一个是边际进口倾向（marginal propensity to import），即所得增量的比率，一个是边际储蓄倾向（marginal propensity to save），即所得增量中用于储蓄部分所占的比率。这两个比率越小，国民所得最终增长的倍数就越大，反之，就越小。这时对外贸易乘数是边际进口倾向的倒数。在现实中，边际储蓄倾向和边际进口倾向之和总小于 1，即出口扩大所增加的收入中总会有一部分被用于购买本国产品。

（二）贸易乘数的图形解说

上面的对外贸易乘数公式推导可以用图 10－1 来表示。

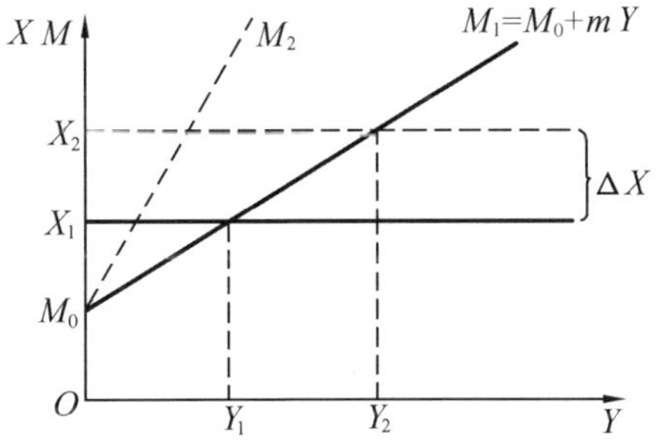

图 10－1　贸易乘数对收入的作用

在贸易乘数的作用下，当边际进口倾向不变时，一定的出口量必然对应一定的国民收入 Y，当出口从 X_1 增加到 X_2 时，国民收入也必然出现成倍的增长。但在边际进口倾向 m 不同的情况下，同样的出口量对于经济的刺激作用是不同的，m 较大则同样出口增量对国民收入增长的作用较小，反之，则较大。

三、贸易乘数的政策意义

（一）贸易乘数的政策含义

一方面一国应尽力增加出口，出口增加后与之相对应国内的总需求和就业水平会成倍增加；另一方面，一国出口收入应更多地买国内产品，以提高国内的总需求，如果出口收入中较大部分用于进口，则对于经济的促进作用较小。因此当需求倾向不变时，出口收入的增量应尽量少用于进口。

（二）回应的贸易乘数及其政策含义

设有 A、B 两国，A 国首先自发性出口增加，贸易乘数使国民收入产生倍数增加。国民收入增量中，有一部分用于从 B 国进口，这导致 B 国的诱发性出口增加。由于贸易乘数的作用，带动 B 国国民收入提高，而其收入增量中有一部分用于从 A 国进口，这又促使 A 国的诱发性出口增加，A 国产生第二轮的乘数效应……经过若干循环，扩张效应逐渐趋于零，但两国国民经济增长总量大于两国累积的出口增长的总量，这就是回应的贸易乘数的基本情况。

（三）对贸易乘数理论的评价

对外贸易乘数理论是凯恩斯主义贸易理论的数学化、公式化，在某种程度上，乘数理论反映了对外贸易与国民经济发展之间的内在规律性，对于经济的促进机制进行了较为符合实际的论述，具有一定的政策参考价值，尤其阐明了进出口与国民收入增长的关系，由此人们可以理解为什么一个国家总在是追求对外贸易的顺差。但同时，外贸乘数论直接为垄断资本扩大出口、限制进口、实行超保护贸易政策制造理论根据。各主要资本主义国家在外贸中遵照外贸乘数理论，极力保持贸易顺差，从长期贸易顺差中，缓和商品过剩，减轻失业压力，转嫁经济危机，或者以出口带动本国经济增长。这些都使各国资本间市场争夺加剧，导致了国家间矛盾日趋尖锐。由于种种条件的限制，该理论的普遍适用性受到了较大限制。贸易乘数理论出于增加国民收入的目的，提出了鼓励出口、限制进口的政策建议，也被指责为新的重商主义政策。

第三节　宏观经济的对内与对外均衡

一国的经济需要通过政策的变更与调整，使得经济同时达到国内的均衡运转和国际收支的均衡，从而整个经济能够平稳增长，并达到较为理想的经济发展状态。

一、经济的宏观目标

（一）宏观经济的四个目标

在宏观经济运转中，一般认为共有4个目标是非常重要而且应该争取同时达到的，即经济增长、充分就业、物价稳定和国际收支平衡。国民经济需要维持一定的增长速度。就业应该达到充分的水平，既不过度就业引发通货膨胀，也不出现衰退和就业不足；经济不应该出现较为严重的通货膨胀；同时国际收支达到平衡，既没有严重赤字，也没有大幅盈余。只有4个目标同时达到，一个国家的经济才处于最佳的增长状态。

（二）经济的对内与对外均衡

就一个国家而言，宏观经济目标可以分为两大类，即一个国家的国内经济目标和对外经济目标，一个国家为了使自己的经济能够平稳运转，就必须同时实现国内的经济均衡和对外的经济均衡。所谓实现经济的对内均衡，主要是指国内的总供给等于总需求，实现资源的充分配置，保持物价稳定，同时可以获得有保证的经济增长。所谓实现经济的对外均衡，主要是指一国与外部经济体之间的经济流入量和流出量相等，国际收支处于平衡状态，这时经济处于一种适宜的、良性的增长过程。国民经济的均衡只是相对而言，严格来讲，几乎不存在进口与出口、供给与需求之间绝对相等的情况。

一个经济体同时达到对内、对外的均衡是较为困难的，因而经济学家对此有一个形象的比喻——“刀锋”式的均衡状态，比喻平衡状态的难于获得。如果宏观经济背离了均衡的经济状态，即经济的内部存在着通货膨胀或经济衰退，或在对外经济中存在着国际收支的巨额盈余或赤字，当背离的情况达到一定程度时，一个国家就需要进行调整，以恢复经济的对内和对外的均衡，以求经济的持续发展。

（三）经济均衡的调整

为了达到经济的对内和对外的均衡，一个国家采取的经济政策主要包括支出变化（调整）政策和支出转换政策。

支出变化政策改变了经济中对劳务和商品的总需求水平，强调通过政府改变社会总支出对需求进行调节，具体的做法如下。

（1）财政手段。如采用扩大、紧缩财政支出，增、减各种政府税收，加强或削弱国家转移支付等，这些做法可以调节就业量和经济增长速度，也会影响一个国家的进出口。如政府通过提高国内各种税收的税率，使得经济增长放缓、就业减少，经济总体规模增速减缓可以促使进口下降，因而强制性地实现对外贸易的均衡。

（2）货币手段。通过政府货币当局的政策，如通常所说的中央银行的“三大法宝”——调整利率、存款准备率和采用公开市场业务的运用，这些政策可以直接控制货币供给量，影响市场利率水平，进而间接调控国内市场的需求、进出口等。例如当利率提高、国内货币供给减少，国内投资增速将放缓，就业受到控制、进口下降，这可以使得经济中的通货膨胀得到控制。但如果降低利率、增加国内的货币供给，在公开市场中回购债券，则国内投资增加，就业增长，经济得到发展。

支出转换政策是指对社会需求的方向产生影响，使需求在国内产品和进口产品之间进行转移。通常使用的支出转换政策是汇率政策,通过汇率变动影响国内外产品的比较价格,例如本币对外贬值,可以使一国出口商品(或服务)的外币价格下降和进口商品(或服务)的本币价格上升,从而控制进口、扩大出口,使国内的产业部门得到扩大,国际收支逆差得到调整,经济得到发展。

支出转换政策商品(或服务)还包括对贸易的种种限制手段,如关税、进口配额等等。经济管制是采用各种法律、法令、行政管制的手段,直接控制经济的运行,以使经济向预定的方向发展。例如,当一国实行外汇管制时,外汇的收入与支出被控制起来,一般情况下国际收支失衡状况可以因此而迅速得到改善。当经济手段调整效果不明显时,采用行政手段直接进行控制,一般会在短期内产生较为显著的成效。

通过上述的经济调整,宏观经济一般可以从失衡状态得到调整,逐步恢复到均衡,达到较为理想的增长或发展状态。

二、宏观经济内外均衡的经济分析

(一)开放条件下的财政与货币政策的搭配

为了同时实现宏观经济的内外均衡,需要采取不同的经济政策,这就需要考虑经济政策间的搭配问题。对此,荷兰经济学家丁伯根作了开拓性工作。丁伯根在一个简单的线性框架下分析了经济政策理论,提出了"丁伯根法则",即当有两个目标和两种工具时,只要工具对目标的影响线性无关,政策制定者就能获得期望的两个目标的水平。一般地,当政策制定者有许多政策目标和政策工具时,如果有 N 个目标,那么只要有至少 N 种工具线性无关,所有政策目标仍会实现。这表明应用政策工具的数量与政策目标之间有直接的关系。

在此基础上,英国经济学家米德提出"两个目标,两种手段",即为同时实现经济对内、对外目标,必须同时具备两种经济政策手段——财政政策和货币政策。

由于不同的政策工具实际上由不同的政策制定者掌握。例如,货币政策受中央银行控制而财政政策受行政和立法部门控制。如果政策制定者并不如丁伯根设想的那样相互协调,那么在权力分散的情况下仍可能达到最佳政策组合。具体方法是将目标与对该目标有最大影响的工具相匹配,这被称为"有效市场分类法",由罗伯特·蒙代尔提出。

(二)斯旺图与蒙代尔的政策搭配

一国在经济发展时,总是在追求经济对内与对外的同时均衡,即平稳的经济增长、物价的稳定、充分就业和国际收支均衡。但是,在经济发展的实践中,会有如下四类经济情况。

(1)宏观经济对内、对外同时处于均衡状态,这是理想的状态。

(2)宏观经济对内均衡,但对外不均衡,体现为充分就业、物价稳定,但国际收支失衡(出现顺差或逆差)。

(3)宏观经济对内不均衡,但对外均衡,体现为国际收支平衡,但就业不足或过度就业,物价上涨较大或出现通货紧缩。

(4)宏观经济对内、对外同时处于不均衡的状态,这时经济必须得到调整,以恢复平稳的增长。

上述四种情况可以从澳大利亚经济学家斯旺所创的图形中得到解释,即"斯旺图"来予以表述,具体如图 10-2 所示。

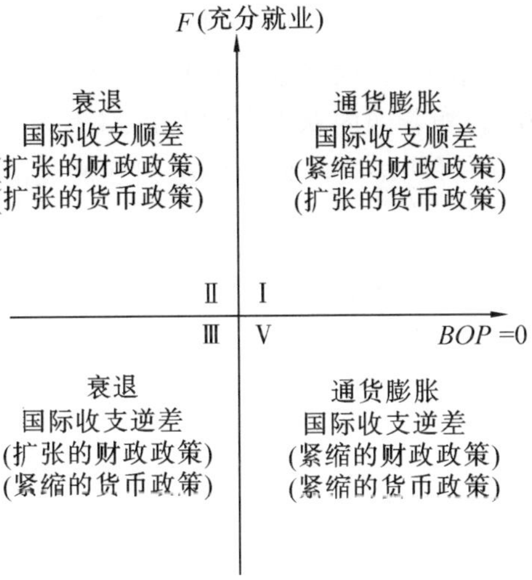

图 10－2　斯旺图形

在斯旺图中，横轴表示国内的总支出，是消费、投资和政府开支三者之和($Y = C + I + G$)；纵轴表示汇率，代表的是用本币计量的外币的价格，汇率提高意味着本币的贬值。

BOP 线代表的是在一定的汇率及国内支出水平下的对外的均衡，所以也被称为外部均衡线，线上各点是国际收支均衡的情况，*BOP* 线的上方代表的是该国存在国际收支顺差状况，而 *BOP* 线的下方代表的是该国存在国际收支逆差状况。因为当总支出固定，而汇率提高(本币贬值)时，则会促使出口扩大，国际收支顺差；反之，如本币升值，出口减少，国际收支出现逆差。*F* 线代表在一定的汇率与国内支出水平下的国内经济均衡的情况，所以也被称为内部均衡线，线上各点代表国内总需求与总供给的平衡。在 *F* 线的左面，意味着存在衰退和失业，在 *F* 线的右面，则意味着存在过度就业与通货膨胀的情况。只有在 *BOP* 线与 *F* 线的交点，才体现一国经济对内、对外均衡的同时达到。

为简便起见，以下首先分析在固定汇率制度下，一国调整内外均衡所应采取的宏观经济政策，在浮动汇率制度下的经济政策将有所不同。

在固定汇率制度下，按照蒙代尔的政策搭配主张，采用财政手段来调节国内的均衡，即当经济出现衰退时，采用扩张的财政政策治理，当经济出现通货膨胀时，采用紧缩的财政政策来治理；采用货币政策来调控对外均衡，即当国际收支出现顺差时，采用扩张的货币政策来调整，当国际收支出现逆差时，采用紧缩的货币政策来调整，这样比较容易达到对内、对外的同时均衡。

在图 10－2 中，第一象限的经济状况是通货膨胀与国际收支顺差并存，按照蒙代尔的政策搭配，应该采用紧缩的财政政策和扩张的货币政策；在第二象限，经济状况是衰退与国际收支顺差并存，应采用扩张的财政政策和扩张的货币政策；在第三象限，经济状况是经济衰退与国际收支逆差并存，应是扩张的财政政策与紧缩的货币政策并用；在第四象限，经济状况是经济衰退与国际收支逆差并存，应是扩张的财政政策与扩张的货币政策并用。在这种政策搭配下，经济的内外均衡是可以达到的。

在浮动汇率情况下，因为汇率的自由变动可以实现外汇需求与外汇供给之间的相等，所以一般认为不存在外部均衡的问题，财政政策和货币政策都将集中于实现内部均衡。在浮动汇率下，货币政策能够对国民收入产生强大的影响，因此其作用比固定汇率制度下明显。而财政政策的作用相对比较复杂，实施财政政策将产生双重作用，如采用扩张性的财政政策，一方面将使国内总需求扩大，国民收入上升，导致进口过多，贸易出现逆差因而本国货币走势疲软，但另一方面，随着国内总需求的上升，市场利率会提高，这会吸引国外资本流入，使本国货币有升值的可能。这两种趋势是相互冲突的，具体结果要看具体情况而定。

（三）经济的内外均衡的同时达到

假定排除资本因素的影响，即假设一国经济的内外均衡只取决于有形商品贸易的变化，利用 IS－LM－BOP 模型来调整经济的对内、对外均衡。在理论上，只有当一国的商品市场、资本市场和外汇市场同时达到均衡时，该国的经济才有可能同时达到对内、对外的均衡。但是，上述均衡的达到在一国实行固定汇率与浮动汇率的情况下是非常不同的，我们首先考察固定汇率的条件下，运用财政与货币手段使经济恢复对内、对外均衡的过程，如图 10－3 所示。

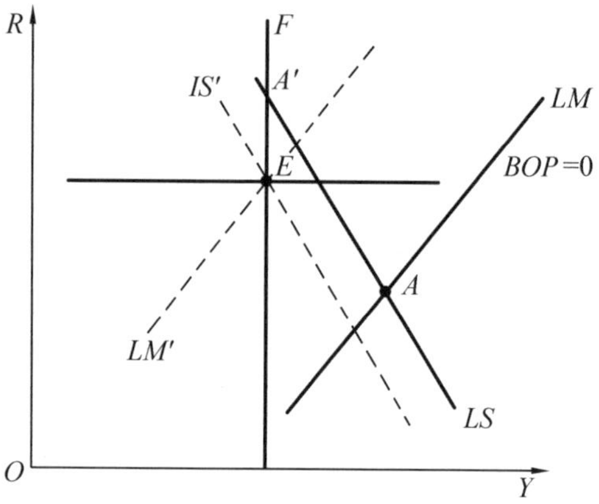

图 10－3　固定汇率制度下的财政、货币政策的搭配使用

图 10－3 中，横轴代表国民收入水平，纵轴代表汇率水平。假定国民经济所处位置在 *A* 点，处于按 *BOP* 线和 *F* 线划分而成的第四象限，即存在通货膨胀与国际收支逆差的状况，这时运用紧缩的财政手段来克服通货膨胀，即使得 *IS* 曲线向左移动到通过 *E* 点为 *IS′*，与 *F* 线相交，交点为 *A′*点，国内均衡达到。但此时由于利率的下降，国内资本会流出，反而加大了国际收支的逆差，*A′*与 *A* 相比，距离 *BOP* 线差距更大，这需要采用紧缩的货币手段来进行调整，即使得 *LM* 曲线向左移动到 *E* 点成为 *LM′*，于是经济恢复了同时的对内、对外的均衡。

如果该国实行浮动汇率，则对内、对外均衡调整的过程与实行较为严格的固定汇率时是不同的。当经济发生对内、对外的不均衡时，浮动汇率制度可以产生自动调节，汇率的变化能够导致商品、资本市场的变化，即通过影响汇率的供求关系，使得商品、资本和外汇三个市场经过一定的过程自动达到均衡，从而实现对内、对外的均衡。

在蒙代尔的政策搭配过程中，强调财政与货币政策的有效搭配，但如果搭配不适宜，则经济政策的执行将使国民经济的失衡进一步加剧，这一情况可以用图 10－4 予以说明。

图中横轴为财政支出（政府支出），纵轴为利率，*F* 线为一国的对内均衡线，即价格稳定下的充分就业线，表明在一定的利率与财政支出的结合下，国内均衡得以实现。BOP 线为对外均衡线，即在一定的利率与财政支出结合下，国际收支取得的均衡。这两条线将坐标轴划分成四个"斯旺区域"：在 F 线的左方意味着经济衰退，右方意味着通货膨胀；在 BOP 线的左方，意味着国际收支顺差，右方意味着逆差。BOP 线比 F 线平缓，反映了财政政策和货币政策分别对内部均衡和外部均衡的作用更强。在这里，BOP 线的斜率是由国际短期资本流动对利率差异的敏感程度所决定的，BOP 线对利率差异越敏感，BOP 线的走势越平缓，换句话说，如果利率的微小差异就足以使国际资本从利率低的国家流向利率高的国家，那么 BOP 线就会更加接近与 X 轴平行。

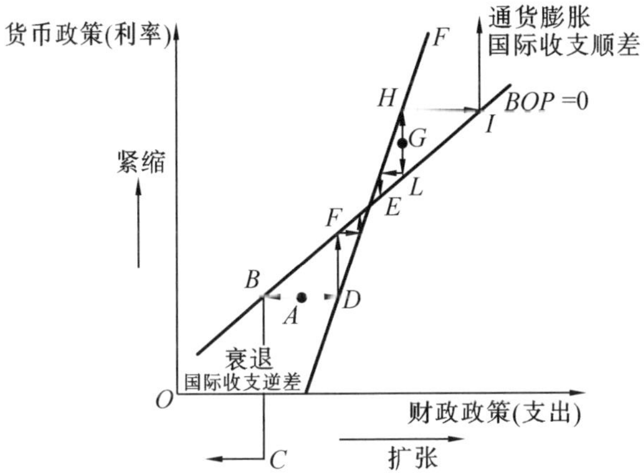

图 10－4 错误的财政、货币政策与对内对外失衡

假设宏观经济处于 A 点，此时经济衰退与逆差并存，这时如果采用财政政策解决逆差而采用货币政策解决失业，则紧缩财政到达 B 点，国际收支平衡，但失业上升，此时再用扩张的货币政策解决失业，到达 C 点，则国际收支逆差加大，最终将远离均衡；但如果采用扩张的财政政策解决失业，到达 D 点，则国内均衡实现，国际收支逆差有所扩大；再用紧缩的货币政策解决逆差，紧缩后到达 F 点，实现了外部均衡，如此往复，最终到达 E 点，恢复对内、对外的同时均衡。因此，正确的财政政策和货币政策的搭配，可以使一国从内外部不均衡的状态达到内外均衡状态。

如果一个国家采用浮动汇率制度，则经济的对外均衡会在一定程度上得到自动的调节，当发生国际收支失衡时，外汇流向发生变化，进而改变汇率，它又会影响国际贸易的开展与国际资本的流向，最终国际收支得到调整，在上面的三个市场的失衡现象会逐渐趋于均衡。

在实践过程中，一国货币政策和财政政策的实行要考虑所处的国际经济环境和相关国家的经济政策。比如，在经济一体化的过程中，由于要实现单一货币，这对参加国而言，意味着在货币政策方面让渡主权，这也成为最让参加国头痛的选择之一。英国在是否加入欧元区问题上始终犹豫不决就是一个范例。

应该讲，尽快加入欧元区符合英国经济发展的长期利益。就欧元可能给英国经济带来的好处而言，尽快加入欧元区才符合英国经济发展的长期利益。据估测，加入欧元区将使英国的国内生产总值每年多增长 0.25%，30 年内多增加 5% 到 9%。英国孤立于欧元区之外,造成的损失惊人,仅仅每天浪费的从英镑转换成欧元的管理成本就达 1 200 万英镑,每月丢失 3 500 个就业机会,英国各类商店的商品平均总体价格相比欧元区国家同等商品价格要高出 16%左右,等等。

但 2003 年 6 月 9 日,英国财政大臣正式宣布在关于经济聚合、灵活性、投资、金融业、经济增长和就业这 5 项经济测试中,只有金融服务业一项达标,因此断言英国加入欧元区的时机尚未成熟。人们对这一测试结果并未感到惊讶,因为在英国是否和何时加入欧元区问题上,英国工党内部向来存有严重分歧。以英国首相布莱尔为首的"亲欧元派"希望英国尽早加入,认为加入欧元区是英国的"最终命运",如果英国不能使用与主要贸易伙伴相同的货币,会是非常令人遗憾的。以布朗为首的"英镑捍卫者"则以测试未通过为由,一再拖延英国加入欧元区的进程。布朗等人的主要观点就是如果加入欧元区,英国就会失去对货币政策的控制,这也意味着,即使英国与欧元区其他国家处于经济周期的不同阶段,也将被迫使用相同的货币政策,而这可能是以牺牲经济增长为代价的。

思 考 题

1. 国际经济的非均衡传导机制是怎样的?一国应对外部经济冲击的对策应如何制定?
2. 贸易乘数在实践中的应用效果如何,主要受到哪些因素的影响?
3. 开放经济条件下,宏观经济的内外均衡之间的关系是怎样的?
4. 联系欧盟货币一体化的过程,说明在经济一体化的前提下,一国宏观经济的内外均衡相互间的影响如何?

第十一章　国际经济一体化与国际经济秩序

国际经济发展过程中，国与国之间的联系与依赖日渐增强，各国间经济矛盾与经济合作同时出现，在国际经济一体化趋势下，国际经济秩序中的“南北”关系、“南南”关系发生了新的变化，本章重点分析国际经济一体化的表现、影响，国际经济发展过程中国际组织的作用，国际经济秩序的演变等问题。

第一节　经济一体化分析

国际经济一体化，是指具有行政主权的不同经济单位，通过自愿的结合和制度上的安排，部分削减自身的行政主权来形成一个较大的共同的经济单位。比如，相互之间实行自由贸易，生产要素在国家之间自由流动甚至在宏观经济政策上实现高度的统一等。

经济一体化已经成为现代世界经济生活中的一个明显而又重要的趋势。这主要体现在国家之间在贸易和金融方面的相互联系日益扩大和日益深化。

一、关税同盟与经济一体化分析

所谓关税同盟，是指成员国之间相互减免关税，消除贸易壁垒，实行共同的对外关税政策。关税同盟在很长时间内被认为是经济一体化的基础与逻辑起点，在世界经济史中，关税同盟的有关记载可以追溯到久远的时代。早在13世纪中期由德意志北部城市汉堡、律伯克等联合一百多个城市建立起汉萨同盟，其目的在于获取这些城市在北海和波罗的海贸易中的地理优势，汉萨同盟全盛时取得了对波罗的海的支配权，垄断了北欧贸易，但汉萨同盟并不是真正意义上的关税同盟，其建立虽与贸易有关，但目的只是维护贸易的权利和取得的保障。

在今天，关税同盟也被许多经济一体化组织所追求和实现，在国际经济学的研究中具有重要的地位。

（一）关税同盟的提出与发展

关税同盟是指两个或两个以上的国家通过降低或取消相互之间的关税，并对同盟之外的国家实行统一关税的联盟。缔结同盟的目的是为了使参加国的商品在关境内部市场竞争中处于更有利的位置，排除非同盟国商品的竞争。

19世纪德国经济学家李斯特首先提出这一主张，1826年在普鲁士的组织下，北德意志的6个邦联合，宣布北德意志关税同盟成立，这是历史上最早的关税同盟。1928年中德和南德各邦也分别组成两个关税同盟，1834年全德范围内18个邦联合组成德意志关税同盟，将同盟范围进一步扩大到整个德意志。同盟的主要内容有：废除内部关税，对外订立统一税则，提高工业品进口税率，共同征收外国进口关税，所得关税收入按同盟内各邦人口和资源比例进行分配等。德意志关税同盟后来发展到所有讲德语的地区，成为全德关税同盟。

此同盟的建立不仅促进了德国工商业的发展,也最终导致了德意志的政治统一。

各国之间结成的贸易联盟在一定程度上提高了成员的福利水平,自19世纪以来在不同历史阶段,建立的许多地区性的经济集团都将目标定位于关税同盟,关税同盟也成为许多一体化组织的重要内容。关税同盟的贸易特征呈现两重性,它既显示了贸易保护主义的特点,表现为关税同盟整体对外实行的高关税,同时又通过关税同盟内部关税的减免体现了贸易自由化。一般认为,关税同盟理论是经济一体化研究的起点,也是经济一体化研究中较为系统的理论之一。

(二)关税同盟的经济效果

关税同盟使结成同盟的成员国之间减低,甚至免除彼此的关税,从而成员国居民可以享受比过去更低成本的商品的消费,资源在关税同盟内得到更有效的配置,因此成员国乃至关税同盟整体的经济福利会得到提高,其基本的经济思想见图11-1。

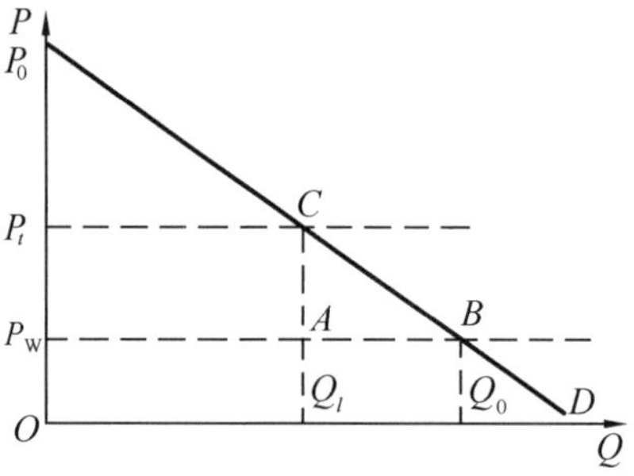

图11-1　关税同盟的经济效果

假设一国在进入关税同盟前,由国内征收关税,一国的需求曲线为D,国内市场价格为P_t,因价格较高,国内消费量仅为Q_l,消费者剩余为P_0P_tC。成立关税同盟后,取消关税,在自由贸易下,市场价格将为世界价格P_W,消费量随之增长为Q_0,消费者剩余由原有的三角形P_tP_0C增加为三角形P_WP_0B,增加了梯形P_WP_tCB,其中矩形P_tP_WAC[$P_tP_WAC = OQ_l \times (P_W - P_t)$,由进口商品数量乘以税额]是政府税收的减少,三角形ABC是取消税收后的净福利。

结成关税同盟的过程是免除成员国间彼此关税的过程,因此,结成关税同盟的国家的福利会得到增长。这是对关税同盟经济效果的粗略分析。

威纳(J. Viner)、李普希(R. G. Lipsey)等人的研究表明,关税同盟的经济效应主要集中在贸易创造、贸易转移和贸易扩大这几个方面。

1.贸易创造

关税同盟建立后,在比较优势基础上使生产更加专门化,关税同盟内某个成员国的国内产品将被同盟内其他成员国的生产成本更低的产品所替代,其结果是资源使用效率进一步提高;同时,由于国内消费者在这种产品上的消费开支减少,将收入转向其他类型商品,扩大了社会需求,可以进口更多的其他商品,结果会使贸易量加大。这一过程还会出现以较低价格的产品消费取代原较高价格的国内生产的相关产品消费而获得的利益。

2. 贸易转移

假定关税同盟建立之前，参与关税同盟的一国从世界范围内生产效率高、成本低廉的国家进口商品，而关税同盟建立后，转向从同盟内生产效率最高的国家进口商品。如果同盟内国家生产成本并不是世界范围内最低的，则进口成本会提高，同盟国的福利水平会降低。这一过程还会产生消费者为降低成本而转向其他相关（替代）产品进行消费的情况。

3. 贸易扩大效果

贸易扩大效果是从需求角度形成的概念，通常来讲，由于贸易创造效果和贸易转移效果的作用，参与贸易同盟的一国国内商品价格在入盟后要比入盟前价格低，如果该种商品的需求价格弹性大于1，则该国对商品的需求会增加，需求的变化会使得进口商品数量增加，这就是贸易扩大效果。

贸易创造和贸易转移是贸易同盟的最重要的经济效果，前者对于经济发展有积极的促进意义，后者则是在一体化过程中应予以注意的情况。

二、关税同盟的经济分析

（一）关税同盟的图形分析

为了进行分析，我们假设：所涉及的国家是小国，即国际市场价格的接受者而并非制定者，分析是在局部均衡的基础上进行的，即只分析单独的市场和部分产品的情况。

图 11－2 中 D、S 曲线为该国的需求与供给曲线。自由贸易条件下，该国从成本低的 A 国进口，在 P_a 价格下进口 Q_1Q_2，此时，B 国生产的同类产品因成本高而被排除在贸易之外。假设该国征收关税后价格达到 P_t，从甲国进口商品的数量减为 Q_3Q_4。

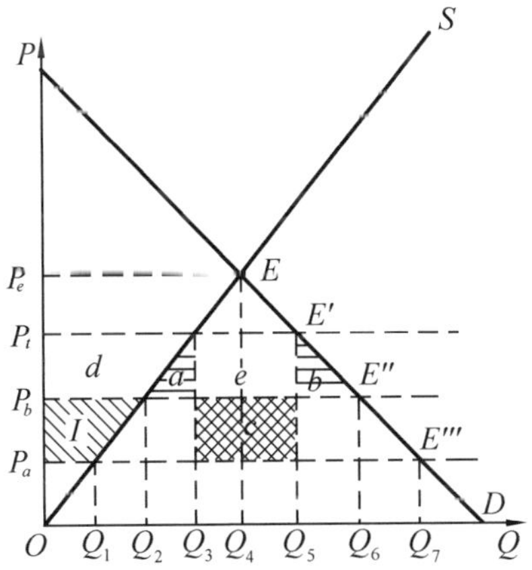

图 11－2 关税同盟的福利分析

假设该国与 B 国结成关税同盟，两国间实行零关税，生产成本最低的 A 国产品被排除出对该国的贸易中，该国转而以 P_b 价格从 B 国进口 Q_5Q_6 数量的商品，如图 11－2 所示。

该国与 B 国结成关税同盟，消费者比在存在关税情况下有更多的福利，但却不如与 A 国结成关税同盟获得的利益多。

(二)关税同盟的福利分析

图 11－2 中,与 P_t 相比,由于消费者的价格降低到 P_b,消费者剩余增加为图中四部分面积之和 $a+b+d+e$,即梯形 $P_bP_tE'E''$,其中生产者剩余降低了 d,e 的部分是税收转移,产生净福利三角形 a、三角形 b,这一部分$(a+b)$即贸易创造效果。a 部分称为生产效果,b 部分称为消费效果。

但是,和从 A 国进口相比,消费者剩余却减少 $P_aP_bE''E'''$,因为如果存在自由贸易的话,应从 A 国进口,但现在必须转向 B 国。当然与自由贸易时相比,成立关税同盟使生产者剩余增加了Ⅰ区的部分,政府税收也会相应增加,但除此之外的消费者剩余损失的部分 c 即为贸易转移。如果该国与 A 国结成关税同盟,则该国只有贸易创造而不会发生贸易转移。衡量关税同盟的总体福利效果需要对贸易创造效果和贸易转移效果进行综合比较,即比较$(a+b)$和 c 部分的大小。如果贸易创造效果大于贸易转移效果,那么进口国的经济福利就会增加;如果贸易创造效果小于贸易转移效果,那么进口国的经济福利就会减少。

(三)关税同盟的政策含义

关税同盟的成员国参加同盟是否获得更大利益,取决于若干条件。例如,关税同盟成员国与外部非同盟成员国国家生产成本如果相差小,则结成关税同盟后利益大;结成关税同盟前,成员间关税高,则结成关税同盟后税收减免,利益大;同盟成员与非成员之间的贸易壁垒低,进口国的进口关税在较低水平,成员国仍然有机会从外部进口,贸易转移效果仍能避免;关税同盟成员数目多,成员国之间互补可能性大,结成关税同盟后产生贸易创造的机会多;成员国地理位置近、运输方便,贸易成本低,则结成关税同盟后利益大;结成关税同盟前贸易量大、关系密切,则结成同盟后贸易利益大,等等。

以上介绍的关税同盟对价格、数量以及经济福利的影响,属于"静态效果"。可是,关税同盟的效果并不限于静态意义上的效果,随着时间的变化,关税同盟还可能使各成员国经济结构发生根本的变化。这种变化就被称为关税同盟的"动态效果"。

"动态效果"是指关税同盟会通过优化资源配置、改进技术或者增加投资等途径,提高成员国的生产能力和经济实力,提高成员国的生产效率,从而增加参加关税同盟的国家的经济福利,甚至可以说从长远角度来讲,建立关税同盟获得的利益或者好处,来自长期的"动态效果"远比来自"贸易创造"这种静态效果多得多。

三、经济一体化的经济分析

一般认为经济一体化的最早定义来源于第一位诺贝尔经济学奖获得者丁伯根。他认为经济一体化就是将有关阻碍经济运行的人为因素加以消除,通过相互协作与统一,创造最适宜的国际经济结构。

经济学家贝拉·巴拉萨等人认为,经济一体化可以定义为一种过程和一种状态。所谓过程,是指通过经济一体化来逐步地消除各国之间的差别,包括经济发展水平和经济制度安排方面的差异。所谓状态,是指经济一体化即是不同的国家在经济方面最终达到一致。有的经济学家则着重指出,经济一体化的本质特征不在其手段,即为实现经济一体化而实行的各种措施,而是在于其目的,即通过经济一体化来实现不同国家的共同繁荣和相互平等。

金德伯格则认为,经济一体化就是要素的价格均等化。根据目前人们的看法,经济一体化是指参加的有关国将部分经济权力,为了一体化组织的共同经济利益而让渡给一体化组织,由组织根据共同利益,按照一定的规则来行使权力的过程与情况。

(一)经济一体化的经济分析

经济一体化的基本形态大约有以下几类。

1. 自由贸易区

组成自由贸易区的各成员国取消相互之间的贸易壁垒,但是各成员国仍然保留对区外其他国家的贸易壁垒,各国各自独立地决定贸易方面的限制政策。在自由贸易区内,成员国之间的边境上通常仍保留有海关等机构,以避免其他国家的商品通过贸易壁垒较低的成员国进入整个自由贸易区。这是经济一体化组织最低层次的形式。世界上现有存在时间最长的自由贸易区是欧洲自由贸易联盟,包括四个国家:挪威、冰岛、列支敦士登和瑞士,该联盟成立于1960年,是由西欧一些国家创立的。最初成立的原因是这些国家不愿加入欧洲共同体因此另起炉灶,但现在所有的创始成员国,包括奥地利、英国等都已经是欧盟的成员国了。

2. 关税同盟

关税同盟的经济一体化程度高于自由贸易区,除了与自由贸易区一样在成员国之间实行自由贸易之外,各成员国还要统一对同盟外国家的贸易政策,即建立起共同关税壁垒等等。如安第斯条约成员国——包括玻利维亚、哥伦比亚、厄瓜多尔和秘鲁之间规定,各成员国之间实行自由贸易,而对从其他国家进口的商品征收统一的关税,税率从5% ~20%不等。

3. 共同市场

在共同市场内部,不仅成员国之间实行自由贸易,取消经济一体化组织成员国之间的关税障碍,建立共同对外关税,奉行共同的对外贸易政策,还允许生产要素(如劳动力和资本)在成员国之间实行自由流动,建立统一的商品、资本、劳动力和技术市场,同时还要在各国的货币之间建立逐步统一的制度,尤其要采取一致的汇率制度。

4. 经济联盟

经济联盟是在共同市场的基础上,进一步把各成员国的宏观经济政策统一起来,如实行共同的货币政策、财政政策、社会福利政策等等,甚至建立起共同体一级的某种决策机构和执行机构。严格意义上的经济联盟几乎等同于一个扩大的国家,经济和政治上都具有相当密切的联系。

5. 完全的经济一体化

这是经济一体化的最高级形态,各成员国之间建立统一的货币,实行统一的货币政策、财政政策和社会政策,并且逐步建立统一调控的中央机构,对于一体化组织的经济、社会事务进行调控,同时,更重要的是,经济一体化往往和政治一体化联系在一起,在对外交往中也强调"用一个声音讲话",形成了完整的利益群体。

(二)经济一体化的货币过程分析

经济一体化在货币方面的重要表现是建立最优货币区,并逐步实行单一货币。最优货币区是指采用单一货币或几种货币,汇率相对固定、对外统一浮动的经济区域。货币一体化是指采用单一货币的最优货币区,区域内流通单一货币,建立超国家的统一的中央银行执行货币政策职能。因此,最优货币区理论是单一货币理论的基础和核心。

最优货币区理论产生于20世纪60年代,由时任国际货币基金组织特别研究处研究员、著名经济学家罗伯特·蒙代尔等人提出。其基本的主张是,货币区(货币流通的区域)不应仅仅根据国家的政治疆域来划分,而应当更多地考虑经济上的特征和需要。在结构相似,彼此联系密切的不同经济主体之间组成共同的货币区,更为合理也会更有经济效率。随后在现实生活中出现的最优货币区,则是指这样的一组国家或者集团:成员国相互之间的货币实行自由兑换,汇率保持长期固定不变,对非成员国货币的汇率则实行联合浮动。也就是说,最优货币区内的各国形成了一个固定汇率区。随后麦肯农等开创了最优货币区这一研究领域。他们的工作集中于组成最优货币区的经济特征。20世纪70年代,最优货币区的研究吸引了更多的国际经济学家进行研究,他们在最优货币区的理论中采用了成本和收益的分析。这一理论认为,在一定的条件下,由经济一体化成员国组成固定汇率区是非常有利的,但形成这样的汇率区域需要以下的条件:资源在成员国之间流动性大,成员国之间的经济结构和经济目标具有较大的相似性,成员国愿意进行财政政策、货币政策和其他政策的协调,等等。在这样的条件下,更有利于成员国国际收支的平衡。

在现阶段,主要有两方面的原因导致不存在一个统一的最优货币区包容所有国家。一是货币制度不同始终会带来市场的相互分割。世界上大多数国家还没有实现货币的自由兑换,而货币的不同对市场的分割是显而易见的。即使从发达国家的情况来看,尽管货币是可自由兑换的,但汇率的变动是难以预料的,因此,各国的市场仍然是相互分割的。不容忽视的另一重要原因是尽管各国间的贸易量很大,但与其国民经济总体相比,贸易量并不算多,劳动力在相互间的流动也很低。因此在更大范围内实现最优货币区的条件并不成熟。

可见,最优货币区通过把不同国家的货币联系在一起的制度安排,能够形成高度一体化的共同市场。共同市场不一定能形成货币的一体化,而货币的一体化必然会导致共同市场的产生。当然,最优货币区的规模要受到现实经济因素的制约,概括而言,以下几个方面是比较重要的。

1. 生产要素流动性的程度

一个国家的对外贸易在国民生产总值中所占的比重愈大,汇率经常变动对经济运行的冲击也就愈大。当相互之间存在着很高的贸易依赖程度时,不同的国家也就更有动力和决心来组成货币上的同盟关系。区域内国家之间商品与劳动力的流动性越大,国家之间的经济联系就越密切,从而货币区域化的范围就能相应地扩大。这是因为当不同国家的经济联系相当接近时,货币的兑换就越有可能保持固定。比如,某一国家商品的价格与其他国家应尽可能地接近,否则同一商品在不同地区存在不同的价格,背离"一价定律"会影响最优货币区的建立。同样道理,国家间劳动力价格差异很大也会导致消费能力、产品需求等方面的巨大不同。因此,国家间生产要素流动程度高,生产要素和商品价格差异不大是最优货币区建立的前提之一。

2. 资本特别是金融资本的流动性大

在资本流动性很大的条件下,利率的微小差异就能引起资本在国家之间的大规模流动,于是,国际收支的不平衡可使市场机制得到较及时地调整。比如,当某个国家的国际收支出现逆差时,货币供应减少就会引起利率水平上升,其结果是外部资金大量流入,而不必通过改变汇率来校正国际收支的失衡，最优货币区也就能得以运行下去。当然，这种资本从国际收支盈余的国家向收支赤字地区的流动不会长期持续，资本合理流动也有赖于合理的利率政策和健全、敏感的金融体系。

3. 经济结构的相似性

各国政府所追求的经济目标比较接近，宏观经济政策比较一致，也对形成货币一体化存在重要的影响。如果一国的重点在于实现充分就业，而另一国政府的重心是控制通货膨胀，那么其结果是在国际收支方面难以保持相互平衡。

经济一体化的货币最优区域对于成员国来讲将会保持物价的相对稳定，促进彼此的经济交易，同时可以减少成员国及他们的居民为了货币兑换等问题而加大的成本。但是实行这样的货币区域，也存在着相应的成本，其中最大的问题是成员国将失去独立的货币政策，从而削弱各国对于经济调整的力度，因为在这样的货币区域中，汇率政策已经统一，很难再作为调节一国对外均衡的手段。另外，各国为了维系货币区的存在，必须全力维持经济政策的统一协调，但实际上因为各国经济情况的多样性而难于实现。

四、经济一体化的案例分析

目前，最典型的经济一体化案例应属欧盟。欧洲联盟（简称欧盟）是在欧洲共同体基础上发展而来的。

欧洲共同体包括欧洲煤钢共同体、欧洲原子能共同体和欧洲经济共同体，其中以欧洲经济共同体最为重要。1951 年 4 月 18 日，法国、联邦德国、意大利、荷兰、比利时和卢森堡在巴黎签订了建立欧洲煤钢共同体条约，1952 年 7 月 25 日生效。1957 年 3 月 25 日，六国又在罗马签订了建立欧洲经济共同体条约和欧洲原子能共同体条约，统称《罗马条约》。《罗马条约》申明，各成员国“决心在欧洲各国人民之间建立愈益密切的联合基础”，“消除分裂欧洲的壁垒”，“保证它们国家的经济和社会的进步”，“不断改善人民的生活和就业条件”，“执行共同贸易政策”，“为逐步废止国际交流的限制做出贡献”。1958 年 1 月 1 日条约生效，上述两个共同体正式成立。1965 年 4 月 8 日，六国签订《布鲁塞尔条约》，决定将三个共同体的机构合并，统称欧洲共同体，但三个组织仍各自存在，具有独立法人资格。《布鲁塞尔条约》于 1967 年 7 月 1 日生效。

1986 年 2 月签署的《欧洲单一文件》强调，“欧洲共同体及欧洲政治合作旨在促进欧洲团结和发展”，“共同为维护世界和平与安全做出应有贡献”。1991 年 12 月 11 日，欧共体马斯特里赫特首脑会议通过了以建立欧洲经济货币联盟和欧洲政治联盟为目标的《欧洲联盟条约》（统称《马斯特里赫特条约》，简称“马约”）。“马约”进一步指出，欧洲联盟的宗旨是“通过建立无内部边界的空间，加强经济、社会的协调发展和建立最终实行统一货币的经济货币联盟，促进成员国经济和社会的均衡发展”，“通过实行共同外交和安全政策，在国际舞台上弘扬联盟的个性”。1993 年 11 月 1 日“马约”生效后，欧共体未就其称谓的变更问题做出决定，但欧共体内和国际上越来越广泛地使用“欧洲联盟”（简称“欧盟”）。

（一）欧洲经济一体化的主要内容

1. 建立关税同盟和共同外贸政策

对外实行统一的关税率，成员国之间取消商品关税和限额。从 1970 年起基本实现共同外贸政策，在关税、贸易和关税协定的缔结、贸易自由化措施、出口政策等方面实施一致行动原则。1994 年 2 月,欧盟取消成员国对外配额,实施统一对外配额制度。2000 年 6 月欧盟费拉首脑会议就征收外国人利息税达成原则协议,向统一税制迈出了重要一步。

2. 实行共同农业政策

建立共同农业基金,统一农产品市场和价格,对农产品出口予以补贴,并调整农业结构。共同农业政策极大地促进了欧共体农业发展,也引起农业开支过分膨胀和农产品过剩的问题,不利于提高农业竞争力。欧共体与美国为争夺农产品市场不断发生贸易战。多年来,欧共体多次对共同农业政策进行改革,特别是 1997 年 7 月,欧盟委员会为适应欧盟东扩的需要以及在多边贸易框架下农产品实行自由贸易的前景,提出了进一步改革共同农业政策的新建议,加大对农民的直接补贴,由传统刺激生产向控制产量方面转化,推动农产品价格与国际市场接轨。1999 年 3 月欧盟柏林特别首脑会议通过的《2000 年议程》规定,将逐步削减对农产品的价格补贴,共同农业政策支出总额控制在每年 405 亿欧元的范围内。2001 年 10 月,欧盟强调对共同农业政策的改革将突出三个优先,即农业生产质量优先、环境保护优先以及农业食品安全优先。同年,欧盟成立特别小组,继续推进简化农业立法的各项改革。

3. 实行共同渔业政策

欧共体自 1977 年起将各成员国在北大西洋和北海沿岸的捕鱼区扩大为 200 海里,作为欧共体的共同捕鱼区,由欧共体统一管理,并授权欧共体委员会与第三国谈判渔业协定。1983 年 1 月 25 日,欧共体内部就捕鱼配额的分配、渔业资源的保护和渔业产品的销售等达成协议。1994 年 12 月,欧盟 12 国渔业部长通过了关于限制捕捞以保护资源的新渔业政策并就西班牙和葡萄牙于 1996 年 1 月 1 日起加入欧盟共同渔业政策达成协议。2001 年 4 月,欧盟委员会发表关于未来渔业政策的绿皮书,提出改革共同渔业政策应遵循的原则:在提高渔业生产技术水平和生产力的同时,合理分配使用渔业从业人员;确保渔业从业人员的个人收入不受影响;确保市场需求和供求关系稳定;确保价格合理;调整共同渔业政策应对各国都公平合理。

4. 建立总预算

1967 年欧共体建立了总预算。1970 年 4 月决定建立“自身财源”,1980 年开始完全实行,主要由四部分组成:农产品进口差价税、工业品进口关税、成员国零售商品增值税的一部分、成员国按其在欧共体国民生产总值中所占比例缴纳的摊款。1992 年 12 月爱丁堡首脑会议决定,1993 年和 1994 年欧盟预算支出仍维持占成员国国民生产总值 1.2% 的水平;1995 年起逐步提高,至 1999 年达到占成员国当年国民生产总值的 1.27% 的水平。1999 年 3 月,欧盟柏林特别首脑会议通过了《2000 年议程》,确定未来七年欧盟预算开支维持在占欧盟国际生产总值 1.27% 的水平,即以 1999 年不变价格计算每年为 857 亿欧元;调整欧盟预算来源的构成,减少增值税在预算来源中的比重,逐渐增加成员国按其国民生产总值所占比例缴纳的摊款在预算来源中的比重。

5. 基本建成内部统一大市场

1986 年 2 月,各成员国签署《欧洲单一文件》,决定于 1992 年底建成欧共体统一大市场,通过逐步消除各种非关税壁垒,包括有形障碍、技术障碍和财政障碍,实现商品、人员、资本和服务的自由流通。为此,欧共体委员会于 1990 年 4 月提出了实现上述目标的 282 项指令。至 1993 年 1 月 1 日,各成员国已把绝大多数指令转化为本国法律,商品、人员、资本与服务的相互自由流通基本实现,统一大市场初步形成。

1995 年 3 月 26 日，关于对各类人员取消边界检查的“申根协定”在法国、德国、荷兰、比利时、卢森堡、西班牙、葡萄牙七国之间正式生效。1998 年 4 月 1 日，意大利和奥地利宣布实行人员自由流通，欧盟对人员取消边界检查的国家增至 9 个。1996 年 12 月 19 日，瑞典、芬兰、丹麦在卢森堡签署“申根协定”，但尚未实施。1997 年 10 月 26 日和 1998 年 4 月 1 日，“申根协定”先后在希腊、意大利和奥地利生效。2001 年 3 月 25 日，“申根协定”在瑞典、芬兰、丹麦及非欧盟成员国挪威和冰岛正式生效。目前“申根协定”包括的范围已扩大到除英国和爱尔兰以外的整个欧盟地区和挪威、冰岛。

6. 经济与货币联盟

加强成员国之间货币合作，减少汇率波动，促进金融市场平稳发展，一直是欧洲一体化进程的重要内容。1979 年 3 月，欧共体巴黎首脑会议决定建立欧洲货币体系：建立“欧洲货币单位”(european currency unit，ECU，埃居)，用于欧共体内部会计、信贷记账与结算，并部分取代美元起储备货币的作用。规定汇率波动的幅度，ECU 与除英国、意大利货币外的各种货币之间波动幅度上下限为 2.25%，与英、意货币上下波动幅度可为 6%。成立欧洲货币基金，每个成员国将其黄金与美元储备的 20% 纳入欧洲货币基金，用于成员国的信贷安排。

1986 年 2 月，各成员国签署《欧洲单一文件》，决定于 1992 年底建成欧共体统一大市场，通过逐步消除各种非关税壁垒，包括有形障碍、技术障碍和财政障碍，实现商品、人员、资本和服务四大自由流通。为此，欧共体委员会于 1990 年 4 月提出了实现上述目标的 282 项指令。至 1993 年 1 月 1 日，各成员国已把绝大多数指令转化为本国法律，商品、人员、资本与服务的相互自由流通基本实现，统一大市场初步形成。

1988 年 6 月，欧共体首脑会议提出了建设经货联盟、发行统一货币的目标。当时的欧共体委员会主席德洛尔负责制订经货联盟计划，确定第一阶段从 1990 年 7 月 1 日开始，目标是在成员国之间实行完全的资本自由流动，并加强成员国之间以稳定价格为目标的货币政策合作。1993 年 11 月生效的《马约》提出了经货联盟第二、三阶段建设的具体措施与时间表。《马约》规定第二阶段从 1994 年 1 月 1 日起，目标是为统一货币作法律与技术上的准备，建立欧洲货币局，作为未来欧洲中央银行的过渡性机构，加强成员国之间的经济趋同。经济趋同包括以下条款：

①政府财政赤字不得超过占 GDP 的 3%；

②公债不得超过占 GDP 的 60%；

③加入单一货币前一年的通货膨胀率不得超过欧盟通货膨胀率最低的三个国家的平均通货膨胀率 1.5 个百分点；

④长期利率不得超过欧盟利率最低的三个国家的平均利率 2 个百分点；

⑤必须加入欧洲货币体系汇率机制。

1994 年 1 月 1 日欧洲货币局正式成立。1995 年 12 月，马德里首脑会议决定于 1999 年 1 月 1 日正式启动单一货币，并将统一货币定名为欧元(EUR)。1996 年 12 月，都柏林首脑会议确立了欧元的法律地位，决定欧元从 1999 年 1 月 1 日起成为欧元国的法定货币，并将于 2002 年 1 月 1 日进入流通，与成员国货币并存，成员国货币将于 2002 年 7 月 1 日退出流通。会议还通过了《稳定与增长公约》和《第二货币汇兑机制》两个法律文件。《稳定与增长公约》规定凡放松财政控制、预算赤字再度超过占 GDP3% 的国家，如不能按期纠偏，应向欧洲中央银行交纳一定数额的无息储金。如在一定期限之内仍不能达标，储金便转成罚款。罚款额根据超标程度而定，最低为 GDP 的 0.2%，最高为 0.5%，但经济出现严重衰退的国家可免于罚款。《第二货币汇兑机制》规定以欧元为基准，欧盟非欧元国货币汇率浮动幅度为上下各 15% 以内。1997 年 6 月，阿姆斯特丹首脑会议正式批准了上述两个文件。

1998 年 2 月 27 日，欧盟委员会公布成员国经济趋同达标情况，除希腊外欧盟 14 国都基本达到了《马约》规定的趋同标准。5 月 2 日，布鲁塞尔首脑会议宣布德国、比利时、奥地利、荷兰、法国、意大利、西班牙、葡萄牙、卢森堡、爱尔兰、芬兰 11 国将为首批欧元国；任命威廉·杜伊森贝赫(W. Duisenberg)为欧洲中央银行首任行长，任期 4 年，并将于 2002 年由现任法国中央银行行长让·克劳德·特里歇(J. C. Trichet)接替。5 月 22 日，欧元国经济财政部部长组成了“欧元 11 国小组”，负责协调欧元国经济政策。7 月 1 日，欧洲中央银行在法兰克福正式成立，开始为制定欧元启动后的货币政策做准备。12 月，维也纳首脑会议就欧元区对外代表权做出如下决定：由“欧元 11 国小组”轮值主席国在国际货币基金组织中代表欧元区；由欧洲央行行长代表欧元区参加七国央行行长会议；由欧盟经济财政部长理事会轮值主席国代表欧元区参加七国财长会议，若该轮值主席国不是欧元国，则由“欧元 11 国小组”轮值主席国代替。1999 年 1 月 1 日，欧元正式启动，并于 1 月 4 日进入外汇市场交易。全年总体运行正常，但对外汇率持续下跌。12 月 2 日，纽约股市欧元兑美元比价跌至 1 : 0.999 5，首次突破 1 : 1 心理大关。全年发行欧元债券 6 022 亿美元，占国际债券发行总额的 45%，超过美元债券，居全球首位。11 月 8 日，欧元区 11 国财政部部长会议决定，将欧元最终取代成员国货币由原定的 2002 年 7 月 1 日提前到 2002 年 3 月 1 日，以避免流通期多种货币并存可能出现的混乱现象。2000 年 9 月 28 日，丹麦就是否加入欧元举行全民公决，遭到否决。2001 年 1 月 1 日，希腊正式成为欧元区第 12 个成员国。2002 年 1 月 1 日，欧元现钞开始流通。2002 年 3 月 1 日，欧元成为欧元区国家唯一法定货币。

欧元启动以来，总体运行正常，在国际金融市场中的地位逐步确立，已成为第二大国际货币。特别是自 2001 年起，欧元对美元的汇率逐渐抬升，表现出强势货币的势头。

2004 年 5 月 1 日，欧盟的范围进一步扩大，波兰、捷克、斯洛伐克、匈牙利、斯洛文尼亚、立陶宛、拉脱维亚、爱沙尼亚、塞浦路斯和马耳他 10 国入盟，使成员国从 15 个增加至 25 个。欧盟成为拥有 4.5 亿人口，国内生产总值之和超过 10 万亿美元，西起大西洋，东与俄罗斯、白俄罗斯、乌克兰接壤，北到波罗的海，南邻地中海的“大欧盟”。

2004 年欧盟的扩大是第五次扩大成员，也是吸收新成员最多的一次。欧洲一体化建设，或称欧洲联合进程，经历了煤钢联营、经济共同体、统一大市场、经济货币联盟 4 个发展阶段，正处于从经济一体化向政治一体化过渡的重要时期。欧盟经过第五次扩大，进一步强化了世界上一体化程度最高、综合实力最强的国家联合体的地位。欧盟作为一个整体的经济实力和政治影响力都有不小的提升，它在欧洲乃至世界事务中的发言权和所拥有的分量也大大增加，同时，新的挑战也显得更加突出。

(二)欧洲经济一体化的积极作用

欧盟东扩的正面作用主要包括以下几方面。

(1)扩大可以促进欧洲一体化的不断深化。欧盟制度建构方面的改革进展缓慢，由于成员国参与制度改革的程度不同，欧盟改革的内部动力不足，一部分国家游离于统一货币体系之外，一体化进程受到限制，而随着欧盟的扩大，新加入的国家积极性普遍比较高，为欧盟在制度建构方面的改革注入了新的活力。

(2)新入盟国家的经济发展水平相对落后，为一体化增加了难度，但也为欧盟的经济增长提供了一定的机会,例如成员国增加对开展区内贸易有好处,同时,新加盟的国家与原欧盟成员国经济上的互补性强,为欧盟提供了更加广阔的商品市场和投资场所。

(3)冷战后,欧洲安全和不稳定因素主要来自欧盟周边,欧盟扩大,其原有的安全和稳定的区域进一步扩大,欧盟可以运用自身的机制有效地控制欧盟范围内的安全与稳定,强化对欧洲事务的主导权,增加对巴尔干地区的控制能力。

(4)扩大的欧盟在经济规模上超过了美国,使欧盟在欧洲事务的主导权进一步强化,欧盟对俄罗斯的影响也得到很大地加强,这也无疑增强了欧盟在国际事务中的发言权。

(三)欧洲经济一体化的消极作用

欧盟的扩大也带来了一系列挑战,也暗含着以往欧盟固有的内部矛盾有激化的可能。

1. 欧盟内部的贫富悬殊问题

新加盟国家大部分是苏联、东欧地区的社会主义国家,经历东欧剧变后经济体制和政治体制迅速"转轨",但其经济发展基础相对落后,转制以来,大部分国家经济发展状况没有尽如人意,因此东西方之间的鸿沟短期内难以填平。

2. 老欧盟与新欧盟的关系

老欧盟是指 2004 年之前的欧盟 15 个成员国,这些国家经济体制完善,政治制度稳定,经济发展水平总体较高。新欧盟加入欧盟后欢欣鼓舞,波兰总统克瓦希涅夫斯基在华沙市中心升起欧盟旗帜时激动地说:"今天我们的梦想得以实现,波兰回到了欧洲大家庭",但与此同时,老欧盟国家对此则表现出相对冷淡,戒备心理很强烈,各国更多地从自身利益出发,制定出种种自我保护的措施,人们普遍担心大量新移民的涌入将加重用于社会福利的赋税,冲击就业市场,带来更多的犯罪等社会问题。

3. 欧盟的立场与决策机制问题

欧盟此次东扩前,在对外政策上已经显现一些不和谐的声音。比如在伊拉克问题上,形成了反战的"法德轴心",法国和德国被认为是推动欧盟发展的最主要动力,两国极力反对美国出兵伊拉克,而以英国为首的"美国仆从国"则一心紧跟美国,两方矛盾很明显。

新加盟国家几乎全部站在美国一边,这些国家依赖美国的安全保护伞,这与法德保持与美国的距离,甚至谋求与美国相抗衡的战略是大相径庭的。由此可见,欧盟的扩大可能会加剧欧盟内部在重大决策上的意见分歧。

当然,欧盟的一体化发展并非一帆风顺,不过一体化的潮流是不可逆转的,"大欧洲"的梦想正在逐步实现,人类朝着"大同"的目标又迈出了重要的一步。

发达国家中的另一个重要的一体化组织是北美自由贸易区。开始时是由美国和加拿大两个国家组成的贸易集团,美、加自由贸易协定于 1989 年 1 月 1 日起生效。该协议规定在十年内取消双边贸易中的关税和非关税壁垒,形成自由贸易区。1991 年底,墨西哥也加入进来,北美自由贸易区形成了北美地区的庞大的自由贸易区。目前来看,北美自由贸易区没有像欧共体那样宣布长远的发展目标,但对世界贸易的影响却是不可低估的。

经济一体化不仅涉及发达国家,也涉及许多发展中国家和地区。在拉丁美洲,1960 年形成了两个区域经济集团组织。一是自由贸易协会(LAFTA)。成员国有阿根廷、玻利维亚、巴西、智利、哥伦比亚、厄瓜多尔、墨西哥、巴拉圭、秘鲁、乌拉圭和委内瑞拉。1980 年它又改组为拉美一体化协会。二是中美洲共同市场(CACM)。参加国有危地马拉、萨尔瓦多、尼加拉瓜、哥斯达黎加和洪都拉斯。随后又出现了安第斯条约组织(APO,1969 年)、加勒比共同体等等。

亚洲地区的第一个经贸集团是东南亚联盟。东南亚联盟成立于1967年,成员国有新加坡、马来西亚、菲律宾、印尼和泰国。1984年文莱也加入进去,至2000年,东盟已有十个成员国,成为涵盖所有东南亚国家的国家间组织。中国近年来与东盟之间的合作也值得关注。

在非洲也存在许多经济一体化组织。如中非关税和经济同盟(EU),由刚果、加蓬、乍得、喀麦隆和中非共和国组成,以及由尼日利亚、马里、毛里塔尼亚、利比亚和塞拉利昂等16国组成的西非经济共同体,等等。

第二节 国际经济组织及其作用

在经济全球化的过程中,国际经济组织在协调国际经济活动中日益显现出重要性,已经成为一国经济在经济全球化中相交往的重要伙伴,它们不仅是经济全球化的产物,也是经济全球化的积极促成者。

一、国际货币基金组织及其作用

国际货币基金组织(international monetary fond,IMF)是根据1944年7月联合国金融会议通过的《国际货币基金协定》而建立起来的,正式成立于1945年12月,总部设在华盛顿,1947年3月开始工作,负责处理国际货币方面的重大问题,目前共有会员国140多个。它的宗旨、性质和业务范围均由《国际货币基金协定》的条款加以具体规定。国际货币基金组织的最高权力机构是理事会,由各成员国委派理事和副理事各1人组成,任期5年,可以连任。理事会于每年秋季与世界银行、国际金融公司和国际开发协会一起联合召开年会,1997年联合年会在中国香港举行。理事会委托执行董事会行使权力,执行董事会原由20人组成,其中5人由拥有基金份额最多的美国、英国、德国、法国和日本委派,另外15人由其他成员国理事按地区选举产生,每两年一届。由于沙特阿拉伯成为最大的债权国之一,后来又增补了沙特阿拉伯为执行董事。执行董事会选举基金组织总裁,以总裁为首的执行董事会负责基金组织的全部日常工作。

国际货币基金组织的宗旨是:促进国际货币合作,便利国际贸易的扩大与平衡发展,稳定国际汇兑,避免各国间的货币贬值竞争,消除妨碍世界贸易的外汇管制,以及通过贷款调整成员国国际收支的暂时失调。

国际货币基金组织的主要业务活动,就是在成员国的国际收支发生暂时不平衡时,通过出售特别提款权或出售其他货币换取成员国货币的方式,对成员国提供短期资金借贷,它不向成员国提供一般的项目贷款,不针对成员国地区提供贷款,属于主权性贷款。国际货币基金组织所经营的主要业务就是发放贷款,但它所发放的贷款不同于国际金融市场上的贷款,而是划分为若干类型,具有以下特点。

贷款方式特别,以采用会员国的本国货币“购买”外汇(即弥补国际收支差额所需的外汇)的形式出现。会员国还款时,则以原来购入的外币“购回本国货币”。贷款对象仅限于会员国政府,对私人企业和组织概不贷款。它只与会员国的财政部、中央银行或其他类似财政金融机构往来。贷款用途仅限于解决会员国国际收支不平衡的短期资金需要,用于贸易和非贸易经常项目支付。贷款期限一般为3~5年,利率较低。贷款额度受会员国缴纳的份额限制，与其份额大小成正比，贷款无论以什么货币提供，都以特别提款权（SDR）计值、计息。

国际货币基金组织（IMF）的会员国分两种，凡参加1944年布雷顿森林会议，并于1945年12月31日前在协定上签字正式参加的国家称为创始会员国，共有39个。在此之后参加的国家，称为其他会员国。中国是国际货币基金组织的创始成员国。1980年中国恢复在国际货币基金组织的合法席位并单独组成一个选区，自行委任执行董事。1981年和1986年，我国在出现较大国际收支不平衡情况下，曾经借用过国际货币基金组织的贷款。它对克服我国20世纪80年代出现的国际收支逆差，改善宏观经济状况，保持国民经济稳定增长起到了一定的作用。2001年2月5日，国际货币基金组织（IMF）理事会投票通过了关于中国特别增资的决议，将中国在国际货币基金组织的份额由原来的46.872亿（约合61亿美元）特别提款权（SDR），提高到63.692亿（约合83亿美元）特别提款权（SDR），从而使中国在国际货币基金组织的份额座次由原来的第11位提到了第8位。中国驻国际货币基金组织官员说，提高份额的最大意义在于提高中国的发言权，反映了中国的经济分量。

二、世界银行及其作用

世界银行（world bank）是目前世界上最具影响力的国际金融组织之一。它成立于1945年12月，当时正式名称是国际复兴开发银行（international bank of recovery and development，IBRD），简称世界银行（world bank）。以后随着国际形势的发展，又相继于1956年7月成立了国际金融公司，于1960年9月成立了国际开发协会等机构，从而形成了现在统称的“世界银行集团”。目前的世界银行集团由国际复兴开发银行（IBRD）、国际开发协会（IDA）、国际金融公司（IFC）、多边投资担保机构（MIGA）和解决投资争端国际中心（ICSID）五个机构组成。世界银行的最高决策机构是理事会，其日常工作由执行董事会负责，行长历来是美国人。

国际开发协会成立于1960年9月，其目的是向最贫困的发展中国家提供资金，即向没有能力向国际复兴开发银行借款的国家提供优惠性贷款，也称为世界银行软贷款，用于满足这些国家在重要发展方面的资金需要，推动其经济发展，补充世界银行的信贷活动，促进世界银行目标的实现。国际开发协会把优先发展的重点转向农业和农村发展，同时增加了对能够提高生产力，增加就业机会的项目的贷款（如农村发展的小型企业项目等），以及对能够直接减轻贫困现象，为贫困人口造福的项目增加贷款。国际开发协会的会址在美国首都华盛顿，机构主要有董事会、理事会，董事、理事均由世界银行的董事和理事担任，协会的经理由世界银行行长担任。

国际金融公司成立于1956年7月，其贷款业务不同于只贷款给政府的国际复兴开发银行和国际开发协会的贷款，它通过提供长期贷款、股本投资、担保和“备用融资”风险管理，以及准股本证券，比如附属贷款、优先股和收入票据等方式，帮助并促进成员国私营部门的发展，其资金来源中，约80%是通过公开发行债券或私募的方式从国际金融市场借款，20%借自国际复兴开发银行，它的贷款不需要企业所在国政府的担保，贷款期一般为5～15年，并收取贷款利息，总公司设在美国首都华盛顿，机构主要为董事会、理事会，董事和理事均由世界银行的董事、理事兼任，公司总经理由世界银行的行长担任。

世界银行的宗旨如下：

（1）对用于生产目的的投资提供便利，以协助会员国的复兴与开发，鼓励较不发达国家生产与资源的开发。

(2)利用担保或参加私人贷款及其他私人投资的方式,促进会员国以外私人投资。当外国私人投资不能获得时,在条件合适时,运用本身资本或筹集的资金及其他资金,为会员国生产提供资金,以补充外国私人投资的不足,促进会员国的外国私人投资的增加。

(3)用鼓励国际投资以开发会员国生产资源的方法,促进国际贸易的长期平衡发展,并维持国际收支的平衡。

(4)在贷款、担保或组织其他渠道的资金中,保证重要项目或在时间上紧迫的项目,不管大小都能优先安排。

(5)在业务中适当照顾各会员国国内工商业,使其免受国际投资的影响。

概括起来就是担保或供给会员国长期贷款,以促进会员国资源的开发和国民经济的发展,促进国际贸易长期均衡的增长及国际收支平衡的维持。

世界银行贷款特点有以下几点。首先,从贷款对象上来看,世界银行只贷给成员国中低收入国家政府或经政府(中央银行)担保的公、私企业,并且只贷给有偿还能力的成员国,世界银行严格审查贷款国的还债能力。其次,贷款条件比较优惠,主要表现在贷款利率低于市场利率,甚至免收利息,贷款期限(含宽限期)较长,借款者主要承担贷款货币汇率变动的风险。第三,从贷款项目审查标准上看,世界银行贷款立项认真、严格,一般要求贷款与特定的工程项目相联系,对这些项目世界银行要进行精心挑选,认为确属经济上最优先考虑的项目才提供贷款;世行只贷款给确实不能以合理条件从其他来源获得资金的项目,世界银行根据各国情况确定贷款占项目总投资的比例(中国为35%左右),借款国必须匹配足配套资金。第四,从贷款使用上看,世界银行要求贷款国必须提供详尽的有关贷款项目资料。要求贷款必须如期归还,不可中途改变还款日期,批准项目的手续十分严密,历时较长,一般从项目的提出到签约需1.5年~2年。贷款的使用不能限定在某一个特定成员国中进行采购,而要通过国际招标,以保证贷款不被挪用,并保证所有的成员国和非成员国都有参加投标的机会,从而使世界银行的资金能周转于各成员国之间。

我国作为世界银行创始成员之一,于1980年5月15日恢复了我国在世界银行的合法席位。世界银行作为我国在国际资本市场融资的一个来源,对于帮助我国发展国内资本市场,支持我国经济和社会发展的作用十分明显。世行目前通过两种主要方式继续对中国,特别是贫穷地区提供贷款。一种是世行与其他能够提供软贷款的多边组织或团体联合。另一种是安排一些既有社会价值,也能带来商业利益的项目。未来贷款的大部分将用于基础设施项目,如中国西部十省区的高速公路、道路、水利事业等。可以说中国与世界银行集团合作与贫困做斗争的工作仍将继续。

三、世界贸易组织及其作用

世界贸易组织(WTO),1995年1月1日成立,其前身是1948年正式生效的General Agreements on Tariffs and Trade(GATT),即关税与贸易总协定,简称关贸总协定。WTO是当今规范国际经贸规则的多边经济组织,目前拥有约150个成员国,与国际货币基金组织、世界银行并称为世界经济的"三大支柱",更有人誉之为"经济的联合国"。第二次世界大战后,GATT和WTO在扩大国际贸易,解决国际贸易争端,吸收广大发展中国家参与多边贸易,促进世界经济发展方面发挥了重要的作用。

关税及贸易总协定(简称关贸总协定)是关于关税和贸易准则的多边国际协定组织。

第二次世界大战之后,国际经济严重萧条,国际贸易秩序混乱,1944 年 7 月在美国的布雷顿森林召开的国际货币与金融会议(44 个国家参加)建议成立国际货币基金组织、国际复兴开发银行(即世界银行)和国际贸易组织,作为支撑全球经济的三大支柱来调节世界经贸关系,推动全球经济的复苏和发展。1946 年,联合国经济与社会理事会决定召开一次国际贸易与就业会议,并成立了一个筹备委员会着手起草国际贸易组织章程。1947 年 4 月至 10 月,在日内瓦召开的第二次筹委会会议同意将正在起草中的国际贸易组织宪章草案中涉及关税与贸易的条款抽取出来,构成一个单独的协定,并把它命名为《关税及贸易总协定》,23 个国家和地区签署了这份"临时适用"议定书。它于 1948 年 1 月 1 日起正式生效,并根据该文件成立了相应机构,其总部设在日内瓦,成员最后发展到 130 多个。

关贸总协定从 1947 年至 1994 年共举行了 8 轮多边贸易谈判。据不完全统计,前 7 轮谈判中达成关税减让的商品就有近 10 万种。第 8 轮谈判(即乌拉圭回合)取得更为重大的进展,不仅就逐步取消进口许可证或配额、减让关税等方面达成了一系列多边协议,而且最终于 1994 年 4 月 15 日在摩洛哥签署了《世界贸易组织协定》。1995 年 1 月 1 日,世界贸易组织正式成立,关贸总协定的历史使命随即宣告结束。

世贸组织的宗旨和基本原则与关贸总协定基本相同,旨在通过市场开放、非歧视性和公平贸易等原则的实施来达到推动实现世界贸易自由化的目标。它与关贸总协定的不同之处在于它有更宽的管辖范围,除管理传统的和乌拉圭回合新确定的货物贸易外,还包括长期游离于关贸总协定外的知识产权、投资措施和服务贸易等领域。世贸组织是具有法人地位的国际组织,它在调解成员争端方面具有更高的权威性和有效性。

世贸组织的总部设在瑞士日内瓦。其基本结构如图 11 – 3 所示。其基本职能有:管理和执行构成世贸组织的多边贸易协定;作为多边贸易谈判的讲坛;寻求解决贸易争端;监督各成员贸易政策,并同其他和制定全球经济政策有关的国际机构进行合作。它的最高决策权力机构是部长会议,至少每两年召开一次会议。下设总理事会和秘书处,负责世贸组织日常会议和工作。总理事会设有货物贸易、服务贸易、知识产权 3 个理事会和贸易与发展、国际收支、行政预算等委员会。秘书处设总干事一人。世贸组织于 1995 年 11 月 29 日还成立了争端解决机构,该机构负责对世贸组织成员之间的分歧进行仲裁。

(一)世界贸易组织的基本原则

与关贸总协定相比,世界贸易组织在内容、范围、体制和职能方面,尤其在强化世界多边贸易秩序、规范国际贸易竞争规则、完善贸易争端解决机制等方面有着许多新进展。世界贸易组织的基本原则与宗旨是:通过实施市场开放、非歧视和公平贸易等原则,达到推动实现世界贸易自由化的目标;通过自由贸易达到世界范围内各个国家经济福利的总体提高。世界贸易组织的基本职能包括:作为成员国进行多边贸易谈判的场所和发表意见的讲坛,在成员国的支持下管理和执行已经达成的多边贸易协议,当发生成员国之间的贸易纠纷时寻求贸易争端的解决,定期考察并监督成员的贸易政策,与其他国际经济组织合作,等等。从总体上来看,世界贸易组织主要强调、贯彻贸易自由主义和无歧视政策,并对发展中国家有一定的贸易优惠。具体讲,世界贸易组织的原则如下。

1. 公平贸易原则

各成员的出口贸易经营者不得采取不公正的贸易手段进行或扭曲国际贸易竞争,尤其不能采取倾销和补贴的方式在他国销售产品。世贸组织强调,以倾销或补贴方式出口本国产品，给进口方国内工业造成实质性损害，或有实质性损害威胁时，该进口方可以根据受损的国内工业的指控，采取反倾销和反补贴措施。同时，世贸组织强调，反对成员滥用反倾销和反补贴措施达到其贸易保护的目的。

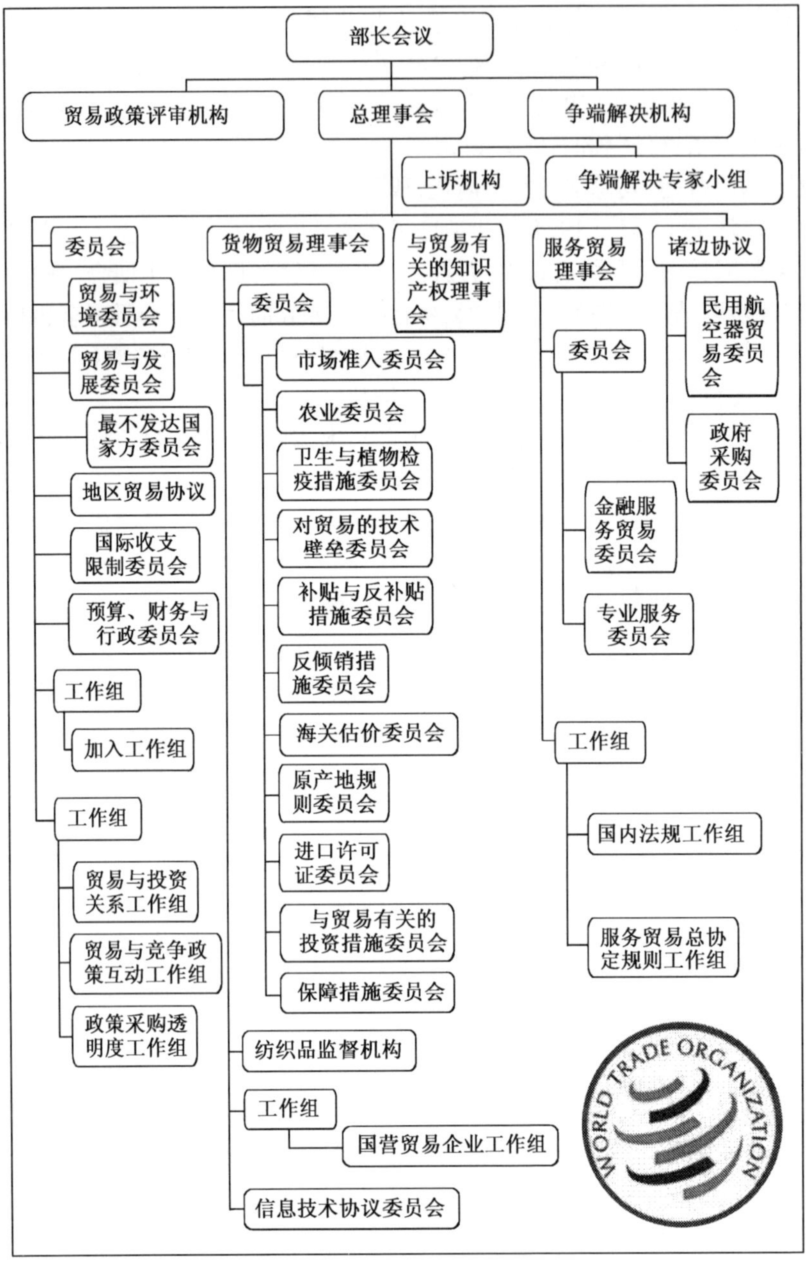

图 11－3　世界贸易组织的组织框架

2. 关税减让原则

关税减让一直是多边国际谈判的主要议题。关税减让谈判一般在产品主要供应者与主要进口者之间进行，其他国家也可参加。对双边的减让谈判结果，其他成员按照“最惠国待遇”原则可不经谈判而适用。

3. 透明度原则

要求各成员将有效实施的有关管理对外贸易的各项法律、法规、行政规章、司法判决等迅速加以公布，以使其他成员政府和贸易经营者加以熟悉；各成员政府之间或政府机构之间签署的影响国际贸易政策的现行协定和条约也应加以公布；各成员应在其境内统一、公正和合理地实施各项法律、法规、行政规章、司法判决等。

4. 针对“国有贸易企业”原则

世贸组织对国有贸易企业的主要要求，是在进行有关进出口的购买或销售时，应只以商业上的考虑作为标准，并为其他成员企业提供参与这种购买或销售的充分竞争机会。

5. 非歧视性贸易原则

具体表现为“一般最惠国待遇”及“国民待遇”。最惠国待遇原则为：如果一名成员给予另一成员某种优惠的待遇，那么它就应该立即、无条件地将同样的优惠待遇扩展到所有成员，以保证没有任何成员受到“歧视性”待遇。

6. 一般禁止数量限制原则

在货物贸易方面，世界贸易组织仅允许进行关税保护，而禁止其他非关税壁垒，尤其是以配额和许可证为主要方式的数量限制。但禁止数量限制也有一些重要的例外，如国际收支困难的国家被允许实施数量限制；发展中国家的“幼稚工业”也被允许加以保护。

（二）世界贸易组织的法律框架

世界贸易组织的法律框架，如图 11－4 所示，由《建立世界贸易组织协定》及其四个附件组成。附件一是货物贸易多边协定，《服务贸易总协定》和《与贸易有关的知识产权协定》，附件二是《关于争端解决规则和程序的协议》，附件三是《贸易政策审议机制》，附件四是《政府采购协议》《民用航空器贸易协议》《国际奶制品协议》和《国际牛肉协议》。其中，《国际奶制品协议》和《国际牛肉协议》已于 1997 年 12 月 31 日终止。

附件一中的货物贸易多边协定可以分为两部分，一部分是《1994 年关税与贸易总协定》，另一部分是有关货物贸易具体领域的 12 个协议。《1994 年关税与贸易总协定》是 WTO 法律框架的重要组成部分，也是货物贸易领域其他协议的原则和法律框架；12 个协议分别为《农产品协议》《纺织品与服装协议》《卫生与动植物检疫措施协议》《技术性贸易壁垒协议》《与贸易有关的投资措施协议》《反倾销协议》《海关估价协议》《装运前检验协议》《原产地规则协议》《进口许可程序协议》《补贴与反补贴措施协议》《保障措施协议》等。

附件一、附件二和附件三作为多边贸易协定，所有成员都必须接受。附件四属于诸边贸易协定，仅对签署方有约束力，成员可以自愿选择参加。

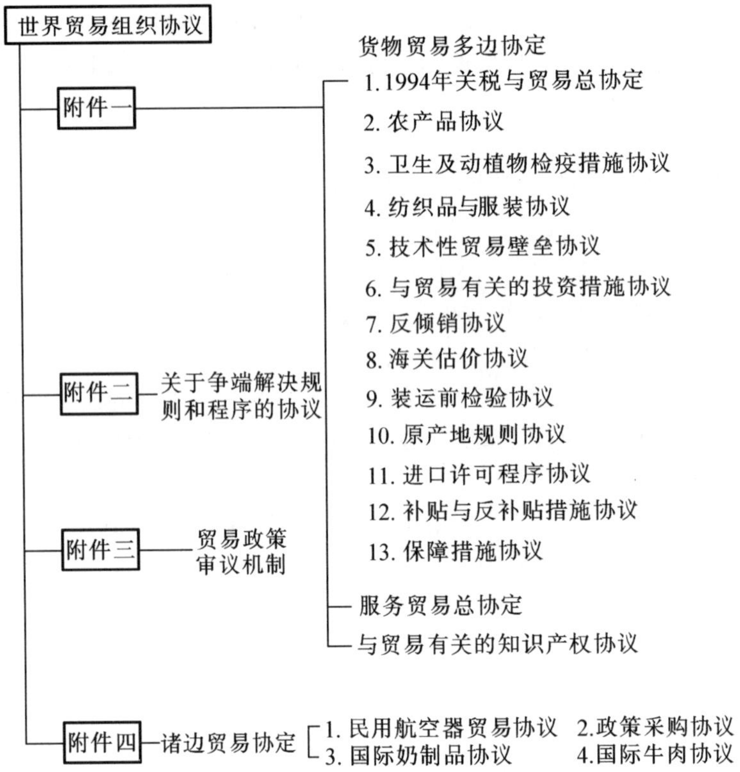

图 11－4　世界贸易组织的法律框架

(三)中国与世贸组织的关系

1947 年 10 月 30 日,当时中国国民党政府签署了联合国贸易与就业大会的最后文件,该大会创建了关贸总协定。1948 年 4 月 21 日,国民党政府签署关贸总协定《临时适用议定书》,并从 1948 年 5 月 21 日正式成为关贸总协定缔约方。1950 年 3 月 6 日,台湾当局由其“联合国常驻代表”以“中华民国”的名义照会联合国秘书长,决定退出关贸总协定。

中国“复关”谈判从 1986 年 7 月开始,一直到 1995 年 11 月,中国“复关”问题没有解决。1995 年 1 月 1 日起 WTO 正式运转,由于中国在 GATT 与 WTO 共存一年期间没有解决 GATT 原始缔约方地位,因此中国不能以 GATT 缔约方身份自动成为 WTO 的创始成员方。因此,从 1995 年 11 月开始,中国的“复关”谈判就转为中国加入 WTO 谈判。

2001 年 9 月,在日内瓦当地时间 17 日下午 3:30 至 5:20,世贸中国工作组第 18 次会议在世贸总部举行正式会议,通过了中国加入 WTO 的所有法律文件。1987 年 3 月 4 日成立的中国工作组,随即结束了历时 14 年6 个月的历史使命。2001 年 11 月 11 日在卡塔尔首都多哈举行的世贸部长会议正式通过了中国加入 WTO 程序,2001 年 12 月 11 日《中国加入世贸组织议定书》正式生效,中国成为 WTO 的第 143 个成员。

中国入世后,严格履行如实承诺,遵照世界贸易组织的相关规定,被认为是履行世贸承诺的典范。几年来中国经济发展平稳,正在顺利渡过入世后的过渡期,相信伴随中国改革进程的深入,入世会让中国更加融入世界经济体制中,创造更多、更大的经济奇迹。

四、地区经济组织及其作用

其他地区经济组织，如亚洲开发银行、非洲开发银行、亚太经合组织、西非经济共同体、东非开发银行等，这些组织大都由发展中国家与发达国家共同组成，发达国家在其中发挥主导作用。其中与中国联系较紧密的是亚洲开发银行。

亚洲开发银行（asian development bank，简称亚行）是亚洲、太平洋地区的一个区域性国际金融组织，根据联合国亚洲及太平洋社会委员会专家小组会建议，并经1963年12月在马尼拉举行的第一次亚洲经济合作部长级会议决定，于1966年11月正式建立，总部设在菲律宾首都马尼拉。目前，亚行成员国共有56个，其中40个成员为亚洲及太平洋地区国家，称为本地区成员，另外16个是来自欧洲和北美洲的非本地区成员。我国作为亚行本地区成员，于1986年加入，认缴的亚行股本位居第三位，仅次于日本和美国。建立亚行的宗旨是促进亚洲和太平洋地区的经济发展和合作，特别是协助本地区发展中成员以共同的或个别的方式加速经济发展。但是，由于经济利益的差异，在地区经济组织中，在不同类型的成员国之间，往往也存在着一些需要进行协调的问题，这类组织也大都是在不断协调中得到发展和壮大的。

第三节 国际经济秩序的建立与南北关系

“秩序”（order）这一术语从法律上讲，体现了权利义务某种程度上的一致性、连续性和确定性，是调整人类事务的各种规则的总和。随着经济全球化的发展，各国经济间的联系与日俱增，世界经济开始成为一个密切联系的有机整体。国际社会的发展和繁荣取决于其所有成员的经济发展和进步，国际协调与合作的迫切性尤为明显。战后建立的国际秩序具有不公正性、不合理性，在国际社会中建立了国与国之间的领导与被领导、支配与被支配的不平等关系，阻碍了发展中国家的发展，导致贫者愈贫，富者愈富，南北差距扩大，国际经济关系严重失衡，影响和制约了国际经济的良性健康发展。因此对原有国际经济秩序的调整就和发达国家与发展中国家之间的经济关系（南北关系）紧密地结合起来，成为国际经济的重要议题。

一、国际经济秩序

（一）国际经济秩序的含义

所谓国际经济秩序是指在世界范围内建立起来的国际经济关系以及各种国际经济体系与制度的总和，是使世界经济作为有内在联系和相互依存的整体进行有规律地发展与变化的运行机制。国际经济秩序中贯穿着国际经济利益分配不均产生的矛盾，同时也体现着公平与效率之间的矛盾。

（二）旧国际经济秩序分析

旧的国际经济秩序是指在国际生产领域、国际商品交换领域、国际金融领域中发达国家主导经济规则的制定和执行，对于发展中国家实行的不公平的做法，以及现存的经济制度、规则方面的不合理关系。

旧的国际经济秩序的不合理之处主要体现在以下几方面。

(1)以不合理分工为基础的世界生产体系,经济上的贫富差距继续扩大。

(2)以不平等交换为特征的国际贸易体系,发达资本主义国家的贸易保护主义日益严重,广大发展中国家的贸易条件进一步恶化。

(3)以国际垄断资本占统治地位的国际货币金融体系,发展中国家资金严重短缺,债务十分沉重,科技落后。

在经济实践中,各国的经济利益不同,每个国家都存在着使本国利益最大化的动机,它激励着一国在国际经济范围内采取某些相对于该国是符合理性,但相对于世界而言是违反理性的做法,如在国际贸易中采取禁止性的保护主义,默许甚至推动损人利己的短期资本投机,利用本国货币竞争性贬值危害国际贸易的正常进行,采用补贴等行为干预国际市场竞争等等。

这就需要有国际协调机制来对这些危害世界经济总体利益的行为进行规范,尤其是对作为富国的发达国家危害穷国发展的那些行为进行规范。从理性上,各国都已经认识到个别国家的利益与世界经济总体利益保持一致,公平与效率维护统一的重要性和必要性,但是在当前国际贸易、国际金融等领域存在市场不完善的限制,发达国家作为既得利益者不会积极主动改变国际经济规则的情况下,国际经济秩序的调整只能依赖于各国政策上的协调才能得以实现。

(三)G-7与国际经济秩序

G-7高峰会议是指西方7个大国,美国、英国、德国、法国、日本、意大利和加拿大的首脑,定期就世界经济的重大事务进行磋商的会议,也被称为“西方七国首脑会议”。战后相当长时期内,西方国家都是各自执行其经济政策,彼此之间很少有联系,更谈不上加强国际经济调节。然而,1973年至1974年的西方经济危机,却为西方各国加强国际经济协调提供了机会。为缓解经济危机并着手解决一系列经济问题,从1975年开始,西方7个主要发达国家通过每年举行一次经济首脑会议的形式,对世界出现的一些重大经济问题进行国际经济协调。

在会议上,7国的根本宗旨在于稳定世界经济,促进经济增长,与会国家主要以讨论经济问题和宏观经济政策为主,内容大多涉及贸易、汇率、通货膨胀、能源等世界普遍关注的问题,但对于发展中国家的利益考虑得较少,致使发展中国家认为这样的会议在多数情况下是以牺牲发展中国家的利益来维护发达国家的利益的,因而对于G-7的许多做法反应冷淡。近年来,虽然经济仍然是与会国家讨论的主要课题,但环保、反恐怖活动等政治问题已引起更多的关注。因此,其政治色彩越来越浓重。相应的经济职能议题更多地由定期召开的财政部部长和央行行长会议处理。

俄罗斯于2000年加入G-7,组织的名称也相应地变为G-8。但是俄罗斯在G-8中的地位较为尴尬,因为从根本上来讲G-8是一个“富国俱乐部”,而俄罗斯当前的经济发展水平低下,国民经济发展水平和收入水平仍处于发展中国家行列,经济体制和经济利益与其他成员有很大不同,在G-8中的地位也多是象征性的。也正因为此,2004年美国的一部分议员提出动议,要推动政府将俄罗斯赶出G-8,此举引来俄罗斯国内广泛的关注,这也进一步证实了G-8的最富有国家利益代言人这一属性。

二、新国际经济秩序

(一)南北经济关系分析

南北关系是指发展中国家同发达资本主义国家之间的对立统一关系,因为发达国家主要位于北美洲、欧洲等北半球各地,而发展中国家大量集中于拉丁美洲、非洲和亚洲,从地理位置上看,各居南北两方。

南北关系可以追溯到帝国主义殖民地统治时期。在发展中国家独立前,它们与殖民地宗主国的关系是被剥削与剥削、被压迫与压迫、被掠夺与掠夺、被控制与控制的极端不平等的关系。独立后,南北关系仍然是一种不平等的经济政治关系,体现在发达国家利用其经济、军事、科技优势地位控制、支配、剥削发展中国家的关系。

第二次世界大战之后的国际关系中,发展中国家的总体地位在上升,但其基本方面仍然有着不平等的情况。南方各国对北方有着一定的依附性,发达国家希望发展中国家经济能够在一定程度上发展,但又希望发展中国家经济能够服务于发达国家经济的增长,更多地充当资源的提供地、产品的销售地和中间产品的加工地,因此又对发展中国家进行控制。发达国家在考虑与发展中国家的经济关系时,认为过多地照顾国际社会中贫富差距,考虑国际间的经济公平因素,会减低资源在国际经济中配置的效率,进而危及整个世界经济的福利增长,不愿意因为顾及国际社会的平等而牺牲自己的经济效率,将公平与效率两者对立起来。发展中国家则认为不能为了发达国家的经济效率和持续发展继续忍受贫困,并认为本国的贫困在相当大的程度上是过去殖民主义的产物。

新经济形式赋予南北经济关系以新的内涵。当今国际经济关系中许多新的问题都与发达国家与发展中国家间的利益有关,也被赋予更多的"秩序"色彩。如发达国家向发展中国家的资本流动,特别是短期资本流动,被发展中国家认为是"新殖民经济的手段",而发达国家将发展中国家因遭受外来资本冲击而引发的经济危机视为发展中国家自身宏观经济决策的失误,在这方面 1998 年世界银行和国际货币基金组织年会上,原马来西亚总理马哈蒂尔与美国量子基金创始人索罗斯的对话就很有代表性。知识经济是当前时代经济发展的重要特征,但许多人认为,知识经济时代也加大了发达国家与发展中国家之间的经济差距,将之称为"数字鸿沟",现代经济将知识的积累看作经济发展的本源动力,而发展中国家的贫穷导致在知识的创造、储存、提炼、传播等诸多方面与发达国家相比远远地滞后,形成了新的二元经济领域。全球化的能源紧张,也引发发达国家与发展中国家之间的争吵,发达国家认为,发展中国家快速增长的能源需求加剧了世界主要能源的供需矛盾,而发展中国家指责发达国家通过压制发展中国家的能源需求,制约发展中国家经济发展,同时在自身迈入经济良性循环的轨道后,强迫发展中国家尽早实行可持续发展有失公允。对全球化的争议是诸多问题中争议最大的,发展中国家认为发达国家极力推行全球化是抹杀了各民族的经济发展个性,甚至是对民族文化的侵略和屠杀,而发达国家将其自身的制度体系当作推广输出的法宝,不遗余力地希望越来越多的国家实行。

新的世界经济现象引发了对国际经济新秩序的诸多思考,国际经济新秩序也将继续围绕"效率与公平"这一永恒的话题继续讨论下去。

（二）新国际经济秩序的提出

第二次世界大战之后，在1947年以美英为首召开的布雷顿森林会议上，签订了《国际货币基金协定》《国际复兴开发银行协定》以及《关税与贸易总协定》，由此在国际贸易与国际金融领域形成了国际性的制度安排，这三大协定构成了战后国际经济秩序的基本法律框架。

第二次世界大战以后国际社会政治格局发生了显著变化，一大批殖民地国和附属国纷纷摆脱殖民统治而成为政治上独立的新兴主权国家。但是，旧的经济格局并没有发生明显变化，原有的殖民主义经济结构和垂直分工状况仍然使新兴国家无法摆脱发达国家的控制，严重阻碍了发展中国家的发展，因此发展中国家面临着改革和破除旧的国际经济秩序，建立国际经济新秩序的历史使命。所谓国际经济新秩序是指“在当今的世界经济环境中促使发展中国家的经济和社会进步，对反映旧国际经济秩序的现行国际经济结构进行调整和改变”。最早提出国际经济新秩序概念的是阿根廷著名经济学家劳尔·普雷维什（R. Prebish），他提出的“中心－外围论”（center－periphery doctrine）主张外围国家要发展，就要从各个方面打破这种不合理的中心－外围结构，争取建立新的国际经济秩序。

我国倡导的国际经济新秩序的内容包括：各国有权选择符合本国国情的经济制度、经济模式和发展道路；各国有权对本国资源及其开发实行有效控制；各国都有权参与处理国际经济事务；发达国家应尊重和照顾发展中国家的利益和需要，在提供援助时不应附加任何政治条件；加强南北对话和合作，在商品、贸易、资金、债务、货币、金融等重要经济领域做出必要的调整和改革，做到经济上互惠互利。

（三）新国际经济秩序的建立

发展中国家为建立国际经济新秩序所做的集体努力始自于1955年4月召开的亚非会议，在这次会议上，第一次提出了要求变革旧的国际经济秩序的呼声。1964年，在第一届联合国贸易和发展会议期间，77个发展中国家和地区发表了《七十七国联合宣言》，为维护本国权益、反对帝国主义剥削和掠夺而联合建立了国际性组织，即“七十七国集团”，以后其成员国不断增加但仍沿用此名。

“七十七国集团”的宗旨是：在参加全球性国际经济会议之前，成员国协调立场，商讨共同对策，表达发展中国家的共同愿望。七十七国集团无固定的专门机构，最高组织形式是全体成员国部长级会议，有时还可按地区分别召开预备会议。在历届贸易和发展会议召开之前，先举行集团部长级会议，进行协商，统一行动。1967年后，七十七国集团相继发表了《阿尔及尔宪章》《利马宣言》《建立国际经济新秩序宣言》《建立国际经济新秩序行动纲领》《工业发展与合作宣言和行动计划》《马尼拉宣言》《争取集体自力更生和关于谈判纲要的阿鲁沙纲领》，以及呼吁联合国通过新的国际发展战略和重开全球性南北对话的联合公报。

上述的部分纲领性文件表达的发展中国家理解的国际经济新秩序的内涵主要体现在以下三方面。

一是国际经济新秩序与公平互利。国际经济新秩序要求各国都能平等参与国际经济合作与交往，公平分享由此产生的利益，这就要求对传统的平等观进行革新。国际经济新秩序中的平等不仅是各方地位上的平等，而且包括功能上的平等，各国都必须有权充分和有效地参与国际经济决策，摒弃那种不顾发展水平不平衡现状而导致权利义务失衡的形式平等，逐步树立实质的公平观念，使国际经济秩序能增进人类的普遍福利。

二是国际经济新秩序与发展权。发展权作为一项人权已被国际社会普遍接受，发展权实际上也反映在国际经济新秩序的概念中。国际经济新秩序要求各国都有均等的发展经济的机会，以重新平衡国际经济关系、国际经济制度，创造更有利于发展中国家发展的环境和机制。在当今的国际条件下，由于全球化所带来的“南北差距”的扩大，处理发展中国家和发达国家的经济关系，必须采用更有利于发展中国家发展的原则和规则，也可以将这看作实现基本人权的一部分。

三是国际经济新秩序与可持续发展。在全球化迅速推进的背景下，世界经济各组成部分之间的互相依赖和相互依存与日俱增，发展是一个相互作用的过程，只有发展中国家的经济也得到发展，包括发达国家在内的世界经济才能有持续发展的后劲，二者是“一损俱损、一荣俱荣”的关系。《经济宪章》序言中指出“在严格尊重每个国家主权平等的前提下……促进集体经济安全以谋求发展，特别是发展中国家的发展。”各国都必须抛弃狭隘的做法，着眼整个国际社会经济的共同可持续发展，实现真正的“双赢”。

目前，发展中国家在维护资源、经济独立、国际贸易、国际金融、国际生产领域都自发地以同样的声音说话，一方面发展中国家与发达国家进行了全面的合作，融入国际经济体系中，接受现行的国际经济制度和通行规则；另一方面，为了维护自身的利益，发展中国家也进行了不懈的努力和斗争。发展中国家的斗争也经历过由体制外到体制内的转变过程，中国与世界贸易组织的关系就很能说明这种变化历程。

当前，发展中国家与发达国家都认识到建立双方都可以接受的国际经济秩序是非常必要的，有着重要的实际意义。通过国际经济协调的方式构建国际经济新的制度体系成为各国的共识，各国更重视在多边主义或者双边主义体制范围内，以各国政府为主体，对一些共同关心的问题进行广泛的讨论和协商，并在一定程度上达成妥协协议，以便实现对国家间经济关系及经济活动的联合干预与调节，从而使世界经济秩序得以正常运行。各国都愿意通过开展国际贸易、资本流动、人员交流、技术援助等国际经济活动方式，使国际资源在更高的效率下重新进行配置，使已经存在和新创造的福利在国际间进行新的分配与再分配，从而达到个别国家或国家集团与世界经济总体利益的一致，以及效率与公平的统一。

思 考 题

1. 东亚地区的经济一体化进程相对比较滞后，试分析在一体化过程中美、中、日三国各自的利益与顾虑，并比较东亚地区经济一体化与西欧经济一体化的异同。

2. 联系当前各国间在钢铁、纺织品、农产品贸易中的贸易摩擦，分析在国际贸易争端解决方面，世界贸易组织的作用。

3. 分析中国在国际经济新秩序建立过程中，代表发展中国家能够发挥的作用。

附录　考试大纲

第一部分　课程性质与设置目的

“国际经济学”课程是高等学校经济学类专业的核心课和专业基础课。设置本课程的目的是通过对国际经济理论和贸易政策的学习，学生能够掌握稀缺的经济资源在全球范围内实现最优配置的理论，以及各国由此发生的经济关系中应该采取的政策；掌握分析国际经济现实问题的方法和基本思路。

本课程的基本要求是通过本课程的学习，学生比较系统地掌握国际经济学的基本理论、基本政策和分析国际经济热点问题的基本方法。要求学生掌握国际经济学理论和贸易政策的分析和表达方式。在此基础上，要求学生能够应用国际经济学的基本理论和政策分析国际贸易热点问题。

第二部分　课程内容与考核目标

第一章　绪　　论

（一）学习目的和要求

通过本章的学习，学生能够对国际经济学有一个概括性的基本了解，理解本门学科与经济学科之间的关系、国际经济学的主要内容与结构，以及学习国际经济学应该具有的方法论基础等。

（二）课程内容

第一节　国际经济学的产生与发展

本节主要阐述了国际经济学产生与发展的过程。

第二节　国际经济学研究的内容与方法

本节介绍了国际经济学的基本内容，以及国际经济学的分析方法。

（三）考核知识点

1. 国际经济学的基本内容
2. 国际经济学的分析方法

(四)考核要求

1. 国际经济学的基本内容
领会:国际经济学基本内容之间的内在联系
2. 国际经济学的分析方法
领会:国际经济学分析方法的应用

第二章 国际贸易的传统理论

(一)学习目的和要求

通过本章的学习,学生能够掌握绝对利益学说与比较利益学说,理解国际贸易利益的产生机制以及国际贸易价格如何确定。

(二)课程内容

第一节 亚当·斯密的绝对利益学说
本节主要介绍了亚当·斯密的绝对利益学说,运用模型分析绝对利益学说并对其进行评价。
第二节 大卫·李嘉图的比较利益学说
本节主要介绍了大卫·李嘉图的比较利益学说,运用模型分析比较利益学说并对其进行评价。
第三节 国际贸易价格的确定
本节主要介绍了国际交换比例及贸易价格的确定。

(三)考核知识点

1. 绝对利益学说的内容
2. 比较利益学说的内容
3. 国际贸易价格的确定

(四)考核要求

1. 绝对利益学说的内容
识记:绝对利益学说的主要内容
领会:绝对利益学说的模型分析
2. 比较利益学说的内容
识记:比较利益学说的主要内容
领会:比较利益学说的模型分析
应用:运用比较利益学说分析国际贸易热点问题,探讨比较利益学说在我国对外贸易政策中的应用
3. 国际贸易价格的确定
领会:国际交换比例及国际贸易价格确定过程与原则

第三章　国际贸易的现代与当代理论

(一)学习目的和要求

通过本章的学习,学生能够了解 H－O 模型的假设前提,掌握 H－O 模型的基本命题与结论,理解里昂惕夫反论及其解释。

(二)课程内容

第一节　H－O 模型及其分析

本节介绍了 H－O 模型的提出,说明了 H－O 模型的假设前提,重点阐述了 H－O 模型的基本命题与结论。

第二节　里昂惕夫反论及新要素理论

本节介绍了里昂惕夫反论的产生,阐述了学术界对里昂惕夫反论的各种理论解释及新要素理论。

第三节　国际贸易的当代理论

本节重点介绍了具有一定代表性的国际贸易当代理论。

(三)考核知识点

1. H－O 模型的结论
2. 里昂惕夫反论
3. 对里昂惕夫反论的解释

(四)考核要求

1. H－O 模型的结论

领会:广义要素禀赋理论(H－O－S 理论)、萨缪尔森定理

2. 里昂惕夫反论

识记:里昂惕夫反论的产生

领会:里昂惕夫反论的内容

3. 对里昂惕夫反论的解释

领会:里昂惕夫本人的解释、要素密集度逆转、需求逆转、贸易保护政策的影响、自然资源等要素的影响、研究方法的问题

第四章　对外贸易政策与对外贸易战略

(一)学习目的和要求

通过本章的学习,学生能够了解对外贸易政策的构成、类型、目的、依据与执行,理解对外贸易政策的发展与演变,掌握进口替代战略与出口替代战略。

(二)课程内容

第一节　对外贸易政策概述

本节介绍了对外贸易政策的概念,阐述了对外贸易政策的构成、类型、目的、依据与执行。

第二节　对外贸易政策的发展与演变

本节主要介绍了在资本主义原始积累时期、资本主义自由竞争时期、垄断资本主义时期、贸易自由化时期、新贸易保护主义时期的主要贸易政策。

第三节　进口替代战略与出口替代战略

本节主要介绍了进口替代战略与出口替代战略的发展阶段、主要措施及作用。

(三)考核知识点

1. 对外贸易政策的构成
2. 对外贸易政策的类型
3. 制定对外贸易政策的目的
4. 进口替代的概念及主要措施

(四)考核要求

1. 对外贸易政策的构成

识记:总政策、商品政策、关税政策、国别政策

2. 对外贸易政策的类型

识记:自由贸易政策、保护贸易政策、模拟实验、功能模拟

3. 制定对外贸易政策的目的

领会:怎样通过贸易政策保护本国市场、提高本国企业生产产品的竞争力、开拓国际市场、开展国际经济技术合作、促进本国经济发展

4. 进口替代的概念及主要措施

识记:进口替代的概念

领会:进口替代措施包括实行保护关税、进口限额、许可制度、本币升值等

第五章　关 税 措 施

(一)学习目的和要求

通过本章的学习,学生能够了解关税的概念及特点,理解关税的作用、征收制度与分类,掌握贸易大国关税的经济效应与局部均衡经济效应。

(二)课程内容

第一节　关税概述

本节介绍了关税的概念与特点,解释关税的作用。

第二节　关税的分类

本节主要将关税按征税对象不同、征税目的不同、征税待遇不同、征税依据不同、计税标准不同等进行了分类,并针对每一种关税进行了详细阐述。

第三节　关税的经济效应分析

本节主要对关税的局部均衡经济效应与一般均衡经济效应进行分析,并将其分为贸易大国与贸易小国两种情况进行了论述。

第四节　关税保护程度及测定

本节主要介绍了关税保护率与关税水平的计量,重点阐述了名义保护率与有效保护率。

第五节　关税的征收制度

本节介绍了关税的征收对象、关税的纳税人、关税的完税价格,理解关税税则与关税的减免。

(三)考核知识点

1. 关税的概念、特点
2. 关税的分类
3. 关税的局部均衡经济效应
4. 关税税则
5. 关税的减免

(四)考核要求

1. 关税的概念、特点

识记:关税的概念、特点

2. 关税的分类

识记:按征税对象不同分类、征税目的不同分类、征税待遇不同分类、征税依据不同分类、计税标准不同分类

应用:运用反倾销税与反补贴税相关知识分析我国出口产品遭受国外反倾销与反补贴调查的案例

3. 关税的局部均衡经济效应

领会:贸易小国关税的局部均衡经济效应、贸易大国关税的局部均衡经济效应

4. 关税税则

识记:关税税则的货物分类方法、关税税则种类

5. 关税的减免

识记:关税减免的范围、减免关税的批准和约束条件

第六章　非关税措施

(一)学习目的和要求

通过本章的学习,学生能够了解非关税措施的概念、特征、分类,理解非关税措施的作

用，掌握具有直接影响性的非关税措施与具有间接影响性的非关税措施。

（二）课程内容

第一节 非关税措施概述

本节主要介绍了非关税措施的概念、特征与分类，重点介绍非关税措施的作用。

第二节 具有直接影响性的非关税措施

本节介绍了进口配额的定义、分类及经济效应，重点对进口配额与进口关税进行比较，理解“自动”出口限制的定义、政府采用“自动”出口限制的原因、主要表现形式及其经济效应分析。

第三节 具有间接影响性的非关税措施

本节主要介绍了进口许可证制、外汇管制、对外贸易国家垄断制、歧视性的政府采购政策、进口最低限价、进口押金制度、海关估价制度，重点掌握技术性贸易壁垒、绿色贸易壁垒与蓝色壁垒。

（三）考核知识点

1. 非关税措施的概念、特征
2. 非关税措施的作用
3. 进口配额的定义、分类及经济效应
4. 技术性贸易壁垒
5. 绿色贸易壁垒
6. 蓝色贸易壁垒

（四）考核要求

1. 非关税措施的概念、特征

识记：非关税措施的概念及四方面特征

2. 非关税措施的作用

领会：非关税措施在发达国家与发展中国家中的不同作用

3. 进口配额的定义、分类及经济效应

识记：进口配额的定义与特征

领会：进口配额对一国产生的经济效应

4. 技术性贸易壁垒

识记：WTO《技术性贸易壁垒协议》相关内容

领会：技术性贸易壁垒的主要措施

应用：如何利用 WTO 规则应对技术性贸易壁垒

5. 绿色贸易壁垒

识记：绿色贸易壁垒的定义及其表现形式

应用：如何利用 WTO 规则应对绿色贸易壁垒

6. 蓝色贸易壁垒

识记：蓝色贸易壁垒的定义及其表现形式

应用：如何利用 WTO 规则应对蓝色贸易壁垒

第七章　国际收支分析

(一)学习目的和要求

通过本章的学习,学生能够了解国际收支的概念、国际收支平衡表(BOP 表)的编制原则,理解国际收支平衡表(BOP 表)的主要内容及经济含义,重点掌握国际收支调节理论。

(二)课程内容

第一节　国际收支与国际收支平衡表

本节介绍了国际收支的概念及国际收支平衡表(BOP 表)的编制原则,阐述国际收支平衡表(BOP 表)的内容,重点分析国际收支状况的含义与经济分析。

第二节　国际收支的调节

本节介绍了国际收支失衡的性质、原因、类型,阐述了国际收支调节的措施,重点分析国际收支调节理论。

(三)考核知识点

1. 国际收支的概念
2. 国际收支平衡表(BOP 表)的编制原则
3. 国际收支状况的含义与经济分析
4. 国际收支失衡的性质、原因、类型
5. 国际收支调节理论

(四)考核要求

1. 国际收支的概念

识记:狭义与广义的国际收支

2. 国际收支平衡表(BOP 表)的编制原则

识记:国际收支平衡表(BOP 表)

领会:参照国际货币基金组织(IMF)的规定或说明,国际收支平衡表(BOP 表)的编制原则

3. 国际收支状况的含义与经济分析

识记:国际收支状况的含义

领会:国际收支状况对一国汇率、融资能力、经济结构与运行状况、国内的经济增长等产生的影响

4. 国际收支失衡的性质、原因、类型

识记:国际收支状况的性质、类型

领会:国际收支失衡的原因

5. 国际收支调节理论

领会:弹性法、吸收法、货币法

第八章 汇率理论

(一)学习目的和要求

通过本章的学习,学生能够了解外汇和汇率的基本概念,包括其定义、性质、种类、汇率的标价方法等内容,理解汇率决定的基础和影响因素,重点掌握汇率决定的若干理论。

(二)课程内容

第一节 外汇与汇率

本节介绍了外汇的定义、性质、特点、种类,阐述了汇率的定义、种类与标价方法。

第二节 汇率决定

本节介绍了汇率决定的基础、影响汇率变化的因素及汇率变化对经济产生的影响。

第三节 汇率决定的若干理论

本节介绍了西方国家汇率决定理论及发展阶段。

(三)考核知识点

1. 外汇的定义、性质、特点、种类
2. 汇率的定义、种类
3. 影响汇率变化的因素
4. 汇率变化对经济产生的影响
5. 西方国家汇率决定理论及发展阶段

(四)考核要求

1. 外汇的定义、性质、特点、种类

识记:外汇的定义、性质、四个特点及三种分类

2. 汇率的定义、种类

识记:汇率的定义及种类

3. 影响汇率变化的因素

领会:影响汇率变化的因素及与其影响机制

4. 汇率变化对经济产生的影响

领会:货币的升值或贬值对国际收支、国内经济与国际经济产生的影响

5. 西方国家汇率决定理论及发展阶段

领会:主要汇率决定理论包括铸币评价论、国际借贷说、购买力平价说、汇兑心理说、利率平价说与资产市场说

第九章　要素的国际流动

(一)学习目的和要求

通过本章的学习,理解生产要素中劳动力国际流动的动因、形式及经济效应,掌握流动性资本的国际流动。

(二)课程内容

第一节　资本国际流动及其经济效应
本节主要介绍了资本流动的两缺口模型及资本流动的经济效应。
第二节　劳动力国际流动及其经济效应
本节主要介绍了劳动力流动的原因、形成及劳动力国际流动的经济效应。
第三节　生产要素流动与商品贸易的关系
本节主要介绍了生产要素流动与商品贸易之间的关系。
第四节　技术转移及其经济效应
本节主要介绍了技术转移及产生的经济效应。
第五节　国际要素转移的其他经济效应
本节主要介绍了国际要素转移产生的其他经济效应。

(三)考核知识点

1. 劳动力流动的原因
2. 劳动力国际流动的经济效应
3. 资本流动的经济效应

(四)考核要求

1. 劳动力流动的原因
识记:劳动力流动的主要原因
2. 劳动力国际流动的经济效应
领会:劳动力国际流动引起的收入增加效应、生产效应、分配效应与国际收支效应
3. 资本流动的经济效应
领会:资本国际流动引起的收入增加效应、生产效应、分配效应与国际收支效应

第十章　宏观经济的内外均衡

(一)学习目的和要求

通过本章的学习,学生能够理解贸易乘数理论,掌握国际经济传导机制与宏观经济的对内与对外均衡。

(二)课程内容

第一节 国际经济传导机制
本节主要介绍了简单开放国民收入模型、国际经济非均衡传导。
第二节 贸易乘数理论
本节主要介绍了贸易乘数理论。
第三节 宏观经济的对内与对外均衡
本节主要介绍了开放条件下的商品市场、货币市场与国际收支市场,重点阐释了IS-LM-BP模型。

(三)考核知识点

1. 简单开放国民收入模型
2. IS-LM-BP模型

(四)考核要求

1. 简单开放国民收入模型
领会:从动态角度看简单开放国民收入模型
2. IS-LM-BP模型
识记:IS-LM-BP模型的含义
领会:资本不流动的IS-LM-BP模型

第十一章 国际经济一体化与国际经济秩序

(一)学习目的和要求

通过本章的学习,学生能够了解国际经济一体化的含义与类型,理解欧洲经济一体化的产生与发展、北美自由贸易区的产生与发展及亚洲和亚太经合组织的发展。

(二)课程内容

第一节 经济一体化分析
本节主要对经济一体化进行了分析。
第二节 国际经济组织及其作用
本节主要介绍了重要的国际经济组织,主要包括国际贸易组织、货币基金组织与世界银行,重点掌握重要国际经济组织对世界经济起到的作用。
第三节 国际经济秩序的建立与南北关系
本节主要介绍了如何构建国际经济秩序及新时期的南北关系。

(三)考核知识点

1. 国际经济组织的作用
2. 国际经济秩序的建立

（四）考核要求

1. 国际经济组织的作用

领会：重要的国际经济组织对世界经济增长起到的作用

2. 国际经济秩序的建立

应用：全球金融危机后，国际经济规则进入重构期，主要发达国家正通过自由贸易区谈判、TPP 谈判等重新建立国际经济新秩序。在此背景下，中国该如何应对。

第三部分　有关说明与实施要求

1. 指定教材

《国际经济学》，丁华、范明主编，哈尔滨工程大学出版社，2021 年 12 月第 1 版。

2. 推荐参考教材

［1］《国际经济学》由李坤望主编，高等教育出版社。

［2］《国际经济学教程》黄卫平、彭刚主编. 中国人民大学出版社。

自学方法指导

1. 在全面系统学习的基础上，掌握相关概念、基本理论、基本方法。本课程内容广泛。自学应考者首先应全面系统地学习各章内容，记忆应当识记的基本概念和观点，深入理解基本理论，了解各章内容之间的内在联系和逻辑关系，注重融会贯通。在全面系统学习的基础上，掌握重点，有目的地深入学习重点章节的内容。但切忌在没有全面学习教材的情况下孤立地去抓重点。

2. 重理论联系实际。“国际经济学”课程是方法性的课程，具有很强的实践性。本课程的学习要求学生结合国际经济学的相关贸易原理，学习、理解和运用贸易理论与基本原理。

（四）对社会助学的要求

1. 社会助学者应根据本大纲规定的考试内容和考核目标，认真钻研指定的教材，明确本课程与其他课程不同的特点和学习要求，对自学应考者进行切实有效的辅导，引导他们防止自学中的各种偏向，把握社会助学的正确方向。

2. 正确处理基础知识与应用能力之间的关系，努力引导自学应考者将识记、领会同应用联系起来，将基础知识和理论转化为应用能力，在全面辅导的基础上，着重培养和提高自学应考者分析和解决问题的能力。

3. 要正确处理重点和一般的关系。课程内容有重点与一般之分，但考试内容是全面的，而且重点与一般是相互联系的，不是截然分开的。社会助学者应指导自学应考者全面系统地学习教材，掌握全部考试内容和考核知识点，在此基础上再突出重点。总之，要将重点学习与兼顾一般结合起来，切勿孤立地抓重点，把自学应考者引向猜题押宝的歧途。

（五）关于考试命题的若干要求

1. 本课程的命题考试，应根据本大纲规定的考试内容来确定考试范围和考核要求，不要任意扩大或缩小考试范围,提高或降低考核要求。考试命题要覆盖到各章,并适当突出重点章节,体现本课程的重点内容。

2. 本课程在试题中对不同能力层次要求的分数比例,一般为:识记占 20%,领会占 30%,简单应用占 30%,综合应用占 20%。

3. 试题要合理安排难易结构,试题难易度可分为易、较易、较难、难四个等级。每份试卷中,不同难易度试题的分数比例一般为:易占 20%,较易占 30%,较难占 30%,难占 20%。在不同能力层次中都会存在不同难度的问题,切勿混淆。

4. 本课程考试试卷采用的题型,一般有单项选择型、多项选择型、名词解释型、简答题、计算分析题、论述题。各种题型的具体形式参见附录 B。

第四部分　考试题型举例

一、单项选择题(在下列备选答案中只有一个是正确的,将其选出并把它的编号写在题干后面的括号内)

1. 提出按比较优势进行国际分工的西方经济学家是(　　)。

A. 亚当・斯密 B. 大卫・李嘉图 C. 俄林 D. 海尔斯

二、多项选择题(在备选答案中有二至四个是正确的,将其全部选出并把它们的编号写在题干后面的括号内。错选或漏选均不给分)

1. 产品的差异性包括(　　)。

A. 水平差异 B. 技术差别 C. 垂直差别 D. 横向差别

三、名词解释题

1. 要素禀赋理论:

四、简答题

1. 阐述绝对优势说。

五、计算分析题

1. 假设中国是汽车进口的小国,对汽车的需求和供给分别为

$$Dc = 2\,000 - 0.02P,\ Sc = 1\,200 + 0.02P$$

并设国际市场上汽车的价格为 10 000,请用计算并用图形说明下列问题:

(1)贸易前,中国汽车的产量和价格。

(2)自由贸易下,中国汽车的产量及进口或出口量。

(3)自由贸易对中国国内消费者、厂商和整个社会福利的影响。

六、论述题

1. "世界最贫穷的国家没有什么东西可以出口,它们没有什么资源是丰裕的,它们的资本和土地都不丰裕,在较小的国家,甚至劳动力也不丰裕。"请对上述论断进行评论。

参 考 文 献

[1] 陈飞翔. 国际经济学[M]. 上海:华东理工大学出版社,2001.
[2] 张帆,胡曙光,门淑莲. 国际经济学[M]. 大连:东北财经大学出版社,2003.
[3] 刘舒年. 国际金融[M]. 北京:对外贸易教育出版社,1994.
[4] 席小炎,王秋石. 国际经济学[M]. 北京:经济管理出版社,2001.
[5] 佟家栋. 国际经济学[M]. 天津:南开大学出版社,2003.
[6] 迟国泰. 国际金融[M]. 大连:大连理工大学出版社,1998.
[7] 姚志勇. 国际经济学[M]. 北京:中国金融出版社,2000.
[8] 王雪冰. 国际金融报告[M]. 北京:经济科学出版社,2000.
[9] 汪争平. 国际金融管理[M]. 北京:中国统计出版社,1998.
[10] 萨尔瓦多. 国际经济学[M]. 12 版. 朱宝宪,吴洪,俞露,译. 北京:清华大学出版社,2019.
[11] 陈伟,陈恒,翟立强. 国际经济学[M]. 哈尔滨:哈尔滨工程大学出版社,2015.
[12] 夏杰长,马胜杰,朱恒鹏. 国际经济学[M]. 北京:中国城市出版社,2001.
[13] 国务院学位委员会办公室. 同等学力人员申请硕士学位经济学学科综合水平全国统一考试大纲及指南[M]. 4 版. 北京:高等教育出版社,2009.
[14] 黄卫平. 同等学力人员申请硕士学位考试用书经济学学科:国际经济学学习指导[M]. 北京:高等教育出版社,2000.
[15] 克鲁格曼,奥伯斯法尔德. 国际经济学[M]. 丁凯,译. 北京:中国人民大学出版社,2002.
[16] 海闻,林德特,王新奎. 国际贸易[M]. 上海:上海人民出版社,2012.
[17] 黄鲁成. 国际贸易学:成因・调整・协调[M]. 北京:清华大学出版社,1996.
[18] 朱邦宁. 国际经济学[M]. 北京:中共中央党校出版社,1998.
[19] 陈彪如. 国际经济学[M]. 上海:华东师范大学出版社,1996.
[20] 朱钟棣. 国际经济学[M]. 上海:上海财经大学出版社,1999.
[21] 尹翔硕. 国际贸易教程[M]. 上海:复旦大学出版社,1996.
[22] 仇向洋,叶学千. 国际经济学导论[M]. 南京:南京大学出版社,1990.
[23] 华民. 国际经济学[M]. 上海:复旦大学出版社,1998.
[24] 阙澄宇. 国际经济学[M]. 北京:中国财政经济出版社,2001.